Der Teufel von Herrenhausen

Marion Griffiths-Karger wurde 1958 in Paderborn geboren. Dort studierte sie Literatur- und Sprachwissenschaften, bevor sie in München als Werbetexterin tätig war. Seit fast zwanzig Jahren lebt sie mit ihrem Mann und ihren zwei Töchtern bei Hannover, arbeitet als Lehrerin und schreibt Krimis. Unter dem Pseudonym Rika Fried veröffentlichte sie zwei Romane. Im Emons Verlag erschienen ihre Kriminalromane »Tod am Maschteich«, »Das Grab in der Eilenriede«, »Der Teufel von Herrenhausen« und »Die Tote am Kröppke« sowie der Landkrimi »Wenn der Mähdrescher kommt ...«.

Dieses Buch ist ein Roman. Alle Personen und Handlungen sind frei erfunden. Ähnlichkeiten mit lebenden oder toten Personen sind rein zufällig.

MARION GRIFFITHS-KARGER

Der Teufel von Herrenhausen

NIEDERSACHSEN KRIMI

emons:

Bibliografische Information der Deutschen Nationalbibliothek
Die Deutsche Nationalbibliothek verzeichnet diese Publikation
in der Deutschen Nationalbibliografie; detaillierte bibliografische
Daten sind im Internet über http://dnb.d-nb.de abrufbar.

MIX
Papier aus verantwortungsvollen Quellen
FSC® C083411

© Hermann-Josef Emons Verlag
Alle Rechte vorbehalten
Umschlagmotiv: photocase.de/almogon
Umschlaggestaltung: Tobias Doetsch
Druck und Bindung: CPI – Clausen & Bosse, Leck
Printed in Germany 2013
Erstausgabe 2012
ISBN 978-3-89705-923-8
Niedersachsen Krimi
Originalausgabe

Unser Newsletter informiert Sie
regelmäßig über Neues von emons:
Kostenlos bestellen unter
www.emons-verlag.de

Prolog

Ihre nackten Füße trippelten über die Fliesen. Es war dunkel und kalt. Sie hatte geträumt und nach ihrer Mutter gerufen. Warum nur kam sie nicht?

Mit der einen Hand ergriff sie das Treppengeländer, mit der anderen hielt sie ihren Fellhasen Leo fest umklammert. Langsam stieg sie die Holztreppe hinab, jede Stufe zuerst mit dem rechten Fuß, dann mit dem linken. Ein unbestimmtes Gefühl hielt sie davon ab, laut nach ihrer Mutter zu rufen. Sie nahm die letzte Stufe und ging auf Zehenspitzen weiter den dunklen Flur entlang. Die Tür zum Wohnzimmer war nur einen Spaltbreit geöffnet. Vorsichtig spähte sie in das Halbdunkel ...

Am nächsten Morgen fand man sie. Summend, den Fellhasen fest an sich gepresst. Sie würde für lange Zeit nichts anderes tun.

EINS

Charlotte hatte nicht oft die Gelegenheit, in einer Frauenzeitschrift zu blättern. Sie saß im Eiscafé San Marco an der Lister Meile und wartete auf ihre Freundin Miriam, die sich wie immer verspätete. Eine Tischnachbarin hatte ihr das Magazin großzügig überlassen. Sie sei fertig damit, hatte sie gesagt und dabei offengelassen, ob sie damit diese spezielle Zeitung oder Frauenzeitschriften im Allgemeinen meinte.

Charlotte quälte sich gerade durch einen Artikel über die sogenannte Insulindiät, als Miriam sich schnaufend auf den Stuhl neben ihr fallen ließ.

»Tut mir echt leid«, japste sie, »aber Dominic hat mal wieder Bronchitis, und meine Mutter kriegt ihn einfach nicht zur Ruhe. Als ich losgefahren bin, schlief er. Mit ein bisschen Glück haben wir eine Stunde Zeit zum Quatschen.«

Charlotte legte das Magazin auf den freien Stuhl zur Linken und drückte ihrer Freundin einen Kuss auf die Wange. »Kein Problem, jetzt bist du ja da.«

Miriam griff zur Eiskarte. »Meine Güte, ich brauch sofort einen Berg Schokoladeneis mit einem Kubikmeter Schlagsahne obendrauf.«

»Ich dachte, du diätest«, grinste Charlotte.

»Hör bloß auf damit«, schnaubte Miriam, während sie der Kellnerin winkte. Sie gab ihre Bestellung auf und sank dann aufatmend in die Rückenlehne.

Die Julisonne hatte die Bewohner der List in Scharen auf ihre Einkaufsmeile gelockt. Im Café und in den Geschäften herrschte Hochbetrieb.

»Ich sage dir«, seufzte Miriam und legte die Hände über ihren immer noch ausladenden Bauch, »es ist gut, dass man das alles nicht weiß, bevor man sich für ein Kind entscheidet.«

»So schlimm?«, fragte Charlotte und nahm einen Schluck von ihrem Eiskaffee.

»Wahnsinn«, sagte Miriam in schleppendem Ton, als würde sie gleich einschlafen.

In diesem Moment stellte die Kellnerin einen mit einer Ananasscheibe garnierten Eisbecher von der Größe eines Bowlegefäßes auf den Tisch, und Miriam machte sich sofort darüber her.

»Nur keine Panik«, sagte Charlotte staunend, »es schmilzt nur, du kannst es dann immer noch löffeln.«

»Hast du 'ne Ahnung«, sagte Miriam mit vollem Mund. »Jede Sekunde kann das Handy klingeln, und dann war's das.« Dabei schaufelte sie unermüdlich weiter, als hätte sie die letzten Monate ohne Nahrung in der Wüste Gobi zugebracht.

Charlotte schüttelte sachte den Kopf. Seit ihre Freundin vor einem halben Jahr Mutter geworden war, hatten sie noch weniger Zeit füreinander als früher. Heute war das erste Treffen seit über vier Wochen. Das letzte hatte in Miriams Reihenhaus in Bemerode stattgefunden und war in wütendem Babygeschrei untergegangen.

»Wie soll das denn gehen, wenn du wieder arbeitest?«, fragte Charlotte, während sie den Rest Sahne aus ihrem Glas löffelte.

»Keine Ahnung«, sagte Miriam mit einem gequälten Blick auf die verbliebene Mischung aus Vanille- und Schokoladeneis, Sahne und frischen Früchten in ihrem Bowlegefäß.

»Ich glaube, mir ist schlecht.«

»Kein Wunder, wenn du so schlingst«, sagte Charlotte und blickte gedankenverloren einem jungen Mädchen in schwarzen Leggings und dunkelgrünem Hängerchen hinterher. Ihre Beine waren aufsehenerregend dünn. Irgendwie kam sie ihr bekannt vor, aber die dunklen, glatt gebügelten Haare gehörten ja wohl auch zur allgemeinen Teenageruniform. Bevor Charlotte sich weiter Gedanken darüber machen konnte, woher sie das Mädchen kannte, klingelte ein Handy.

»Nein«, seufzte Miriam und schloss die Augen.

»Beruhige dich, es ist meins«, sagte Charlotte und kramte ihr Handy aus ihrer Jackentasche.

»Ja«, sagte sie und blinzelte in die Sonne. Eine Minute später war sie an der Reihe zu seufzen.

»Tut mir echt leid, aber ich muss gehen.«

»Das ist nicht dein Ernst«, sagte Miriam, die ihre Übelkeit überstanden und ihren Eisbecher so gut wie erledigt hatte.

»Doch«, sagte Charlotte und winkte der Kellnerin.
»Ich hatte mich so auf diesen Nachmittag gefreut. Hast du eine Ahnung, wie oft ich die Chance hab, mich ohne Kindergeschrei mit jemandem über irgendwas zu unterhalten, das nichts mit Kindern zu tun hat?«

Charlotte zuckte mit den Schultern und legte einen Fünf-Euro-Schein auf den Tisch. »Was soll ich machen?«

»Wann planen wir dann unseren Ostseetrip? Es ist schon Ende Juli, was glaubst du, wie lange das Wetter sich hält?«

»Wird schon klappen.« Charlotte war aufgestanden und drückte ihrer Freundin einen Kuss auf die Wange. »Ich ruf dich an.«

»Ja, klar«, seufzte Miriam und winkte ab. »Was soll ich jetzt hier alleine mit meiner freien Zeit anfangen?«, fragte sie und betrachtete resigniert ihre abgelöffelte Eiskreation.

»Bestell dir noch was mit Sahne«, sagte Charlotte schon im Weggehen.

Miriam verzog den Mund, aber das sah Charlotte nicht mehr.

Charlotte Wiegand, Erste Hauptkommissarin im Zentralen Kriminaldienst der Kripo Hannover, hechtete unterdessen zum Lister Platz, wo sie sich ein Taxi nahm, das sie zu den Herrenhäuser Gärten bringen sollte. Während der Taxifahrer sich durch den Verkehr zur Rushhour über die Jakobistraße zur Vahrenwalder Richtung Westen quälte, telefonierte Charlotte mit ihrem Teamkollegen Oberkommissar Henning Werst von der Kriminalfachinspektion 1, zuständig für Tötungsdelikte und vermisste Personen.

»Ich weiß, dass Freitagnachmittag ist und du Urlaub hast, aber Thorsten kommt erst am Montag zurück, also musst du dich leider opfern.« Sie klappte ihr Handy zu und unterbrach damit das Gequengel ihres frisch vermählten Kollegen. Sie wusste, er hatte einen Flug in die Karibik gebucht und wollte seine Angetraute damit überraschen. Charlotte fragte sich allerdings, ob die so begeistert sein würde, wie er sich das erhoffte. Wieso flog man im Juli in die Karibik? Da war es doch hier in Deutschland viel schöner – vorausgesetzt, es gab einen Sommer, der diesen Namen auch verdiente. Bisher war kein Grund zur Klage. Egal, dachte Charlotte, die beiden würden den Flug morgen schon noch erreichen. Und sie selbst würde sich dann bis Montag mit dem trägen Martin Hohstedt begnügen müssen.

Sie bogen von der Haltenhoffstraße links in den Herrenhäuser Kirchweg ein.

Die Herrenhäuser Gärten waren ein beliebtes Naherholungsgebiet der Hannoveraner und ein starker Anziehungspunkt für Touristen. Die Herrenhäuser Allee führte durch den frei zugänglichen Georgengarten hin zur Orangerie. Von hier aus kam man in den Großen Garten, einen rechteckig angelegten Barockgarten, und, nördlich der Herrenhäuser Straße, in den kleineren Berggarten mit dem Palmenhaus.

Charlotte ließ sich direkt in den Georgengarten – der im Stil eines englischen Landschaftsparks angelegt war – bis zum Leibniztempel chauffieren.

Die Schaulustigen sind wieder mal schneller gewesen, dachte sie, nachdem sie zwei Jogger zur Seite geschoben und sich an einem Pulk älterer Touristen vorbeigedrängelt hatte. Na, so was kriegten die Leute bestimmt nicht alle Tage zu sehen. Der Leibniztempel, ein Pavillonbau mit einer Büste des großen hannoverschen Gelehrten, stand auf einer kleinen Anhöhe, am Rande eines von Trauerweiden und hohen Buchen gesäumten Teichs.

Der einzige Makel an dieser Idylle im Sonnenschein war der Leichenwagen, der mit offener Heckklappe neben dem Tempel stand.

Die Leiche lag nicht weit vom Pavillon entfernt, gut getarnt hinter dem Vorhang der langen Zweige einer Trauerweide.

Charlotte wappnete sich für das Gespräch mit Wedel, dem Rechtsmediziner, der, die Hände in den Taschen seiner schwarzen Jeans vergraben, kopfschüttelnd neben dem leblosen Körper stand.

»Was ist denn so unglaublich?«, fragte Charlotte, die ohne Begrüßung neben ihn getreten war.

Wedel wandte sich seiner Lieblingsermittlerin zu und schob dabei mit einem Lächeln seine Pausbäckchen vor die Ohren.

»Faszinierend, um es mal mit Spock zu sagen. Kein Mensch ist drauf gekommen, dass die Frau tot ist. Sind bestimmt Dutzende dran vorbeimarschiert, ohne sich zu wundern.«

Auch für Charlotte hatte die Szenerie nichts Außergewöhnliches. Die Frau saß locker an den Stamm gelehnt. Sie trug dunkle

Jogging-Kleidung, der Schirm einer schwarzen Baseballmütze mit einem lächerlichen Brötchenmotiv verdeckte ihr Gesicht, langes rotblondes Haar floss in sanften Wellen bis auf ihre Hüften. Die Hände waren vor dem Bauch verschränkt, die Beine waren ausgestreckt, der rechte Fuß lag locker über dem linken. Sie sah aus, als mache sie ein Nickerchen.

So friedlich konnte der Tod aussehen.

»Ist sie auch wirklich tot?«, fragte Charlotte impulsiv und wusste im selben Moment nicht, ob sie noch ganz bei Trost war. »Ich meine ... sie sieht nicht so aus, als hätten Sie sie untersucht.«

Wedel schmunzelte. »Glauben Sie mir, junge Frau, sie ist mausetot. Schauen Sie sich das an.« Er bückte sich und hob den Kopf an. Die Augen waren geschlossen, aber der von Hämatomen gerahmte Mund war halb geöffnet. »Hier am Hals«, Wedel schob den Kragen der Joggingjacke nach unten, »der Kehlkopf ist eingedrückt. Hab noch keinen gesehen, der das überlebt hätte. Sie etwa?«

Charlotte verdrehte die Augen. In diesem Moment tauchte grummelnd ihr mürrischer Kollege Werst auf. »Da bist du ja endlich«, sagte Charlotte, »du könntest dich mal um die Personalien der Herrschaften da drüben kümmern.«

Dabei wies sie auf zwei Männer in schwarz-gelben Westen, die wohl dabei gewesen waren, die Gehwege zu säubern, und nun rauchend am Teich standen. »Alles, was in der Schubkarre ist, muss ins Labor«, sagte Charlotte. »Und nimm ihnen, um Gottes willen, die Kippen weg«, fügte sie missbilligend hinzu.

»Wenn's sein muss«, sagte Henning, griff nach seinem Notizblock und stapfte schlecht gelaunt zu den beiden Männern hinüber.

Na, die werden ihre helle Freude aneinander haben, dachte Charlotte.

»Wie lange ist sie schon tot?«, wandte sie sich Wedel wieder zu.

»Tja, mindestens seit den frühen Morgenstunden, wahrscheinlich länger.«

»Wollen Sie sagen, sie hat den ganzen Tag hier gesessen, und kein Mensch ist misstrauisch geworden?«, fragte Charlotte ungläubig.

»Haargenau. Das wundert Sie doch nicht etwa?«

»Sie nicht?«

Wedel schürzte die Lippen. »Überhaupt nicht. Die Menschen

kümmern sich nur umeinander, wenn sie sich gegenseitig in die Pfanne hauen können.«

»Ich hab's ja immer gewusst«, sagte Charlotte, »Sie können die Menschen einfach nicht ausstehen, deswegen sind Sie Rechtsmediziner geworden, stimmt's?«

Wedel lachte schallend, was Charlotte angesichts der toten Frau zu ihren Füßen unpassend fand. Wedel offenbar nicht.

»Erwischt«, sagte er und fuhr sich über die Augen. »Aber gucken Sie sich doch mal um, hier liegen überall Leute rum und faulenzen. Das ist schön unverdächtig.«

»Wer hat die Tote entdeckt?« Charlotte wandte sich an den Kollegen Kohlsdorf von der Spurensicherung, der gerade in seinem weißen Plastikanzug vorbeiging.

»Männlicher Anrufer, hat sich nicht zu erkennen gegeben. Wahrscheinlich von einem nicht registrierten Telefon aus. Wird überprüft«, sagte Kohlsdorf.

»Sie ist also erwürgt worden«, stellte Charlotte fest. »Ist sie hier ermordet worden?«

Kohlsdorf nickte. »Ja, die runterhängenden Zweige sind eine gute Tarnung, und außerdem ist hier unterm Baum das Erdreich aufgewühlt. Kampflos hat sie sich nicht ergeben. Dann hat er sie an den Baum gelehnt und zurechtgesetzt. Clever gemacht, muss ich sagen.«

»Könnte das auch eine Frau bewerkstelligt haben?«

Kohlsdorf wiegte den Kopf. »Dann muss sie aber sehr kräftig sein. Und große Hände haben. Habe noch nie eine Frau erlebt, die jemanden erwürgt hat.«

»Halte ich auch für unwahrscheinlich«, mischte sich Wedel ein. »Spricht alles für einen Mann. Die Hämatome um Mund und Nase sprechen Bände. Außerdem hat er sie wahrscheinlich gefesselt.« Er wies auf die roten Streifen an ihren Handgelenken.

Charlotte nickte und betrachtete das Gesicht der Toten. Eine hübsche Frau, das konnte man trotz der Hämatome und geschwollenen Lippen erkennen.

»Wie alt schätzen Sie sie?«

Wedel, der seine Handschuhe ausgezogen hatte, zuckte mit den Schultern. »Mitte bis Ende vierzig. Und das wär auch alles, was ich

Ihnen im Moment zu sagen habe.« Er hob die Hand. »Wir sehen uns«, sagte er, drehte sich um und ging schwerfällig davon.

Meine Güte, dachte Charlotte, er ist noch dicker geworden. Wenigstens einer, dem es beim Anblick von Leichen nicht den Appetit verschlug.

Es war acht Uhr vorbei, als Charlotte ihre Wohnung in der Gretchenstraße im Stadtteil List betrat. Sie warf ihren Schlüssel in das kleine Körbchen auf der Kommode und brachte die Plastiktüte mit dem Abendessen – das sie noch zubereiten musste – in die Küche.

»Hallo!«, rief sie, erhielt aber keine Antwort. Ein Blick in die Küche und der Zustand des Küchentisches erzählten die gleiche alltägliche Geschichte.

»Das darf doch nicht wahr sein«, murmelte sie. Auf dem Tisch lagen drei mit Nutella verschmierte Messer, und eins steckte im Nutellaglas. Zwei angekokelte Toastbrotscheiben lugten kalt aus dem Toaster hervor, die Kühlschranktür stand weit offen.

»Jan!«, schrie Charlotte und marschierte über den Flur zu dem kleinen Gästezimmer, in dem seit fast drei Monaten der Sohn ihres Kollegen und Lebensgefährten Rüdiger Bergheim hauste. Er war fünfzehn und nicht zu ertragen. Jedenfalls war das Charlottes Meinung, und sie hatte das Gefühl, dass sein Vater genauso dachte, auch wenn er das nicht so sagte.

»Jan?«, rief Charlotte noch mal und riss die Tür zur Höhle ihres Pflegesohnes auf.

»Kannst du nicht anklopfen?«, sagte der, ohne den Kopf vom Bildschirm seines Notebooks zu nehmen.

Charlotte konnte nicht antworten, sie bekam keine Luft, stieg über einen Berg Klamotten und einen weiteren aus Büchern und sonstigen papiernen Materialien und riss das Fenster auf.

»Bist du verrückt? Du erstickst ja hier drin«, sagte sie.

»Lebe noch, oder?«, sagte Jan, ohne sie anzusehen.

Charlotte sah sich im Zimmer um und schürzte die Lippen. Das war einer der Punkte, in denen sie und Rüdiger sich nicht einig waren. Rüdiger war der Meinung, dass Jan in seinem Zimmer das Sagen hatte, es also nach Herzenslust zumüllen durfte, wenn das eben seine Vorstellung von Ordnung war. Charlotte sah das ganz anders, hatte aber zähneknirschend nachgegeben. Das Ergebnis war ein Raum, der diesen Namen nur deshalb verdiente, weil er vier Wände und eine Tür hatte, durch die man ihn betreten konnte, falls einem danach war. Der Fußboden war nämlich nicht zu sehen, weil Jan grundsätzlich nichts von Schränken hielt. Warum etwas wegpacken, wenn man es später sowieso wieder hervorkramen musste? Das war doch Arbeitsbeschaffung. Und Jan hatte Besseres zu tun. Zum Beispiel stundenlang auf seinen Monitor zu stieren.

»Wenn du dir schon jedes Mal ein neues Messer nehmen musst, wenn du ein Nutellabrot isst, kannst du dann nicht wenigstens die gebrauchten wegräumen?«

Charlotte wusste, dass die Frage rein rhetorisch war, konnte sie sich aber nicht verkneifen.

»Geht klar«, murmelte Jan.

»Natürlich«, seufzte Charlotte und verließ das Zimmer, ohne die Tür zu schließen. Ein bisschen Kontakt zur Außenwelt konnte nicht schaden, dachte sie sich, und ein bisschen Durchzug auch nicht.

Sie ging über die knarrenden Flurdielen ins Bad, streifte Jeans, T-Shirt und Unterwäsche ab und stellte sich unter die Dusche.

Zwanzig Minuten später stand sie in T-Shirt und kurzer Hose in ihrer geräumigen Küche und begann langsam, sich zu entspannen. Sie schaltete das Radio ein, wusch Tomaten und schnitt sie klein. Dann nahm sie Schafskäse aus dem Kühlschrank und bröselte ihn über die Tomaten. In diesem Moment wurde die Wohnungstür aufgeschlossen. Eine Minute später legten sich Arme um ihre Taille, und Bergheim drückte ihr einen Kuss auf den Hals.

»Hm, du kochst.«

»Kochen nicht gerade. Gibt nur Salat mit Baguette. Nebenan steht noch ein Bordeaux«, sagte Charlotte und wies mit dem Kopf auf die kleine Vorratskammer neben der Küche.

»Isst Jan mit?«, fragte Bergheim, holte die Flasche Rotwein und suchte nach dem Korkenzieher.

»Glaube ich nicht, der ist randvoll mit Nutellabroten«, sagte Charlotte, während sie Kräuter der Provence über den Salat streute.

»Ich versuch's trotzdem«, sagte Bergheim und goss Wein in zwei Gläser. Er prostete Charlotte zu, nahm einen kräftigen Schluck und verließ die Küche, um seinen Sohn von den Vorzügen einer vitaminreichen Ernährung zu überzeugen.

Wenig später saßen er und Charlotte allein an dem großen Holztisch und ließen sich Wein, Salat und Brot schmecken. Charlotte erzählte von der Toten im Georgengarten.

»Wisst ihr schon, wer sie ist?«, fragte Bergheim.

»Haben wir noch nicht rausgefunden, sie hatte nur einen Schlüsselbund dabei, und mit den Vermisstenanzeigen in Hannover gab es bisher keine Übereinstimmung.«

»Hm«, sagte Bergheim, »das heißt, dass sie entweder allein lebte oder nicht in Hannover oder der Region.«

»Dass sie nicht hier gelebt hat, halte ich für ausgeschlossen«, meinte Charlotte und tunkte ein Stück Baguette in die Salatsauce. »Sie trug einen Jogginganzug, und damit unternimmt man ja wohl keine Städtereisen.«

»Sie könnte ja mit einem Auto hergekommen sein.«

»Nein, an dem Schlüsselbund waren nur zwei Schlüssel, einer wahrscheinlich für die Haustür und ein kleinerer – möglicherweise für den Briefkasten. Kein Autoschlüssel, keine Papiere, nichts.«

»Fingerabdrücke?«

»Sind nicht in der Datei«, antwortete Charlotte.

Sie legte die Gabel beiseite und schenkte ihnen Wein nach. Bergheim nahm sich noch Salat.

»Was, glaubst du, ist passiert?«, fragte er und schob sich eine Portion Schafskäse in den Mund.

Charlotte blickte versonnen in ihr Weinglas.

»Entweder ist sie ihrem Mörder zufällig begegnet, oder sie waren verabredet, oder sie sind gemeinsam gelaufen. Letzteres halte ich für unwahrscheinlich. Wie soll das vor sich gehen? Sie trotten gemeinsam durch den dunklen Georgengarten, streiten sich vielleicht. Plötzlich eskaliert das Ganze, er wird handgreiflich, würgt sie, bis sie stirbt.«

Beide ließen sich dieses Szenario einen Moment durch den Kopf gehen.

»Das ist zu unwahrscheinlich«, sagte Charlotte dann bestimmt.

»Wenn sie mit dem Kerl joggen war, hat sie ihn entweder schon länger gekannt, oder sie haben sich zum ersten Mal getroffen. Dazu war sie aber zu wenig aufgebrezelt. Wenn ich mich zum ersten Mal mit einem Mann verabrede, dann will ich doch vorteilhaft aussehen und ziehe nicht so einen Schlabberanzug an.«

»Nein?«

»Du etwa?«, fragte Charlotte.

»Ich trage nie Schlabberanzüge«, sagte er und schob seinen leeren Teller zur Seite.

»Also«, fuhr Charlotte fort, »die andere Möglichkeit, dass eine Joggerin von einem bösen Unbekannten im dunklen Wald überfallen und vergewaltigt wird, fällt weg, weil es keinerlei Anzeichen für eine sexuell motivierte Tat gibt. Jedenfalls bis jetzt nicht.«

In diesem Moment schlurfte Jan in die Küche, zog die Besteckschublade auf, nahm ein Messer heraus und stutzte einen Moment. Dann blickte er auf Charlotte und Bergheim und warf das Messer wieder zurück. Er ging zum Schrank, fingerte eine Scheibe Toastbrot aus der Packung, steckte sie in den Toaster, schraubte das Nutellaglas auf und ließ aus zusammengekniffenen Augen den Blick suchend über den Tisch gleiten.

»Wo sind 'n die Messer?«, sagte er und sah Charlotte fragend an.

Die seufzte. »Hab ich weggeräumt. In den Spülautomaten, falls du nicht weißt, wo das schmutzige Besteck hinkommt.«

Jan machte eine resignierende Handbewegung. »Wenn du die Messer wegräumst, muss ich mir ja wohl ein neues nehmen, oder?«

Das tat er dann auch. Bergheim verkniff sich ein Grinsen.

Sie warteten geduldig, bis Jan die Küche wieder verlassen hatte.

Charlotte blickte ihrem Ziehsohn missmutig hinterher. Er war mit seinen fünfzehn Jahren so groß wie sie, und er sah gut aus, so wie sein Vater. Die Mädchen flogen auf ihn, und das machte die Sache komplizierter. Er fühlte sich unangreifbar.

»Um noch mal auf den Mord zurückzukommen«, sagte sie, ohne Bergheim anzusehen. »Ich glaube, dass sie sich mit ihrem Mörder am Leibniztempel verabredet hatte. Wenn wir wissen, wer sie ist, können wir ihr Handy und ihren Computer checken. Vielleicht hat sie in irgendwelchen Chatrooms mitgemischt und dort einen Typen kennengelernt.«

»Aber sie hatte doch Schlabberhosen an«, gab Bergheim zu bedenken.
»Eben«, sagte Charlotte, »das macht die Sache so merkwürdig.«

ZWEI

Es war kurz nach zehn, als Charlotte am Samstagmorgen die Kriminalfachinspektion 1 an der Waterloostraße betrat. Trotz der Tageszeit war es schon unangenehm schwül, und die wenigen Beamten, die weder in Urlaub noch ins Wochenende gefahren waren, stierten lustlos auf ihre Bildschirme.

Charlotte saß kaum an ihrem Schreibtisch, als die Tür aufgerissen wurde und Kriminalrat Herbert Ostermann – der Chef des ZKD – in ihr Büro stürmte.

»Frau Wiegand«, blaffte er grußlos, »bevor Sie zur Teambesprechung gehen, möchte ich Sie persönlich daran erinnern, dass dieser Fall die oberste Dringlichkeitsstufe hat.«

Charlotte hob erstaunt die Brauen. »Ah ja?«

»Selbstverständlich«, antwortete Ostermann, der jetzt mit auf dem Rücken verschränkten Armen vor ihrem Schreibtisch auf und ab ging. Da ihr Büro kaum vier Meter breit war, wirbelte er ziemlich viel Luft auf.

»Sie wissen ja, in Kürze müssen Sie ohne mich auskommen.«

Aha, dachte Charlotte, der Chef hat Angst um seinen Urlaub.

»Ich – vielmehr meine Frau hat sich sehr viel Mühe gegeben, die Familie diesmal zusammenzubringen, und ich habe nicht die Absicht, sie zu enttäuschen, weil irgendein Schweinehund eine Frau im Georgengarten um die Ecke bringt. Ausgerechnet im Georgengarten! Die Presse freut sich ein Loch in den Bauch! Endlich ein Lichtschimmer am Ende des gähnenden Sommerlochs.«

Charlotte starrte ihren Chef mit offenem Mund an, was einen ziemlich dämlichen Eindruck machte. Aber die Situation war erstaunlich: Nicht nur, dass ihr Chef unter die Poeten gegangen war. Er nahm auch noch Rücksicht auf seine Frau! Charlotte argwöhnte eher, dass er vor ihr schlotterte und sich nicht traute, den gemeinsamen Urlaub abzusagen.

»... habe ich deshalb für die kommende Woche eine Urlaubssperre verhängt«, dozierte Ostermann weiter, ohne seine Wanderschaft zu unterbrechen.

»Wie bitte?«, sagte Charlotte. »Aber ...«

Endlich blieb ihr Chef stehen. »Sie werden das Ihren Kollegen bitte mitteilen, leider kann ich an der Besprechung nicht teilnehmen«, er wedelte mit der Hand, »wichtiger Termin. Sie kennen ja das Prozedere. Ich setze vollstes Vertrauen in Ihre Urteilskraft. Heute Abend berichten Sie mir.«

Das war ja mal ganz was Neues, dachte Charlotte. Vollstes Vertrauen! Und was war das mit der Urlaubssperre? Sollte sie das jetzt ihrem Team beibringen, oder was? Sie sah auf die Uhr. Henning saß bestimmt schon im Flieger, und wenn nicht, hatte sie ihn eben nicht mehr erreicht.

Als Charlotte zehn Minuten später den Besprechungsraum betrat, warteten Bergheim, Martin Hohstedt und Maren Vogt, die vor knapp einem Jahr vom Kommissariat in Kleefeld zum Zentralen Kriminaldienst Hannover gewechselt war, bereits auf sie.

Sie warf die noch sehr dünne Akte auf den Tisch und stellte den Kaffeebecher daneben. »Hat keiner Streuselkuchen mitgebracht?«, fragte sie.

Müdes Kopfschütteln war die Antwort. »Schade«, sagte Charlotte, die sich diese Teamsitzungen immer gern versüßte. Und für hannoverschen Streuselkuchen hatte sie nun mal eine Schwäche.

»Meine Lieben«, sagte sie grinsend, »ich hoffe, dass keiner von euch in der nächsten Woche Urlaub geplant hat, der ist nämlich bis auf Weiteres gestrichen.«

Martin Hohstedt, der bisher mit halb geschlossenen Lidern vor sich hingedöst hatte, fuhr hoch. »Wie ... was? Wir haben für den 21. August Rhodos gebucht! Hab ich extra mit Henning abgesprochen! Und keine Rücktrittsversicherung ...«

»Okay, okay«, winkte Charlotte beschwichtigend ab. »Bis dahin haben wir den Kerl hoffentlich.«

Sie hatte ja keine Ahnung, was noch alles auf sie zukommen sollte.

»Also, wir haben noch keine Vermisstenanzeige und keine Reaktion auf den Presseaufruf. Das Bild, das wir online gestellt haben, ist dreihundertvierundachtzigmal aufgerufen worden, aber bis jetzt hat sich keiner gemeldet, der die Frau gekannt hat. Der Spürhund hat ihre Fährte kreuz und quer durch den Georgengarten bis zur Nienburger Straße verfolgt, bevor er die Spur an der Uni verloren hat.«

»Na klasse«, sagte Hohstedt, »dann war sie womöglich mit der Bahn unterwegs und kann von überall hergekommen sein. Wo sollen wir da anfangen?«

»Bei den Anwohnern der umliegenden Straßen und den Pensionen und kleineren Hotels. Die Baseballkappe der Toten wurde letzten Mittwoch von einer Bäckerei in der Haltenhoffstraße zum fünfundzwanzigsten Betriebsjubiläum verteilt. Ich gehe davon aus, dass sie entweder in der Gegend gewohnt hat oder zumindest oft dort war.«

»Lass mich raten«, sagte Hohstedt genervt, »ich nehme die Anwohner.«

»Genau«, erwiderte Charlotte, »und Maren geht mit.«

Maren Vogt fuhr sich lächelnd durch die burgunderrot gefärbten, streichholzkurzen Haare und warf einen Blick auf ihren mürrischen Kollegen.

»Rüdiger und ich fragen derweil bei den Hotels und Pensionen in der Nordstadt und Herrenhausen nach«, sagte Charlotte. »Und vielleicht haben wir ja Glück, und es meldet sich zwischenzeitlich jemand, der die Frau vermisst.«

In der Messestadt Hannover gab es unzählige Pensionen und kleinere Hotels. Sie würden in der Umgebung der Herrenhäuser Gärten mit der Suche beginnen. Charlotte nahm sich die Nordstadt und Limmer vor und Bergheim Herrenhausen und Leinhausen.

Es war die Art von Routine, die für Charlotte ein notwendiges Übel darstellte und selten zu Ergebnissen führte, höchstens mal zu Falschaussagen, weil die meisten Menschen ganz erpicht darauf waren, der Polizei den entscheidenden Hinweis in einem Mordfall geben zu können. Nicht wenige wurden aber auch blass, wenn Charlotte ihren Ausweis zückte. Charlotte fragte sich dann, wie viele große und kleine Gesetzesübertretungen wohl ungesühnt blieben.

Gegen sechs Uhr trafen sich die vier Ermittler ohne Ergebnisse in der KFI 1.

Charlotte schickte ihrem Chef, der sich bereits vor Stunden wieder in seine Altbauwohnung im Zooviertel begeben hatte, eine E-Mail und teilte ihm mit, dass es nichts zu berichten gab. Sie hatte mehrfach versucht, die Zusammenarbeit mit Ostermann zu vereinfachen, indem sie ihm versichert hatte, ihn sofort zu benachrichtigen, wenn es nötig war oder Neuigkeiten gab. Ihrer beider Problem war, dass sie über das, was nötig war, unterschiedlicher Meinung waren. Charlotte fand, es müsse reichen, wenn sie ihm den Täter lieferte und er sie ansonsten in Ruhe arbeiten ließ. Bei Ostermann hingegen hatte sie das Gefühl, er würde seine Mitarbeiter am liebsten in Unwissenheit sterben lassen. Dummerweise brauchte er sie. Irgendjemand musste ja einen Täter finden, bevor er ihn dann der Presse präsentieren konnte.

Um kurz nach sieben hatten sie und Bergheim endlich einen Parkplatz an der Markuskirche gefunden und machten noch einen Spaziergang über die Lister Meile, auf der reger Betrieb herrschte. Viele Mütter waren mit ihren Buggys und Kinderwagen unterwegs. Die List war ein begehrter Wohnort für junge Familien. Es hatte eine Zeit gegeben, in der Charlotte sich nichts sehnlicher gewünscht hatte, als eine von diesen Müttern zu sein. Aber Rüdiger war einfach nicht zu überzeugen gewesen. Und nachdem sein Sohn bei ihnen eingezogen war, hatte Charlotte ihren Kinderwunsch ad acta gelegt. Sie mochte den Jungen. Natürlich. So schwer es auch fiel, einen pubertierenden Teenager zu mögen. Sie hatte bemerkt, dass es auch Rüdiger manchmal schwerfiel.

Sie gönnten sich noch Pasta im Gustimo, einem italienischen Restaurant an der Lister Meile. Bergheim meckerte zwar immer, weil er hier nie zu einem Entschluss kam, man konnte sich nämlich Pasta und die einzelnen Zutaten selbst aussuchen, aber Charlotte mochte das Gustimo, weil es hier auch exotische Variationen gab. Sie wagte sich an Tagliatelle mit Currysauce und Mozzarella, und Bergheim entschied sich nach einigem Hin und Her für Spaghetti mit Käsesahnesauce und gebratener Hähnchenbrust, dazu gab es Chianti. Sie setzen sich vor die Tür und warteten.

»Du kannst sagen, was du willst«, maulte Bergheim und nahm einen Schluck Chianti. »Ich mag es lieber, wenn man auf einer Karte ein komplettes Gericht angeboten bekommt. Muss man nicht so viel nachdenken.«

»Nächstes Mal«, sagte Charlotte.

Sie ließen es sich schmecken und gingen dann zu Charlottes Wohnung in der Gretchenstraße.

Charlotte wohnte im dritten Stock. Als sie die knarzenden Holzstufen hinaufgingen – Charlotte betrachtete Treppensteigen als kostenloses Fitnesstraining –, wurde im zweiten Stock plötzlich eine Tür aufgerissen, und eine hysterische weibliche Stimme schrillte durch das stille Treppenhaus.

»Du kannst mich mal! Ich lass mich nicht zwingen!« Mit einem heftigen Knall fiel die Tür wieder ins Schloss, dem folgte lautes Gepolter, und wenige Sekunden später stob eine schlanke, schwarze Gestalt an Charlotte vorbei und stieß mit dem verblüfften Bergheim zusammen. Beinahe wäre die junge Frau gestürzt, Bergheim erwischte gerade noch ihren Arm und hielt sie fest.

»Oh, tut mir leid«, stammelte das Mädchen verwirrt, entwand ihm den Arm und stolperte weiter treppab. Als die Treppenhaustür ins Schloss gefallen war, stieß Bergheim einen Pfiff aus. »Was ist denn mit der los?«

Charlotte zuckte mit den Schultern. »Keine Ahnung. Wusste gar nicht, dass sie jetzt schwarze Haare hat.« Jetzt wusste sie auch wieder, warum ihr das Mädchen gestern in der Lister Meile so bekannt vorgekommen war. Das war Vivian gewesen. Sie hatte sie längere Zeit nicht gesehen und hatte sie nicht so schlank in Erinnerung.

»Wie alt, hast du gesagt, ist sie?«, fragte Bergheim, als Charlotte die Wohnungstür aufschloss.

»Ich glaube, sechzehn«, sagte sie und betrat den Flur.

Bergheim folgte ihr und sah sie zweifelnd an. »Bist du sicher? Auf mich wirkt sie wie zwölf. Hab jedenfalls noch nie so eine dünne Sechzehnjährige gesehen.«

»Also fünfzehn ist sie bestimmt«, sagte Charlotte, »und dünn sind die alle.«

»Schlechte Zeiten für Männer, die gern was in den Händen halten«, sagte Bergheim und nahm Charlotte in die Arme.

»Hoffentlich änderst du deine Meinung nicht mal«, raunte sie ihm ins Ohr. »Du kennst doch meinen Appetit.«

»Vorerst nicht«, flüsterte Bergheim, während sie gemeinsam ins Schlafzimmer stolperten.

DREI

Der Montagmorgen begann wie üblich mit einer kurzen Teamsitzung, an der auch der aus dem Urlaub zurückgekehrte Thorsten Bremer teilnahm. Charlotte musterte Thorsten mit einem Kopfschütteln. Wie konnte jemand im Hochsommer nach Andalusien fahren und genauso blass zurückkommen, wie er hingefahren war? Wahrscheinlich hatte Thorsten die meiste Zeit im Hotelzimmer an seinem Computer gesessen und seine Frau allein zum Strand geschickt.

Nachdem Ostermann seine obligatorischen Ermahnungen losgelassen hatte – die Urlaubssperre hatte er nicht erwähnt –, überließ er die Beamten ihren Pflichten. Maren und Hohstedt machten sich wieder auf den Weg zur Nienburger Straße, Bergheim und Charlotte würden sich den Unterkünften in der Umgebung der Herrenhäuser Gärten widmen. Es gab nach wie vor keine passende Vermisstenmeldung, und niemand hatte die Tote identifiziert.

»Entweder lebte die Frau allein, oder der, mit dem sie zusammenlebte, hat sie umgebracht«, sagte Charlotte zu Bergheim, als sie die Direktion verließen.

»Jetzt machst du's dir aber zu leicht«, sagte Bergheim.

»Dann erklär du mir, wieso sie niemand vermisst.«

»Vielleicht wollte sie jemanden besuchen oder hat das zumindest gesagt, oder sie hat sich sonst wie abgemeldet. Es sind ja erst vier Tage«, sagte Bergheim und sog tief die schwüle Augustluft ein.

»Seit vier Tagen ist sie tot. Wer weiß, wo sie sich vorher rumgetrieben hat.«

»Wäre schön, wenn's so einfach wär«, sagte Bergheim. »Vielleicht haben wir ja heute Abend einen Namen.«

Um halb drei saßen Bergheim und Charlotte in Dr. Wedels Büro in der Rechtsmedizin und warteten darauf, dass der Meister ihnen ein paar Minuten seiner kostbaren Zeit widmete. Wedels Büro befand sich, wie immer, in chaotischem Zustand, selbst auf den Besucherstühlen lagen Bücher und Zeitschriften. Als Bergheim sich setzen wollte, nahm er einen Stapel Bücher von der Sitzfläche seines Stuhles und wusste dann nicht, wohin damit. Er behielt sie einfach in der Hand und setzte sich. Charlotte legte einen Packen Zeitschriften auf den Boden.

Wedel ließ sie fast eine Viertelstunde warten, aber nicht mal die ungeduldige Charlotte rebellierte, als er endlich, tief in die Akten versunken, sein Büro betrat. Er setzte sich grußlos an den Schreibtisch und würdigte seine Besucher keines Blickes.

Charlotte verdrehte die Augen, Bergheim schmunzelte. Beide schwiegen.

Nach weiteren zwei Minuten klappte Dr. Wedel geräuschvoll die Akte zu und grinste seine beiden Besucher an.

»Also, Herrschaften, die Frau war etwa Mitte vierzig, hat mindestens ein Kind geboren, und es gibt keine Anzeichen einer gewaltsamen Penetration. Sie wurde mit einem Ledergurt gefesselt und mit den Händen erwürgt. Allerdings hat der Mörder wahrscheinlich Gartenhandschuhe getragen. Wir haben entsprechende Fasern gefunden. Es gibt auch keine Abwehrverletzungen an den Händen und keine Hautreste unter ihren Fingernägeln. Der Täter kannte sich aus und hat sie vorsorglich gefesselt. Die Hämatome um Mund und Nase lassen darauf schließen, dass sie möglicherweise geschrien hat und Mund und Nase brutal zugedrückt wurden.«

Für einen Moment wusste keiner etwas zu sagen, was Wedel sofort dazu nutzte, die Sitzung zu beenden. Er stand auf. »Nun, da ihr ja keine Fragen mehr habt, kann ich mich ja wieder in den Kühlraum begeben, da liegt noch ein Greis mit unklarer Todesursache.«

Noch bevor er die Tür erreicht hatte, war Charlotte aufgesprungen. »Moment, was gibt's sonst noch Wichtiges? Wann ist sie gestorben?«

»Zwischen elf und ein Uhr nachts. Ach ja, ihre Leber war stark vergrößert. Wahrscheinlich war sie Alkoholikerin.« Er klopfte Charlotte freundschaftlich auf die Schulter und ging.

»Nichts weiter«, schnaubte Charlotte, als sie neben Bergheim im Wagen saß und den Bericht studierte. »Was hat sie bloß um diese

Uhrzeit im Georgengarten gemacht? Da joggt man doch nicht mehr. Dann ist es doch auch dunkel in den Parks, oder war Freitag Vollmond?«

»Keine Ahnung«, murmelte Bergheim. »Aber das lässt sich ja rausfinden.«

Charlotte klappte den Bericht zu und warf die Mappe auf den Rücksitz.

»Entweder sie war verabredet, oder jemand hat ihr aufgelauert. Vielleicht wollte er ja was von ihr, sie hat sich gewehrt, und da ist es eben passiert. Und als der Kerl merkt, dass sie tot ist, kriegt er es mit der Angst zu tun und haut ab.«

Bergheim seufzte. »Könnte sich so abgespielt haben. Ich glaub's aber eher nicht. Warum setzt er sie dann so zurecht? Warum haut er nicht einfach ab?«

Charlotte zuckte mit den Schultern. »Vielleicht will er nicht wahrhaben, dass sie tot ist, und setzt sie so hin, als würde sie schlafen, eine Art Selbstbetrug.«

Bergheim verzog ungläubig den Mund. »Ich hoffe bloß, dass das nicht wieder so ein Psychopath ist wie …« Er sprach nicht weiter, weil er damit bei Charlotte einen wunden Punkt berührte.

Charlotte bekam eine Gänsehaut. Ja, das hoffte sie auch. Dieser Fall in Laatzen hätte sie damals fast das Leben gekostet, und sie wollte nicht darüber nachdenken. Glücklicherweise meldete sich in diesem Moment ihr Handy. Bremer war dran.

»Da hat sich ein Typ gemeldet, der glaubt, die Frau vorletzte Woche auf einer Hochzeit gesehen zu haben.«

»Ist er glaubwürdig?«

»So glaubwürdig, wie ein Vierzehnjähriger eben ist«, sagte Bremer.

Charlotte stöhnte diskret und ließ sich die Adresse des Jungen geben. »Okay, wir fahren gleich hin und hören uns an, was er zu sagen hat.« Sie sah auf die Uhr. Fast vier. »Um halb sechs ist Besprechung, gib das bitte weiter.« Sie drückte das Gespräch weg und sah Bergheim an. »Es gibt einen Zeugen, der die Tote auf einer Hochzeit gesehen haben will. Ein Vierzehnjähriger.« Charlotte konnte sich die Frage nicht verkneifen. »Mit dem wirst du doch fertig, oder?«

Bergheim warf ihr einen Blick zu und legte seine Hand auf ihr Knie. »Nur mit deiner Hilfe«, sagte er augenzwinkernd.

Familie Willeke wohnte in der Viktoriastraße in Linden-Nord, einem der quirligsten und buntesten Stadtteile Hannovers. Bergheim bog über die belebte Limmerstraße mit den vielen Geschäften, Cafés und Restaurants in die Viktoriastraße ein und parkte am Straßenrand. Auf der linken Seite saß ein Mann mittleren Alters vor einer geöffneten Tür, die in den Schankraum eines Türkisch-Deutschen-Freundschaftsvereins führte. Drinnen saßen an schlichten Holztischen ältere türkische Männer, spielten Karten und tranken sogar Bier. An der Wand über der Theke hing ein Bildschirm, auf dem irgendeine Sportsendung lief. Charlotte und Bergheim gingen die von zweistöckigen Häusern gesäumte Straße entlang. Graffiti schmückten die Hauswände. Auf einem kleinen, gepflasterten, von Bäumen beschatteten Platz liefen mehrere Jugendliche um eine Tischtennisplatte herum und spielten Pingpong.

Lukas Willeke, der sie im ersten Stock eines mehrgeschossigen, recht gepflegten Wohnhauses an der Wohnungstür empfing, war für sein Alter relativ kurz und stämmig geraten. Die blonden Haare trug er sorgfältig gegelt in die Stirn gezupft, sodass sie die grauen Augen fast verdeckten. Er glühte vor Stolz, als Bergheim und Charlotte die geräumige Wohnung betraten.

»Bist du allein?«, fragte Charlotte.

Der Junge verneinte und warf einen Blick auf seine überdimensionierte Armbanduhr. »Mein Vater ist schon unterwegs. Müsste gleich hier sein«, sagte er heiser.

»Können wir ins Wohnzimmer gehen?«, fragte Charlotte.

»Klar«, sagte Lukas und marschierte auf seinen stämmigen Beinen voran.

Die Wohnung war spärlich eingerichtet, es fehlte die weibliche Note, keine Blumen, kein Nippes oder sonstige Staubfänger, alles war zweckmäßig, aber nicht ungemütlich.

»Ist deine Mutter nicht da?«

»Meine Mutter ist tot«, sagte Lukas und warf sich auf das braune Ecksofa. Bergheim und Charlotte hatten sich gerade auf den Sesseln niedergelassen, als die Wohnungstür geöffnet wurde und wenige Sekunden später ein schlanker Mann um die fünfzig im Blaumann das Wohnzimmer betrat.

»Heinz Willeke«, sagte er und begrüßte die beiden Beamten mit einem Händedruck. Dann sah er seinen Sohn an. »Und du sagst, du hast eine Vermisste erkannt?«, fragte er zweifelnd.

Der Junge nickte und stellte ein Notebook mit dem Foto der toten Frau auf dem Bildschirm auf den Tisch. »Diese Frau war auf der Hochzeit meiner Schwester. Das weiß ich wegen der langen roten Haare. Sie hatte auf der Hochzeit aber einen Pferdeschwanz.«

Sein Vater kniff die Augen zusammen und starrte zuerst auf den Bildschirm, dann auf Bergheim und Charlotte. »Ist sie tot?«

Charlotte nickte.

Willeke sah sich das Foto noch mal an. »Nein«, sagte er dann bestimmt. »Ich habe sie nicht gesehen. Bist du sicher, Lukas?«

»Klar«, sagte Lukas und lächelte Charlotte an.

»Kennst du ihren Namen?«, fragte Charlotte.

»Nö, leider nicht, aber sie war da, ich hab sie an der Bar gesehen.«

»Und Sie haben diese Frau noch nie gesehen?«, fragte Bergheim Heinz Willeke.

»Nee, nicht dass ich wüsste«, sagte Willeke und setzte sich in den verbliebenen freien Sessel.

»Aber Ihre Tochter kennt sie doch wahrscheinlich oder Ihr Schwiegersohn. Immerhin war sie auf ihrer Hochzeit«, sagte Charlotte.

»Gut möglich«, sagte Willeke und an seinen Sohn gewandt: »Hast du schon mit Anja gesprochen?«

Lukas, der offensichtlich noch nicht darauf gekommen war, seine Schwester nach der Frau zu fragen, starrte schuldbewusst auf seine Füße.

Bergheim zückte seinen Notizblock. »Wo wohnt Ihre Tochter, und wann und wo genau haben Sie gefeiert?«

»Vorletzten Freitag, am 23. Juli, in den Georgenterrassen. Und meine Tochter und mein Schwiegersohn, Andreas Hofholt, wohnen in der Sedanstraße in der List.«

Charlotte und Bergheim sahen sich an. Die Georgenterrassen lagen direkt neben dem Georgengarten. Sie machten Fortschritte.

»Hast du gesehen, mit wem die Frau gesprochen hat? War jemand bei ihr?«, fragte Bergheim.

Der Junge schüttelte den Kopf. »Das weiß ich nicht. Sie stand an der Bar. Ich glaube, sie hat jemanden gesucht.« Lukas warf seinem Vater einen zornigen Blick zu. »Und dann kam meine Schwester und hat mich weggezerrt, weil sie mit mir tanzen wollte!«

Charlotte verkniff sich ein Grinsen. »Und hast du die Frau danach noch mal gesehen?«

»Nee.«

Charlotte erhob sich. »Du hast uns möglicherweise einen sehr wichtigen Hinweis gegeben, Lukas.« Der Junge errötete und stand ebenfalls auf.

Charlotte legte ihre Karte auf den Tisch. »Falls Ihnen noch was einfällt«, sagte sie mit Blick auf Heinz Willeke. Dann verabschiedeten sie sich und eilten zum Wagen.

Auf dem Weg zum Stadtteil List telefonierte Charlotte mit Thorsten Bremer und bat ihn, die Teamsitzung auf sechs Uhr zu verschieben.

»Was hältst du von dem Jungen?«, fragte sie Bergheim, als sie über die Königsworther Straße Richtung List fuhren.

»Kommt einem gar nicht wie ein Teenager vor.«

»Vielleicht hat er diese Phase einfach überschlagen. Auf mich wirkte er ziemlich erwachsen. Ich glaube nicht, dass er uns verarschen will.«

»Ich auch nicht.«

Die Sedanstraße lag nicht weit von der Gretchenstraße, in der Charlotte und Bergheim wohnten, entfernt und führte direkt auf die Lister Meile.

Hofholts bewohnten den zweiten Stock eines schmucken, weiß gestrichenen Hauses aus der Gründerzeit.

Anja und Andreas Hofholt empfingen die beiden Beamten an der Wohnungstür.

Charlotte schätzte den Mann auf Anfang dreißig. Er war groß und hager, trug eine Goldrandbrille, und sein blondes Haupthaar war deutlich gelichtet. Auf seiner Stirn perlte Schweiß. Charlotte fragte sich, warum der Mann so schwitzte.

Er führte die beiden in ein geräumiges Wohnzimmer, wo ein Mann in den Vierzigern auf dem Sofa saß und ihnen skeptisch entgegenblickte. Auf dem Tisch in der Essecke stand ein Notebook. Die drei hatten das Bild der Toten bereits aufgerufen.

»Das ist mein Freund und Trauzeuge Bernd Malinek«, stellte Hofholt den Mann vor.

Malinek stand auf und warf Charlotte einen forschenden, mit verhaltener Bewunderung gemischten Blick zu. Ein gut aussehender Mann, dachte Charlotte, schlank, aber trotzdem muskulös. Das lichte, grau melierte Haar trug er kurz, was ihm ein jugendliches Aussehen verlieh. Er wirkte jünger als Hofholt, obwohl er bestimmt an die zehn Jahre älter war.

»Guten Tag«, sagte er förmlich und reichte zuerst Charlotte und dann Bergheim die Hand. »Das ist ja eine schlimme Geschichte.«

Charlotte nickte, und die fünf gruppierten sich um den geräumigen Esstisch.

»Wie ich sehe, haben Sie sich das Bild bereits angesehen. Können Sie uns sagen, wer die Frau ist?«, fragte Bergheim an Hofholt gewandt.

Andreas Hofholt räusperte sich. »Ja, wissen Sie, das ist schon merkwürdig. Weder meine Frau noch ich kennen diese Person. Und wir hatten sie auch nicht eingeladen.«

Er warf Malinek einen Blick zu. »Und du kennst sie ja auch nicht«, sagte er, und Malinek nickte.

»Allerdings nicht. Und ich frage mich wirklich, was sie auf der Hochzeit zu suchen hatte, wenn weder Braut noch Bräutigam sie kennen.«

»Waren Sie in Begleitung auf der Hochzeit?«, fragte Bergheim Malinek. Der lächelte. »Nein, meine Freundin konnte leider nicht mitkommen.«

»Ist Ihnen die Frau auf der Hochzeit aufgefallen?«, fragte Bergheim weiter.

Malinek zuckte mit den Schultern. »Daran kann ich mich wirklich nicht erinnern.« Er rückte mit dem Stuhl zurück und schlug die Beine übereinander. »Man kennt ja nicht alle Gäste auf einer Hochzeit. Aber ich glaube, wenn sie mir aufgefallen wäre, würde ich mich erinnern.«

»Vielleicht ist sie mit einem der geladenen Gäste gekommen«, mutmaßte Charlotte und wandte sich an die junge Frau.

»Nein, das glaube ich nicht, davon hätten wir gewusst. Von unseren Leuten bringt doch keiner eine Unbekannte mit. Die hätten uns zumindest vorher gefragt. Hat aber keiner.«

Die junge Frau war das genaue Gegenteil ihres Mannes: klein, etwas pummelig, volles braunes Haar, dunkle Augen. Hübsch, aber nicht gerade mondän.

»Ähm, was ist denn mit ihr passiert?«, wollte Andreas Hofholt wissen.

»Sie wurde erdrosselt«, sagte Bergheim. Hofholt schluckte und warf Malinek einen Blick zu.

»Meine Güte«, sagte Frau Hofholt. »Aber vielleicht irrt Lukas sich ja auch, und er verwechselt die Frau irgendwie.«

»Glauben Sie das?«, fragte Charlotte und beobachtete die Frau genau. Die zögerte nur für einen Moment. »Nein, eigentlich nicht. Lukas erzählt normalerweise keinen Mist. Er ist ziemlich erwachsen für sein Alter.«

Bergheim stieß einen Seufzer aus. »Ja, den Eindruck hatten wir auch.«

»Wissen Sie, unsere Mutter ist vor fast dreizehn Jahren gestorben – Krebs –, da war Lukas gerade zwei Jahre alt. Wir – meine Schwester Steffi und ich – haben uns um ihn gekümmert, und natürlich meine Tante.«

Bergheim nickte. »Könnten Sie uns eine Liste mit den Adressen der Hochzeitsgäste geben?«

»Von allen?«, fragte Andreas Hofholt leicht entsetzt. »Wollen Sie jetzt etwa alle unsere Gäste befragen? Das waren über hundert!«

»Natürlich«, sagte Charlotte. »Es sei denn, es stellt sich heraus, dass Ihr Bruder sich geirrt hat und eine Verwechslung vorliegt.«

»Glauben Sie wirklich, dass das nötig ist?«, mischte Malinek sich ein.

Charlotte sah ihn an, antwortete aber nicht.

Frau Hofholt stand auf. »Wir haben ein Gästebuch, aber da stehen die Adressen und Telefonnummern natürlich nicht drin. Die kann ich Ihnen dann mailen.«

Andreas Hofholt warf seiner Frau einen zweifelnden Blick zu.

»Meinst du wirklich, wir sollten hier die Namen und Adressen unserer Gäste preisgeben? Dürfen Sie das überhaupt verlangen?«

»Das würde mich auch interessieren«, sagte Malinek und lächelte süffisant.

Charlotte ignorierte ihn und wandte sich an Hofholt. »Im Moment verlangen wir noch gar nichts, Herr Hofholt. Wir bitten Sie lediglich um Ihre Mithilfe, und warum sollten Sie uns die verweigern? Immerhin ist eine Frau ermordet worden. Und Ihre Hochzeit ist derzeit unser einziger Anhaltspunkt.«

Hofholt sah sie schweigend an und zuckte dann mit den Schultern. »Von mir aus«, sagte er dann.

Anja Hofholt öffnete eine Schublade in der Anrichte, die hinter ihr stand, und reichte ihnen ein in Leder gebundenes Buch, in dem jeder Gast sich mit seinen guten Wünschen und sonstigen Einträgen verewigt hatte.

»Außerdem würden wir uns gerne alle Film- und Fotoaufnahmen von der Feier ansehen«, sagte Charlotte.

Frau Hofholt riss die Augen auf. »Na, da haben Sie sich ja was vorgenommen. Das sind zehn Stunden Film, mindestens. Onkel Wolfgang hat jede Minute festgehalten.«

»Hatten Sie keinen Fotografen?«

»Natürlich, aber nur für die Kirche und für die Bilder anschließend im Georgengarten. Da sind aber nur mein Mann und ich und die Familie drauf. Und natürlich Bernd, der war ja Trauzeuge. Aber die Fotos sind noch nicht da. Sie können den Fotografen natürlich anrufen. Dann beeilt er sich vielleicht. Ich hätte nichts dagegen«, lächelte Frau Hofholt. »Warten Sie, ich geb Ihnen die Karte.« Sie lief in den Flur, erschien wenige Augenblicke später wieder im Wohnzimmer und überreichte Charlotte die Visitenkarte. Frau Hofholt schien gut organisiert zu sein. Jedenfalls musste sie nicht lange nach Dingen wie Visitenkarten suchen.

»Die DVDs mit dem Film hast du im Büro«, sagte sie mit einem Blick auf ihren Mann, der sich daraufhin widerstrebend erhob.

»Die gebe ich wirklich nur sehr ungern aus der Hand«, nörgelte er. »Kann ich sie nicht erst kopieren?«

Charlotte und Bergheim tauschten einen Blick.

»Wir wären Ihnen dankbar, wenn Sie uns das Material gleich überlassen könnten«, sagte Bergheim und erhob sich. »Sie verstehen ... je älter eine Spur wird ... Wir werden gut darauf achtgeben.«

»Lass dir eine Quittung geben«, sagte Malinek.

Charlotte drehte sich um. »Sind Sie Anwalt?«, fragte sie.

Malinek lachte kurz auf. »Nein, ich betreibe ein Restaurant, aber ich kenne die Bürgerrechte.«

Charlotte lächelte. »Das freut mich für Sie.« Dann sah sie Hofholt auffordernd an. Der zuckte mit den Schultern und verließ das Wohnzimmer, während Bergheim seinen Notizblock zückte.

»Darf ich fragen, welches Restaurant Sie betreiben?«, fragte Charlotte.

»Natürlich.« Malinek setzte sein charmantestes Lächeln auf und fischte eine Karte aus seiner Hemdtasche.

»Aha«, sagte Charlotte, »›Bei Malinek‹ an der Podbielskistraße, sehr kreativ. Leider kenne ich es nicht. Aber das kann man ja ändern.«

»Würde mich freuen«, sagte Malinek.

Andreas Hofholt kam zurück, drückte Bergheim mehrere DVDs in die Hand und erhielt im Gegenzug einen Zettel.

»Ähm, ich hoffe, Sie gehen vertraulich mit diesen Filmen um«, sagte Anja Hofholt.

»Natürlich«, sagte Charlotte und stand auf. »Ach ja«, sie warf einen Blick in die Runde, »wir müssten dann noch von Ihnen wissen, wo Sie am Donnerstagabend zwischen elf und ein Uhr waren.«

Anja und Andreas Hofholt guckten verdutzt. »Werden wir jetzt etwa verdächtigt, oder was?«, fragte die Frau.

»Nein, Routinefrage«, sagte Charlotte und wandte sich an Malinek.

Der verzog den Mund. »Ich war in meinem Restaurant, wo sonst?«

»Gibt's dafür Zeugen?«

Malinek schüttelte den Kopf. »Ich fürchte nicht, wir schließen meist gegen elf, und meine Angestellten gehen dann auch meistens. Ich hatte noch im Büro zu tun.«

»Und Sie?«

»Wo sollen wir schon gewesen sein? Im Bett«, sagte Hofholt. »Wir gehören zur arbeitenden Bevölkerung.« Er stopfte energisch seine

Fäuste in die Hosentaschen, während seine Frau aufstand und ihm einen kurzen Blick zuwarf.

»Genau«, sagte sie dann. »Haben Sie sonst noch Fragen?«

»Nein«, antwortete Charlotte. »Haben Sie vielen Dank, wir finden allein raus.«

»Huh«, sagte Charlotte, als sie draußen waren. »Was für ein eingebildeter Fatzke, dieser Malinek. Bestimmt ist seine Freundin verheiratet, wenn sie ihn nicht zu einer Hochzeit begleiten kann, auf der er Trauzeuge ist.«

»Du magst ihn wohl nicht.« Bergheim grinste und schloss den Wagen auf.

»Nein«, sagte sie und stieg ein.

»Ich auch nicht«, sagte Bergheim und fuhr los.

Die Georgenterrassen lagen mitten im Grünen, direkt neben den Königlichen Gärten Herrenhausen. Von der großzügigen Terrasse aus schaute man auf eine weite Grünfläche, auf der Hockey gespielt wurde.

Bergheim und Charlotte wählten einen etwas abgelegenen Tisch auf der Terrasse. Es war immer noch sehr warm, und Charlotte fragte sich, wie lange das schöne Wetter noch anhalten würde.

Sie saßen kaum eine Minute, als eine dunkelhaarige Kellnerin mit aufgesetztem Lächeln an den Tisch kam und sie nach ihren Wünschen fragte.

Charlotte zog diskret ihren Ausweis. »Sie hatten am Freitag vor einer Woche eine Hochzeitsfeier, haben Sie da auch bedient?«, fragte sie.

Das Lächeln erstarb. Die junge Frau wich einen Schritt zurück und sah sich um.

»J... ja«, stotterte sie dann, »aber, warten Sie, ich hol den Chef.« Sie wollte sich schon aus dem Staub machen, als Bergheim sie sanft am Arm zurückhielt.

»Das hat doch sicher noch eine Minute Zeit.« Er zog das Foto aus seiner Hemdtasche und hielt es ihr hin. »Wir wollen nur wissen, ob Sie diese Frau hier gesehen haben.«

Die junge Frau sah Bergheim an und lächelte wieder. Sie schaute kurz auf das Foto und wirkte schuldbewusst. »Also, an dem Tag war so viel los. Da kann ich mich wirklich nicht an jeden Einzelnen erinnern.«

»Sind Sie ganz sicher?«, hakte Bergheim nach.

Sie betrachtete das Bild genauer und schluckte. »Was ist denn mit der Frau? Ist sie … ist sie tot?«

Bergheim nickte. »Also, ich kann mich wirklich nicht erinnern«, sagte sie dann nach einem scheuen Seitenblick auf Charlotte.

»Gut«, sagte Bergheim. »Würden Sie dann jetzt Ihren Chef holen?«

Die Frau nickte heftig und verschwand.

Es dauerte mehrere Minuten, bis ein dunkelhaariger, gepflegter Enddreißiger im dunklen Anzug die Terrasse betrat, ein paar Gästen die Hand drückte und dann mit ernstem Gesicht auf ihren Tisch zukam. Er reichte zuerst Charlotte, dann Bergheim die Hand und stellte sich vor. »Glauber mein Name.« Dann setzte er sich zu ihnen.

»Worum geht es?«, fragte er und strich seine hellblaue Krawatte glatt.

Bergheim zückte erneut das Bild. »Haben Sie diese Frau schon mal gesehen?«

Glauber fischte eine Brille aus seiner Anzugtasche und betrachtete das Foto.

Dann sah er die beiden Beamten zweifelnd an. »Darf ich Ihre Ausweise sehen?«

Charlotte und Bergheim taten ihm den Gefallen.

»Sie müssen verstehen, ich kann ja nicht jedem irgendwelche Auskünfte über unsere Gäste geben.«

»Dann kennen Sie sie also?«

»Ich bin mir nicht sicher, aber diese roten Haare erinnern mich an eine Frau, die auf dieser Hochzeitsfeier gewesen ist. Ich glaube, sie war ziemlich betrunken, aber das müsste Max, unser Barkeeper, wissen, der hatte an dem Abend Dienst.«

»Ist er zufällig da?«, fragte Charlotte.

Glauber sah auf seine Uhr. »Er müsste in einer halben Stunde kommen. Wenn Sie hier vielleicht so lange was essen wollen – die Gnocchi im Gorgonzola-Bett sind sehr zu empfehlen.«

Bergheim verzog den Mund.

Charlotte lächelte. »Gern, ich nehm eine Portion und einen gemischten Salat dazu, bitte.«

Glauber stand auf und sah Bergheim fragend an. »Der Herr auch?«

»Lieber nicht, bringen Sie mir Schweinefilet. Haben Sie doch bestimmt, oder?«

»Selbstverständlich.« Glauber nickte und verschwand.

»Und zwei Bier!«, rief Charlotte hinter ihm her.

Das Essen war wirklich vorzüglich. Charlotte schluckte gerade den Rest ihres Bieres hinunter, als ein junger, schmächtiger Mann auf sie zukam. Charlotte hätte sich beinah verschluckt, so schön war er. Sie fand, dass es nicht viele Männer gab, auf die dieses Attribut zutraf. Gut aussehend, ja, attraktiv und männlich, ja, aber dieser Mann war einfach schön – ein bisschen wie George Clooney in jugendlich. Es dauerte einige Sekunden, bis Charlotte bemerkte, dass sie den Mann mit offenem Mund anstarrte. Allerdings schien ihn das nicht zu irritieren. Er hob die Hand, sagte: »Hallo«, und setzte sich ohne Umstände an ihren Tisch.

Charlotte klappte den Mund zu, und Bergheim schmunzelte.

»Ich bin Max, Sie wollten mich sprechen«, sagte er und guckte zuerst Charlotte, dann Bergheim fragend an.

»Allerdings«, sagte Bergheim und legte ihm das Foto vor. »Können Sie sich an diese Frau erinnern?«

Max nahm das Foto in die Hand und schaute nur kurz darauf. »Ist sie tot?«, fragte er dann. Bergheim nickte.

»Ja, ich kann mich an sie erinnern, sie war vorletzten Freitag auf der Hochzeitsfeier. Ziemlich aufdringlich, übrigens. Irgendwann ist sie dann verschwunden. Keine Ahnung, wohin.«

Charlotte räusperte sich. »Wissen Sie, wie sie hieß?«

»Nein, das wollte ich auch nicht wissen, hatte Mühe genug, sie mir vom Hals zu halten.«

Das konnte Charlotte sich vorstellen. Wahrscheinlich musste sich der Kerl noch viel mehr Frauen vom Hals halten.

»War sie in Begleitung, oder hat sie sich mit jemand Bestimmtem länger unterhalten?«

Max überlegte einen Moment und fuhr sich über die Augen. »Glaube ich nicht. Auf mich machte sie eher den Eindruck, als suche sie nach jemandem.«

»Sie wissen nicht zufällig, nach wem?«, fragte Bergheim.
»Nee«, sagte Max und lächelte Charlotte an.
»Was hatte sie an?«, fragte Charlotte.
»Oh ja, das ist mir noch aufgefallen. Sie trug Jeans und einen schwarzen Blazer, ziemlich schäbig für eine Hochzeit, bei der sonst alle in Abendgarderobe rumlaufen.«
»Wie lange war sie da?«
Max zuckte mit den Schultern. »Tja, sie kam ziemlich spät. Die meisten waren schon einigermaßen abgefüllt, und an der Bar hängen immer die schlimmsten Schnapsdrosseln rum. Da ist sie nicht mal besonders aufgefallen. Und ... na, sagen wir mal, nach 'ner Stunde oder zwei hab ich sie nicht mehr gesehen. Da hat's aber schon fast gedämmert.«

»Ist Ihnen sonst irgendwas im Zusammenhang mit der Frau aufgefallen?«, wollte Charlotte wissen.

»Nur, was ich gesagt hab, ziemlich betrunken und aufdringlich und 'n bisschen schlampig angezogen.«

»Okay«, sagte Bergheim, steckte das Bild wieder ein und legte stattdessen seine Karte auf den Tisch. »Falls Ihnen noch was zu Ohren kommt, rufen Sie einfach an.«

»Klar«, sagte Max, nahm die Karte und stand auf. »Hat mich gefreut«, sagte er zu Charlotte und tippte sich kurz an die Stirn.

Charlotte nickte und fühlte mit Entsetzen, dass sie errötete. Sie konnte sich nicht erinnern, wann ihr das zuletzt passiert war.

Bergheim stützte seinen Kopf in die Hand und lächelte seine Freundin an. »Du hast Bierschaum an der Backe«, sagte er und tippte sich an die linke Wange.

»Wo?«, fragte Charlotte und fuhr sich hastig durchs Gesicht.

»War nur 'n Witz«, sagte Bergheim und erhob sich. »Lass uns Feierabend machen. Noch so einem Adonis bin ich heute nicht gewachsen.«

VIER

Als Charlotte und Bergheim am Dienstagmorgen an der Waterloostraße aus dem Auto stiegen, klingelte Charlottes Handy.
»Thorsten, was gibt's?«, meldete sie sich.
»Wo bist du denn?«, fragte Thorsten Bremer ungehalten. »Es ist schon halb neun durch.«
»Bin in zwei Minuten oben. Gibt's was Neues?«
»Kann man wohl sagen«, Bremer machte eine bedeutungsvolle Pause, »wir haben sie identifiziert.«
»Wir sind sofort da«, sagte Charlotte und steckte das Handy in ihre Umhängetasche.
Bremer wartete bereits, als Bergheim und Charlotte ihr Büro betraten.
»Hier«, sagte er und zeigte auf einen Computerausdruck, der auf Charlottes Tisch lag. »Die Tochter hat sie gestern in Paderborn vermisst gemeldet und dann auf dem Foto identifiziert. Frau Jutta Frieder, wohnhaft in den Bodelschwinghschen Stiftungen in Bielefeld-Bethel, sechsundvierzig, ledig. Hatte wohl ein Alkoholproblem. Am Freitag, dem 23. Juli, hat sie die Stiftung verlassen.«
Charlotte hob den Kopf. »Wieso melden sie sie erst jetzt als vermisst?«
»Weil die Frau den Leuten in Bethel offensichtlich ein Märchen aufgetischt hat. Sie hat gesagt, sie wollte ein paar Tage ihre Tochter besuchen. Die lebt mit ihrem Mann und einer kleinen Tochter in Paderborn. Da ist sie aber nie gewesen. Und als sie am letzten Montag, also gestern, nicht wieder, wie verabredet, zu ihrer Therapie zurückgekehrt ist, haben sie bei der Tochter angerufen. Und die ist aus allen Wolken gefallen, weil sie ihre Mutter seit über zwei Monaten nicht gesehen hat und die auch kein Handy hat. Also hat sie ihre Mutter als vermisst gemeldet.«
Charlotte warf sich auf ihren Stuhl und verschränkte die Arme. »Wie kann ein Mensch kein Handy haben?«
»Davon gibt's mehr, als du glaubst. Alles Leute, die generell wenig Kontakt haben«, sagte Bremer.

Charlotte, die nicht wirklich eine Antwort erwartet hatte, runzelte die Stirn.
»Da stellt sich doch eine ganz andere Frage.«
»Allerdings«, sagte Bergheim, »wo ist die Frau seit dem 23. Juli gewesen?«
»Ich wette, hier in Hannover, bloß wo?«, sagte Charlotte und trommelte mit den Fingern auf die Tischplatte. »Na, dann werden wir uns mal ins Getümmel stürzen.«
»Du meinst doch nicht, nach Bielefeld?«, stöhnte Bergheim.
»Doch«, erwiderte Charlotte. »Mir wär Hildesheim auch lieber gewesen. Aber wenigstens ist es von Bielefeld bis Paderborn nicht weit. Dann können wir die Tochter auch gleich in Augenschein nehmen. Und wenn alles klappt, sind wir in anderthalb Stunden da.«
Bergheim seufzte schwer. »Du träumst doch. Wir müssen über die A 2!«
Aber Charlotte war bereits aufgestanden.

Eine gute Stunde später standen Bergheim und Charlotte auf der A 2 Richtung Bielefeld im Stau.
»Dieses verdammte Weserbergland«, schimpfte Bergheim. »Wenn's hier mal ausnahmsweise keine Baustellen gibt, pennt irgendein Lkw-Fahrer ein und brettert über die Leitplanke.«
»Ich hoffe bloß, dass es hier gleich weitergeht, sonst muss ich zu Fuß zur nächsten Raststätte laufen.«
Das blieb Charlotte zum Glück erspart, denn wenig später war die Sperrung bei Bad Eilsen aufgehoben, und dann ging es zügig voran.

Silvia Weiß, Jutta Frieders Tochter, wohnte im zweiten Stock eines Wohnhauses an der Neuhäuser Straße in der Paderborner Innenstadt.
Als Bergheim und Charlotte klingelten, erschallte Kleinkindgeschrei, gefolgt von einer schimpfenden weiblichen Stimme. Die Tür wurde von einer jungen Frau geöffnet, eine blond gelockte Zweijährige hing an ihrem überlangen T-Shirt, das sie über schwarzen Leggins trug. Die rotblonden Haare waren zu einem Pferdeschwanz

gebunden. Eine hübsche Frau, deren Ähnlichkeit mit der Toten Charlotte zunächst einen Schock versetzte.

»Frau Weiß«, sagte Bergheim, »Kripo Hannover. Wir haben telefoniert.«

Silvia Weiß wischte sich verstohlen über die geröteten Augen.

»Kommen Sie rein«, sagte sie leise, pflückte die Hand ihrer Tochter von ihrem T-Shirt und schob die Kleine in ein angrenzendes Zimmer.

»Warten Sie einen Moment«, wandte sie sich an die beiden Beamten, »ich lege schnell einen Märchenfilm für Sina ein, sie hat Fieber und konnte heute nicht in die Krippe. Gehen Sie doch schon mal in die Küche.«

Bergheim und Charlotte gingen durch einen engen Korridor zu einer Tür, an der in Holzbuchstaben das Wort »Küche« prangte.

Der Raum war in verblichenem Beige eingerichtet und roch nach kaltem Rauch. Auf dem Tisch stand ein Aschenbecher. Auf den Kippen glänzte dunkler Lippenstift.

»Entschuldigung«, sagte Frau Weiß, als sie die Küche betrat, »meine Freundin war eben da. Mein Mann ist in Dortmund auf Montage. Er ist schon auf dem Heimweg.«

Sie öffnete ein Fenster und warf Bergheim verstohlen einen Blick zu.

»Sie sind also von der Polizei. Setzen Sie sich doch.« Sie wies auf den einzigen Erwachsenenstuhl am Tisch. Bergheim setzte sich, Charlotte blieb an der Tür stehen. Frau Weiß ließ sich auf den Kinderstuhl fallen und fing an zu weinen. »Wissen Sie, ich hab immer befürchtet, dass irgendwann was Schreckliches passieren würde mit meiner Mutter ... dass sie im Suff sonst was anstellt, aber ... ermordet ...«

Bergheim und Charlotte warfen sich einen Blick zu und überließen die junge Frau einen Augenblick ihren Tränen. Dann räusperte sich Charlotte.

»Frau Weiß, wir wissen, dass das im Moment sehr schwer für Sie sein muss, aber meinen Sie, Sie könnten uns einige Fragen beantworten?«

Silvia Weiß schluchzte und griff nach einem Tempotaschentuch. »Ja, natürlich. Ich muss mich zusammennehmen, auch wegen Sina.«

»Hat Ihre Mutter Sie oft besucht?«, fragte Charlotte.

»Nein«, Frau Weiß schüttelte den Kopf, »sie kam vielleicht ein- oder zweimal im Jahr, und wir wohnen seit drei Jahren hier.«

»Wissen Sie, warum Ihre Mutter nach Hannover gekommen ist?«

Frau Weiß zuckte mit den Schultern. »Wir haben ja früher da gewohnt. Meine Großeltern hatten eine große Wohnung in Vahrenwald. Aber die sind vor zwölf Jahren tödlich verunglückt, und meine Mutter konnte die Miete nicht mehr bezahlen. Dann sind wir in eine kleinere Wohnung nach Sehnde gezogen, und da hat meine Mutter angefangen zu trinken.«

Frau Weiß legte den Kopf in die Hände. »Das war schlimm dort, meine Mutter schleppte andauernd irgendwelche Typen an, aber die sind alle nicht lange bei ihr geblieben. Klar, wer will schon eine Frau, die trinkt. Anfangs merkte man es ihr nicht so an, aber dann … wurde sie entlassen, und sie hatte diesen Unfall.«

»Was war das für ein Unfall?«, fragte Charlotte.

Frau Weiß schluckte. »Sie hat ihren nagelneuen Golf zu Schrott gefahren. Und den hatte sie auf Kredit gekauft. Sie war einfach von der Straße abgekommen und ist gegen einen Baum geknallt. Das war vor vier Jahren.«

»Ist ihr nichts passiert?«

»Doch, sie musste operiert werden und hat längere Zeit im Krankenhaus gelegen. Damals hatte ich gehofft, das würde sie zur Vernunft bringen und sie würde endlich mit dem Trinken aufhören.«

»Wo hat Ihre Mutter gearbeitet?«, fragte Bergheim.

»Sie war Filialleiterin bei Rossmann.«

»Was ist mit Ihrem Vater?«

»Meinen Vater hab ich nie kennengelernt. Meine Mutter war erst neunzehn, als sie mich bekam. Er wär abgehauen nach Portugal oder sonst wohin, hat sie gesagt. Meine Großeltern haben uns unterstützt, aber meistens waren wir ziemlich knapp bei Kasse.«

»Können Sie uns sagen, mit wem Ihre Mutter in letzter Zeit Kontakt hatte?«, fragte Bergheim.

Wieder schüttelte die junge Frau den Kopf. »Was sie in den letzten Jahren getrieben hat, davon hab ich keine Ahnung. Sie war, glaub ich, ganz zufrieden in ihrer Wohngemeinschaft. Sie lebte schon seit fast zwei Jahren dort. Wir hatten damals extra einen Therapieplatz in

Bethel genommen, damit ich sie öfter besuchen kann. Und jetzt hatte sie dort mit einer Frau zusammen eine Wohnung und arbeitete irgendwo in der Stiftung.«

»Hatte sie keinen Freund?«, wollte Charlotte wissen.

Frau Weiß seufzte tief. »Ja, Männer, das war auch so eine Sache. Meine Mutter war nicht besonders wählerisch, wenn sie betrunken war, und das war sie bis vor zwei Jahren eigentlich immer. Aber einen richtigen, dauerhaften Freund hatte sie, soweit ich weiß, nie.«

Silvia Weiß blickte nachdenklich aus dem Fenster. Der imposante Turm des Paderborner Doms thronte über den Dächern der Stadt. »Allerdings hat sie mal einen erwähnt, den sie in der Therapie kennengelernt hat.«

»Wissen Sie, wie er hieß?«

»Nein, das hat sie nicht gesagt. Das war ganz am Anfang, muss also fast zwei Jahre her sein. Sie hat dann nicht mehr davon gesprochen. Ich glaube auch nicht, dass es was Ernstes war.«

Bergheim und Charlotte warfen sich einen Blick zu und erhoben sich dann.

Charlotte legte ihre Karte auf den Tisch. Frau Weiß blieb sitzen. Es hatte den Anschein, als wolle sie die Beamten nicht gehen lassen. Sie schluckte.

»Wann, meinen Sie, können wir meine Mutter beerdigen?«

»Das wird noch ein paar Tage dauern«, sagte Charlotte.

In diesem Moment kam Sina in die Küche gewackelt. »Mama, hab Durst«, quengelte sie.

Frau Weiß nahm das Kind auf den Arm. »Ja, du bekommst gleich was.«

»Wann kommt Ihr Mann nach Hause?«, fragte Bergheim, der sich nicht sicher war, ob sie die junge Frau allein lassen sollten.

»Er müsste bald hier sein«, sagte Frau Weiß. »Und meine Schwiegermutter wird wohl auch jeden Moment kommen«, fügte sie ohne Begeisterung hinzu.

Charlotte und Bergheim verabschiedeten sich und betraten wenige Minuten später den Bürgersteig der stark befahrenen Neuhäuser Straße. Der Himmel hatte sich zugezogen, es würde ein Gewitter geben. Sie stiegen in Bergheims Wagen.

Charlotte hatte immer Mühe, die Beklemmung abzuschütteln,

die sie überfiel, wenn sie die Verwandten von Mordopfern befragte.

»Wie ich das hasse«, sagte sie.

»Und ich erst«, sagte Bergheim. »Lass uns fahren.«

»Vielleicht sollten wir uns noch den Dom angucken, wenn wir schon mal hier sind?«, sagte Charlotte.

»Seit wann interessierst du dich denn für Kirchen?«, fragte Bergheim verdutzt.

Charlotte zuckte mit den Schultern. »Eigentlich schon immer. Du weißt doch, ich bin katholisch erzogen worden, obwohl ich im protestantischen Bielefeld aufgewachsen bin. Mein Vater hat mich und meine Schwester öfter nach Paderborn zum Dom geschleift. Den sollte man sich schon mal angeguckt haben als Katholik, hat er gesagt.«

»Wusste gar nicht, dass dein Vater so religiös ist«, sagte Bergheim und fuhr über das Westerntor Richtung Bahnhof.

»War er auch nicht, aber alte Gemäuer haben ihn echt fasziniert.«

»Also, mich faszinieren sie nicht«, sagte Bergheim.

»Du bist ein Banause. Hier gibt es sogar eine Kaiserpfalz, weil Karl der Fünfte – oder sonst ein Karl – hier haltgemacht hat. Glaub ich jedenfalls.«

»Ach ja?«, grinste Bergheim. »Wohl, weil er den Dom so schön fand.«

»Weiß ich doch nicht«, sagte Charlotte. »Weiß nicht mal, ob der damals schon stand.«

Wenig später schlichen sie auf der A 33 Richtung Bielefeld. Es hatte begonnen zu regnen, und jetzt goss es so heftig, dass die Scheibenwischer überfordert waren. Nach gut fünf Minuten hörte der Schauer so plötzlich auf, wie er angefangen hatte.

Es war still im Auto, die beiden Ermittler hingen ihren Gedanken nach.

»Jetzt sag mir, was du von dieser Frau hältst«, sagte Charlotte dann.

»Was soll ich von ihr halten? Sie wirkt sehr jung und verletzlich.«

»Den Eindruck hatte ich auch«, sagte Charlotte. »Und sie weiß erstaunlich wenig vom Leben ihrer Mutter.«

Bergheim nickte nachdenklich. »Wer weiß, wahrscheinlich wollte sie vieles gar nicht wissen. Wenn ihre Mutter Alkoholikerin war, hatte sie bestimmt Bekanntschaften aus diesen Kreisen. Vielleicht hat sie einfach jemand im Suff erwürgt.«

»Glaub ich nicht.« Charlotte zupfte gedankenverloren an ihrer Unterlippe. »Im Suff hätte sie keiner so hingesetzt.«

»Da ist was dran«, sagte Bergheim. »Vielleicht sind wir schlauer, wenn wir mit ihrem Therapeuten gesprochen haben.«

In der Abteilung für Suchtkranke der von Bodelschwinghschen Stiftungen in Bielefeld-Bethel führte sie Herr Dr. Leineweber, der ehemalige Therapeut von Jutta Frieder, in ein enges, dunkles, aber peinlich sauberes Büro. Ein Rollo vor dem viel zu kleinen Fenster verhinderte, dass Tageslicht in den Raum fiel, dem jede persönliche Note fehlte.

Bergheim und Charlotte setzten sich auf zwei unbequeme Stühle und warteten, bis Dr. Leineweber vor seinem aufgeräumten Schreibtisch Platz genommen hatte. Die Erscheinung des Therapeuten passte haargenau zum Interieur seines Büros. Er war blass, klein und roch nach Seife.

Kopfschüttelnd nahm er seine Brille ab und fuhr sich über die Augen. »Es ist ein Jammer, sie hatte sich so gut gefangen. Ich hatte ein sehr gutes Gefühl bei ihr.«

»Sie haben also keine Ahnung, warum Frau Frieder Ihre Einrichtung so plötzlich verlassen hat?«, fragte Charlotte.

»Sie hat gesagt, sie wollte ihre Tochter in Paderborn besuchen. Und als sie dann am letzten Montag nicht wiederaufgetaucht ist, habe ich dort angerufen und erfahren, dass sie überhaupt nicht dort gewesen ist.«

»Und was sie in Hannover wollte, wissen Sie nicht?«, fragte Charlotte.

»Überhaupt nicht, sie hat in unseren Werkstätten gearbeitet, hauptsächlich in der Gärtnerei. Sie hat sich dort einiges an Wissen angeeignet. Ich war sicher, dass sie mit ihrem Leben hier zufrieden war, aber jetzt ...« Dr. Leineweber seufzte. »Manchmal ist mein Beruf mehr als frustrierend – die Erfolge, die man erzielt, gleichen das nicht immer aus.«

»Was können Sie sonst über Frau Frieder sagen? Warum, glauben Sie, hat sie getrunken?«

»Sie war schwer traumatisiert durch den plötzlichen Unfalltod ihrer Eltern vor – na, das muss mehr als zehn Jahre her sein.«

»Wie war das Verhältnis zu ihrer Tochter?«, wollte Charlotte wissen.

»Ziemlich distanziert«, erwiderte Dr. Leineweber. »Ich glaube, Frau Frieder hat sich einfach geschämt.«

»War sie gewalttätig, wenn sie getrunken hatte?«, fragte Bergheim.

»Auf keinen Fall. Sie war nur sehr … anhänglich.«

»Wie meinen Sie das?«, fragte Charlotte.

Dr. Leineweber wand sich. »Ich weiß nicht genau, wie ich das sagen soll, aber sie hatte die Neigung, sich allen Männern an den Hals zu werfen, derer sie habhaft werden konnte. Allerdings nur, wenn sie getrunken hatte. Im nüchternen Zustand war sie umso schüchterner.«

Charlotte betrachtete Dr. Leineweber. »Hat sie es bei Ihnen auch versucht?«, fragte sie dann.

Leineweber lächelte. »Zwangsläufig«, sagte er und setzte die Brille wieder auf.

Charlotte fand das durchaus nicht. Auf sie wirkte Dr. Leineweber nicht besonders attraktiv, aber im Gefühlsnotstand war frau vielleicht nicht so zimperlich.

»Wie haben Sie reagiert?«, fragte sie.

Dr. Leineweber seufzte. »Sie müssen wissen … bei psychisch labilen Patienten ist das nicht ungewöhnlich, dass sie sich in den Therapeuten verlieben …«

Charlotte fragte sich, ob Leineweber nicht ein bisschen übertrieb. »… darauf darf man sich natürlich nicht einlassen. Und das hab ich auch nicht. Ich habe ihr klargemacht, dass unsere Beziehung nur rein therapeutischer Natur sein kann – so wie ich das immer tue in solchen Fällen.«

»Und«, fragte Bergheim ungeduldig, »wie hat sie das aufgenommen?«

»Sie hat es hingenommen. Was blieb ihr übrig, wenn sie hierbleiben wollte.«

Charlotte nickte. »Hat Frau Frieder mit jemandem hier Freundschaft geschlossen? Mit wem hat sie sich besonders gut verstanden?«

Leineweber dachte einen Moment nach. »Mit ihrer Wohngenossin, Frau Haferkamp, soweit ich weiß, aber die müssen Sie selbst fragen. Und sonst ... wie ich schon sagte, fragen Sie Frau Haferkamp.«

»Hat sie während der Therapie mit jemandem Freundschaft geschlossen?«

»Keine Ahnung«, sagte Dr. Leineweber. »Ihre stationäre Therapie war nach drei Monaten abgeschlossen. Dann haben wir sie gleich in die Wohngemeinschaft übernommen. Eine eigene Wohnung hatte sie nicht mehr, und zu ihrer Tochter wollte sie auf keinen Fall, weil die gerade ein Baby bekommen hatte, und Platz genug hatte sie wohl auch nicht.«

»Könnten Sie uns ihren Krankenbericht überlassen?«, fragte Charlotte.

Dr. Leineweber schürzte die Lippen. »Ich werde ihn raussuchen und Ihnen eine Kopie schicken. Ich denke, das ist im Sinne der Verstorbenen.«

»Das denken wir auch«, sagte Bergheim und erhob sich. »Könnten Sie uns jetzt bitte zu ihrer Wohnung führen?«

»Natürlich«, Leineweber erhob sich ebenfalls, »wir haben allerdings schon all ihre Sachen zusammengepackt. Sie verstehen, die Warteliste für diese Wohnungen ist lang.«

Dr. Leineweber führte sie an üppigen, rot blühenden Strauchrosen und großzügig bepflanzten Kübeln mit gelben und orangefarbenen Wandelröschen vorbei, zu einem flachen Backsteinbau. Innen war es dunkel und kühl. Sie gingen einen kahlen Flur entlang, von dem rechts und links Türen abgingen. Von irgendwoher erscholl ABBAs »Dancing Queen«. An der letzten Tür auf der linken Seite, der Quelle von »Dancing Queen«, klingelte Dr. Leineweber. Sie warteten eine Minute, in der sich nichts rührte. Ohne Vorwarnung schlug Dr. Leineweber mit der Faust gegen die Tür und schrie: »Frau Haferkamp, Sie haben Besuch!« Dann wandte er sich entschuldigend an die beiden Beamten. »Sie müssen entschuldigen, Frau Haferkamp liebt laute Musik.«

Charlotte und Bergheim, die zusammengezuckt waren, warfen sich einen Blick zu.

»Tatsächlich«, sagte Charlotte.

In diesem Moment wurde die Tür von einer dürren Mittfünfzigerin in Jeans und schwarzem T-Shirt aufgerissen. Der Geruch von Zigarettenrauch schlug ihnen entgegen. Frau Haferkamp starrte die Besucher aus umschatteten Augen an.

»Was gibt's?«, fragte sie Dr. Leineweber.

»Die Herrschaften sind von der Polizei –«

»Was?«, schrie Frau Haferkamp dazwischen.

Dr. Leineweber holte Luft und schrie zurück. »Das hier sind Polizisten aus Hannover. Sie haben ein paar Fragen, wegen Frau Frieder.«

Frau Haferkamps Blick verdunkelte sich, als sie Bergheim und Charlotte ansah.

»Oh, Kacke, Mann, das tut mir echt leid, mit Jutta.«

»Können wir reinkommen?«, fragte Charlotte.

»Was?«, fragte Frau Haferkamp. »Warten Sie, ich stell mal die Musik leiser.«

»Gute Idee«, murmelte Charlotte.

Zwei Sekunden später kehrte wohltuende Ruhe ein, und Frau Haferkamp bat die beiden hinein.

»Wenn ich irgendwie helfen kann«, sagte sie. »Jutta war echt eine Nette.«

Bergheim und Charlotte betraten eine kleine Diele. Dr. Leineweber verabschiedete sich.

Frau Haferkamp führte sie durch eine der drei Türen, die von der Diele abgingen, in ein kleines, spärlich, aber zweckmäßig möbliertes Zimmer. Es gab eine Schlafcouch mit einem Beistelltisch und einen Esstisch mit zwei Stühlen.

Charlotte und Bergheim griffen sich jeweils einen Stuhl, während Frau Haferkamp sich auf die Schlafcouch fallen ließ und dabei eine selbst gedrehte Zigarette aus der Tabaktüte nahm, die auf dem Tisch lag.

»Ich hab die ganze Zeit hier gesessen und mich gefragt, warum, zum Teufel, sie mir nichts erzählt hat«, sagte Frau Haferkamp und blies eine Rauchwolke gegen die vergilbte Zimmerdecke.

»Sie wissen also nicht, wo sie hinwollte?«, fragte Bergheim.

Frau Haferkamp schüttelte energisch den Kopf, sodass ihre dünnen, schwarz gefärbten Haare nachzitterten. »Sie hat gesagt, sie wollte ihre Tochter besuchen. Von Hannover hat sie keine Silbe gesagt«,

Frau Haferkamp nahm einen Zug, »und ich hab gedacht, sie würde mir vertrauen.«

»Hatte sie einen Freund, oder hat sie jemand öfter mal besucht?«, fragte Charlotte.

»Nee, einen Freund hatte sie nicht, soviel ich weiß, und Besuch ...«

Frau Haferkamp runzelte plötzlich die Stirn und blickte an Charlotte vorbei aus dem Fenster. »Also ... ich weiß nicht mehr genau, aber ich glaube, vor ein paar Wochen war mal wer da. 'n Mann, glaub ich, 'n Bekannter von früher, hat sie gesagt. Ich glaube, sie mochte ihn nicht besonders. Da kann ich mich auch bloß deswegen dran erinnern, weil sie so ... na ja ... gedankenverloren war, als sie wiederkam.«

Charlotte richtete sich auf und warf Bergheim einen Blick zu.

»Können Sie sich erinnern, wer das war?«

»Nee, also, das tut mir jetzt leid, aber ich hab ihn nur ganz kurz von Weitem gesehen. Er trug so eine schwarze Kappe. Ziemlich groß war er, das weiß ich noch.«

»Haben Sie eine Ahnung, wo die beiden gewesen sind?«, fragte Bergheim.

Frau Haferkamp zuckte mit den Schultern. »Nee ... ach doch, sie hat was von ›Spazierengehen‹ gesagt. Hat mich noch gewundert, das war sonst nicht ihr Ding.«

»Wann genau war das?«

»Also ... da lassen Se mich mal überlegen, wann war denn das. Wir hatten gerade unser Gruppentreffen gehabt, muss also ein Donnerstag gewesen sein. Genau, das war der zweite Donnerstag im Juli. Am zweiten Donnerstag im Monat haben wir immer unsere Gesprächsrunde.«

»Hat sie irgendwas über das Treffen gesagt?«, fragte Charlotte.

»Nee, das nicht, sie war nur ganz in Gedanken, danach«, sagte Frau Haferkamp und drückte ihre Zigarette aus. »Na ja, und sie hat ein- oder zweimal telefoniert. Und zwar nicht mit ihrer Tochter. Mit der redete sie anders.«

Charlotte horchte auf. »Wissen Sie, mit wem sie telefoniert hat? Hat sie was gesagt?«

»Keine Ahnung«, sagte Frau Haferkamp, »und gesagt hat sie auch nix.« Das klang ein bisschen traurig.

»Können Sie sich sonst an irgendwas erinnern, was in der letzten Zeit vorgefallen ist und uns weiterhelfen könnte?«, fragte Bergheim.

Frau Haferkamp wandte ihm ihr aufgeschwemmtes Gesicht zu und seufzte theatralisch. »Nee, ich wollt, ich könnte, glauben Se mir.«

Bergheim und Charlotte erhoben sich. Charlotte legte ihre Karte auf den kleinen Glastisch.

»Wir würden uns jetzt gern das Zimmer von Frau Frieder ansehen.«

Frau Haferkamp erhob sich. »Dann kommen Se mal. Sieht genauso aus wie meins.«

Das stimmte. Die beiden Zimmer unterschieden sich nur insofern, als im Zimmer von Jutta Frieder zwei Umzugskartons standen.

Die beiden Beamten standen ziemlich fassungslos in dem unpersönlichen Raum. Wie armselig, dachte Charlotte, dass sich ein – wenn auch nur recht kurzes – Leben in zwei Umzugskartons verpacken ließ.

Es war halb sechs. Keine günstige Zeit für eine Fahrt auf der A 2. Sie brauchten fast zwei Stunden für die hundert Kilometer nach Hannover. Jutta Frieders Habseligkeiten hatten sie im Gepäck. Es waren nicht mehr als die zwei großen Umzugskartons, von denen einer die Kleidung enthielt, der andere persönliche Dinge, wie Toilettenartikel, ein paar Bücher, zwei DIN-A4-Ordner, einen MP3-Player, einen Karton mit alten Fotos und Ansichtskarten, ein paar Boulevard-Zeitschriften, ein Lehrbuch über Buchführung und zwei über Gartenbau und Blumenzucht, ein altes Märchenbuch, eine Tüte Lakritz-Katzenpfötchen und einen Baumwollbeutel mit Sämereien.

Als sie endlich in der Gretchenstraße ankamen, gab es wie üblich keinen Parkplatz. Bergheim parkte in zweiter Reihe, um die Kartons ausladen zu können. Es würde ein langer Abend werden. Sie wollten sich schon mal einen groben Überblick über die Hinterlassenschaft der Ermordeten verschaffen, bevor sich die Kriminaltechnik damit befasste.

Charlotte schloss die Haustür auf, und dann wuchteten sie die beiden Kartons vor den Fahrstuhl. Es dauerte eine Weile, bis die behäbige Kabine die zwei Stockwerke nach unten bewältigt hatte, und als Bergheim endlich die Tür öffnete, fiel ein dunkel bekleideter Arm heraus.

Bergheim erstarrte. In der Kabine lag reglos das junge Mädchen aus dem zweiten Stock. Charlotte ließ den Karton, den sie angehoben hatte, wieder fallen, während Bergheim den Puls suchte. Dann hob er sacht ihren Kopf und klopfte ihr auf die Wange.

»Hallo, können Sie mich hören?«

Vivian Schleich schlug schwerfällig die Augen auf und blinzelte verwundert in die zwei Gesichter, die sie anstarrten. »Was ... was ist passiert, wieso ...?«

»Wie fühlen Sie sich? Haben Sie Schmerzen?«, fragte Bergheim, während Charlotte bereits nach ihrem Handy suchte.

Vivian runzelte die Stirn. »Nein, ich hab keine Schmerzen, lassen Sie mich einfach aufstehen.« Dabei versuchte sie sich von Bergheim loszumachen, der hielt sie aber unnachgiebig fest.

»Sie sind wohl ohnmächtig geworden. Wenn Sie aufstehen möchten, sollten Sie das langsam tun, okay?«

Vivian nickte und setzte sich auf. »Soll ich einen Arzt rufen?«, fragte Charlotte.

»Bloß nicht«, rief Vivian und fügte dann leise hinzu: »Ich geh nach Hause und leg mich ein bisschen hin. Hab bei dem Wetter immer Kreislaufprobleme.«

Bergheim nickte schweigend und half dem Mädchen auf die dürren Beine.

»Ich bringe Sie hoch«, sagte er und wandte sich an Charlotte. »Bleibst du bei den Kartons?« Sie nickte und er schloss die Tür.

Es dauerte fast eine Viertelstunde, bis Bergheim zurückkam. Als er aus dem Fahrstuhl trat, guckte er beklommen. »Hast du gesehen, wie mager das Mädchen ist?«

»Allerdings«, sagte Charlotte. »Da stimmt was nicht. Vielleicht sollte ich mich mal mit der Mutter unterhalten.«

»Das solltest du unbedingt«, sagte Bergheim.

Nachdem sie die Kartons im Wohnzimmer deponiert hatten, steuerte Charlotte Richtung Badezimmer. Sie zog ihr T-Shirt aus, riss die Tür auf und stand im nächsten Moment Jan gegenüber, der –

sein Notebook auf den Knien – auf der Toilette saß. Er hob kurz den Blick, musterte sie und wandte sich dann wieder seinem Bildschirm zu.

»Kannst du nicht anklopfen?«, fragte er.

Charlotte presste ihr T-Shirt vor die Brust. »Kannst du nicht abschließen?«, schoss sie zurück.

»War ja keiner da.«

»Bist du fertig?«

»Gleich.«

»Was heißt gleich?«

»In zwei Minuten.«

»Okay«, sagte Charlotte und nahm vorsichtshalber den Schlüssel aus dem Schlüsselloch, bevor sie die Tür von außen schloss. Dann ging sie in die Küche und fluchte leise, als sie das offene Nutellaglas und die vier nougatverschmierten Messer auf dem Tisch liegen sah. Sie nahm die Messer und räumte sie in den Spülautomaten. Dann nahm sie die restlichen sauberen Messer aus der Besteckschublade, versteckte sie unter den Geschirrtüchern und ging zurück zum Badezimmer.

»Die zwei Minuten sind um«, sagte sie und ging, ohne anzuklopfen, hinein.

Jan saß unverändert auf der Toilette. Charlotte ging zu ihm, nahm das Notebook, ging damit zu seinem Zimmer und stellte den Computer vor die Tür. Sie hatte keine Lust, Jans Deponie zu betreten. Auf dem Rückweg zum Bad kam der Junge ihr entgegengeschlurft und ging wortlos an ihr vorbei.

Bergheim stand derweil in der Küche, belegte ein paar Toastbrote mit Käse und Schinken, öffnete ein Glas saure Gurken und zwei Flaschen Herrenhäuser, stellte alles auf ein Tablett und trug es ins Schlafzimmer.

Wenig später saßen sie kauend auf dem großen Bett. Charlotte betrachtete ein paar Fotos und Ansichtskarten, Bergheim blätterte in einem Ordner. Die Tote hatte alle Verdienstbescheinigungen und Rechnungen der letzten zwei Jahre sorgfältig abgeheftet. Ihre Kontoauszüge aus dieser Zeit waren lückenlos. Ihr Vermögen belief sich auf achthundertsechsundfünfzig Euro, ihre Schulden auf knapp vierundzwanzigtausend Euro.

»Am 22. Juli hat sie dreihundert Euro abgehoben. Das war einen Tag, bevor sie auf der Hochzeit der Hofholts aufgetaucht ist«, sagte Bergheim und schob sich den Rest seines Schinkenbrotes in den Mund.

Charlotte nahm einen Schluck Bier. »Es muss was mit diesem Besucher zu tun gehabt haben. Und wenn uns ihre Telefonliste nicht weiterbringt, wo sollen wir dann anfangen zu suchen?«

»Geben die Fotos nichts her?«

»Es sind nicht viele«, sagte Charlotte, »die meisten sind von ihren Eltern, ein paar Fotos von ihrer Tochter, dem Schwiegersohn und der Enkelin, einige von ihrer Tochter als Baby, und auf zweien ist sie als junges Mädchen zusammen mit einer Freundin irgendwo am Meer. Das sind die einzigen älteren, von 1987.« Charlotte seufzte. »Es kommt mir vor, als ob sie ihr ganzes früheres Leben aussortiert hat. Keine Bilder von ihr als Schulkind oder als Teenager.«

»Vielleicht hat die Tochter noch Sachen von ihr. Danach hätten wir fragen sollen«, sagte Bergheim.

»Thorsten soll sie anrufen. Wenn sie noch was hat, kann sie das mitbringen.«

Charlotte stand auf und durchwühlte den zweiten Karton.

»Meine Güte, in ihre Kleidung hat sie wirklich nicht viel investiert.«

»Kein Wunder, bei dem Kontostand«, sagte Bergheim.

»Wirklich nur Jeans, T-Shirts, Kunstfaserpullover, Turnschuhe, dunkle Socken, eine Daunenjacke, eine schwarze Regenjacke, stinknormale Unterwäsche, ein Schlafanzug, zwei Schlafshirts, ein paar dünne Halstücher, ein Paar Handschuhe.« Charlotte durchwühlte den Karton und tauchte dann mit rotem Kopf wieder auf. »Anscheinend hatte sie nicht mal Handtücher.«

Bergheim warf die Ordner vom Bett. »Die Lösung muss bei dieser Hochzeitsfeier zu finden sein.«

»Das glaube ich auch«, sagte Charlotte und nahm sich eine Gurke. »Und wenn du mich fragst, dieser Andreas Hofholt hat uns nicht alles gesagt. Er schien mir nervös zu sein. Warum?«

»Na, das ist ja wohl mehr als verständlich. Ich wär auch nervös, wenn eine Frau, die auf meiner Hochzeit getanzt hat, später ermordet wird.«

»Hm«, Charlotte zweifelte, »ich glaube nicht, dass das alles war.«

Bergheim betrachtete seine Freundin. Sie trug ein weißes Schlafshirt, und ihre kastanienbraunen Haare fielen in leichten Wellen auf ihre Schultern. Sie war schön. Und sie hatte dieses feine Gefühl für Stimmungen. Er hatte gelernt, ihr zu vertrauen, wenn dieses Gefühl sich meldete.

»Okay«, sagte er und zog sie aufs Bett. »Wir werden uns noch mal mit ihm unterhalten.«

»Wolltest du nicht noch mal bei Vivian anrufen?«, fragte Charlotte.

»Oh, verdammt«, sagte Bergheim und nahm sein Handy vom Nachttisch.

Nach dem vierten Klingeln meldete sich Vivian. Ja, es gehe ihr gut, vielen Dank für die Hilfe, sie müsse jetzt schlafen. Bergheim legte das Handy weg und schüttelte den Kopf.

»Wann soll man sich einmischen, und wann ist es besser, sich aus den Angelegenheiten anderer Leute rauszuhalten?«, fragte er und schob die Hand unter Charlottes Shirt.

»Wo sind die Messer?«, knödelte es aus Richtung Tür.

Bergheim zuckte zurück. »Kannst du nicht anklopfen?«

»Die Tür war offen. Wo sind die Messer?«

»Na, da wo sie immer sind«, sagte Charlotte unschuldig.

»Ist keins mehr da.«

»Oh, dann musst du dir eins spülen.«

Jan drehte sich um und verschwand in sein Zimmer. Der Schritt seiner Jeans hing in seinen Kniekehlen.

FÜNF

Die Besprechung mit Ostermann am nächsten Morgen verlief wider Erwarten friedlich, was dem Umstand zu verdanken war, dass Charlotte ihrem Chef die Erkenntnisse ihrer gestrigen Befragungen als Erfolg verkaufte.

Die Tote hatte sich kurz vor ihrer Abreise nach Hannover mit einem Mann getroffen. Sie mussten ihn nur noch finden. Außerdem hatte die Frau während ihrer Therapie möglicherweise eine Beziehung zu einem anderen Patienten gehabt. Ob sie es nun mit einem oder zwei Männern zu tun hatten, das mussten sie noch herausfinden. Sie erhofften sich Einzelheiten aus dem Krankenbericht der Toten. Auf jeden Fall hatten sie Fortschritte gemacht, und Ostermann wollte ihr zu gern glauben.

Charlotte hatte weder Zeit noch Lust, die Besprechung in die Länge zu ziehen. Sie hatten noch eine Menge Leute zu vernehmen und keine Zeit zu verlieren.

Ostermann war ausnahmsweise der gleichen Meinung wie seine Erste Hauptkommissarin und verließ beschwingt den Besprechungsraum, um einen wichtigen Termin im niedersächsischen Landwirtschaftsministerium wahrzunehmen.

Was der Chef der Kriminalfachinspektion 1 der Polizeidirektion Hannover mit dem Landwirtschaftsministerium zu schaffen hatte, wusste Charlotte nicht, wollte es auch nicht wissen. Hauptsache, ihr Chef beschäftigte sich außerhalb ihres Kompetenzbereiches.

Maren Vogt und Martin Hohstedt hatten bei den Hochzeitsgästen keine Fortschritte gemacht. Keiner der bisher Befragten konnte sich an Jutta Frieder erinnern. »Ich hatte auch nicht den Eindruck, dass uns einer was vormachen wollte«, sagte Maren, »im Gegenteil, die meisten waren ganz heiß drauf, von uns was zu erfahren.«

Charlotte seufzte. »Ja, das wird sich wohl nie ändern. Man sollte meinen, dass sie im Fernsehen genug Gewalt zu sehen bekommen, aber die Realität scheint immer noch spannender zu sein.«

Sie schob ihre Notizen zusammen und erhob sich. »Ihr macht am besten da weiter, wo ihr aufgehört habt, und Thorsten, du kümmerst dich um den Krankenbericht aus Bethel. Wenn er noch nicht da ist, mach diesem Dr. Leineweber ruhig ein bisschen Dampf. Haben die DVDs irgendwas hergegeben?«

Thorsten Bremer schüttelte den Kopf. »Bisher nicht, ich bin aber auch noch nicht damit durch. Bis jetzt hab ich nur das Brautpaar in allen möglichen Tanz- und Knutschvariationen bewundern und mir dämliche Hochzeitsspielchen ansehen dürfen. Jutta Frieder ist bis jetzt nicht einmal aufgetaucht.«

Charlotte grinste. »Wieso? War deine Hochzeit etwa anders?« Sie konnte sich noch sehr genau an die Fotos von Thorstens Hochzeit erinnern, die wochenlang die Flure der KFI 1 geschmückt hatten. Wer immer Oberkommissar Bremer für einen drögen Beamten gehalten hatte, konnte sich anhand dieser Aufnahmen vom Gegenteil überzeugen.

Bergheim und Charlotte begaben sich zur Spurensicherung in Kramers Büro, um sich weiter den Inhalt der beiden Umzugskartons vorzunehmen.

Charlotte hielt gedankenverloren eine Ansichtskarte aus Paris in der Hand.

»Alles wird gut – alte Liebe rostet nicht. Die schönsten Liebesgrüße aus Paris von Conny«, las sie halblaut vor.

Charlotte drehte und wendete die abgegriffene Karte mit dem Motiv des Eiffelturms – welches sonst – in den Händen und versuchte, den Poststempel zu entziffern. »Guck mal«, sie reichte Kramer die Karte. »Kannst du das Datum lesen?«

Kramer hielt die Karte ins Licht, runzelte die Stirn und griff nach einer Lupe. »Sieht aus wie 199… irgendwas. Also die letzte Zahl ist verwischt, aber es sind auf jeden Fall die neunziger Jahre. Willst du's genau wissen?«

»Nein«, meinte Charlotte nachdenklich, »ich wundere mich nur, warum sie so eine alte Karte aufhebt, wo sie sonst kaum was hortet. Nicht mal Briefe, die beiden anderen sind Ostsee-Urlaubskarten von ihrer Tochter und nicht älter als zwei Jahre. Jedenfalls hatten sie jedes Mal das Kind dabei.«

»Wissen wir, wer Conny ist?«, fragte Kramer.

»Nein, aber vielleicht sollten wir das rausfinden. Conny ist wahrscheinlich die Abkürzung für Cornelia —«

»Oder für Konrad«, unterbrach sie Kramer.

»Glaub ich nicht, sieht nach einer Frauenhandschrift aus.«

»Stimmt. Wir sollten die Tochter fragen. Irgendwelche Freundinnen muss die Tote ja gehabt haben«, sagte Kramer.

Charlotte nickte. Es war deprimierend, in den Resten eines Menschenlebens zu wühlen. Vor allem dann, wenn es so leer gewesen war wie das von Jutta Frieder.

Sie warf resigniert die Karte zurück in den Karton. »Silvia Weiß kommt heute Nachmittag zur abschließenden Identifizierung zur KFI. Am besten, du fährst dann mit ihr zur Rechtsmedizin. Aber vorher zeigst du ihr noch die Sachen ihrer Mutter. Vor allem die Fotos. Vielleicht fällt ihr ja noch was dazu ein«, sagte Charlotte zu Kramer. »Ich hab im Moment nicht das Gefühl, dass uns das hier weiterbringt. Ich schlage vor, du machst allein weiter, und Rüdiger und ich sprechen mit der Familie des Bräutigams.«

»Ich unterstütze den Antrag«, sagte Bergheim und klappte den Ordner zu, in dem er gerade geblättert hatte. Charlotte lächelte. Sie wusste nur zu genau, wie sehr Bergheim es hasste, über irgendwelchen Papieren zu brüten.

Sie wollten eben die KFI 1 verlassen, als Bremer hinter ihnen herstürmte und sie abfing. »Hab vor einer halben Stunde eine Mail aus Bielefeld bekommen. Und ... ich hab einen Namen!«, rief er und streckte triumphierend eine graue Aktenmappe in die Luft.

»Welchen?«, fragten Charlotte und Bergheim gleichzeitig.

»Bernd Grigoleit, vierundfünfzig, ledig, hat vor anderthalb Jahren zusammen mit unserem Opfer einen Entzug gemacht. Sie hat ihn in ihren Gesprächen mit dem Arzt erwähnt. Und nun ratet mal, wo dieser Bernd Grigoleit herkam.«

»Aus Hannover?«, fragte Charlotte hoffnungsvoll.

»Genau«, griente Bremer. »Die Sache hat allerdings einen Haken. Der Mann ist tot. Vor einem halben Jahr an einem Schlaganfall gestorben.«

Bergheim stieß hart die Luft aus. »Klasse, warum erzählst du uns das?«

»Weil er einen Bruder hat, und wisst ihr, wo der wohnt?« Mit sei-

nem feisten Grinsen erinnerte Bremer an einen zufriedenen Hamster.
»Sind wir jetzt bei der Hunderttausend-Euro-Frage, oder was?«, sagte Charlotte unwirsch. »Mach's nicht so spannend.«
Bremers Hamsterlächeln verschwand und machte einem Schmollmund Platz.
»In der Nordstadt, Appelstraße, schräg gegenüber vom St.-Nikolai-Friedhof.«
»Oh«, sagte Bergheim, »das ist ja direkt um die Ecke vom Georgengarten. Was weißt du sonst noch?«
»Er ist zweiundfünfzig, ledig, hat bis vor zwei Monaten im VW-Werk in Stöcken am Montageband gearbeitet und ... ist vorbestraft.«
»Weswegen?«
Das Hamsterlächeln war wieder da. »Sexuelle Nötigung.«
»Na, wenn das keine guten Neuigkeiten sind«, sagte Charlotte. »Den werden wir uns direkt vornehmen. Die Familie Hofholt kann noch ein bisschen warten.«

Fünfzehn Minuten später lenkte Bergheim den Wagen über den Königsworther Platz zur Nienburger Allee. Sie fuhren am Welfenschloss, der Leibniz-Universität, vorbei und bogen rechts in den Schneiderberg ein, von dem links die Appelstraße abging. Sie parkten vor der Friedhofsmauer, überquerten die Straße und gingen zu einem mehrstöckigen Gebäude.
»Nicht schlecht, die Wohngegend, was?«, sagte Charlotte. »Frage mich, wie ein Arbeitsloser, der früher am Montageband auch keine Unsummen verdient hat, sich so was leisten kann.«
»Das werden wir rausfinden«, sagte Bergheim und drückte auf die Klingeln im Erdgeschoss und im ersten Stock des in tadellosem Weiß gestrichenen Hauses. Grigoleit wohnte im dritten. Sie wollten den Mann vor seiner Wohnungstür überraschen. Man konnte nie wissen. Wenige Sekunden später krächzte eine heisere weibliche Stimme. »Wer ist da?«
»Entschuldigung«, sagte Charlotte, »wir haben eine Verabredung mit Herrn Grigoleit, aber seine Klingel scheint nicht zu funktionieren. Könnten Sie uns reinlassen?«

»Der schon wieder«, rauschte es aus der Sprechanlage, und gleich darauf ging der Türsummer.

»Na, wunderbar«, sagte Bergheim, »im Treppenhaus sind wir schon mal.«

Das Treppenhaus war weiß gestrichen und gepflegt. Bergheim und Charlotte stiegen geschmeidig die Marmorstufen hinauf. Im ersten Stock wurde eine Tür einen Spalt weit geöffnet und gleich wieder geschlossen.

Eine halbe Minute später standen die beiden vor Grigoleits Wohnungstür. Charlotte klingelte, stellte sich vor den Spion und wartete. Zunächst rührte sich nichts, doch Charlotte hatte den Eindruck, dass sie durch das Guckloch gemustert wurde. Sie setzte ihr harmlosestes Lächeln auf und klingelte erneut.

Nichts passierte. Charlotte wollte schon aufgeben, als plötzlich die Tür aufgerissen wurde, ein glatzköpfiger Riese an ihr vorbeistürmte, den überraschten Bergheim, der neben der Tür gestanden hatte, zur Seite stieß und die Treppe hinunterstürmte.

Bergheim setzte sofort nach, Charlottes Schrecksekunde dauerte etwas länger, aber dann rannte sie den beiden hinterher, während sie gleichzeitig ihr Handy bediente, um Unterstützung anzufordern.

Der Riese war schnell. Er rannte quer über die Straße auf den Friedhof. Bergheim hatte alle Mühe, ihn nicht aus den Augen zu verlieren. Der Mann sprang über Gräber, blieb an einem Grabstein hängen, fiel hin, rappelte sich in Windeseile wieder auf und rannte eine alte Frau mit Rollator über den Haufen. Bergheim hatte keine Zeit, sich um sie zu kümmern, das musste Charlotte erledigen. Er keuchte. Verdammt, wie konnte so ein Schwergewicht bloß so schnell sein.

Bergheim hechtete über die Gräber, vorbei an einer gaffenden Trauergemeinde. Er holte auf. Sein Atem ging pfeifend, und dann warf er sich in einem Riesensatz auf den Flüchtenden. In diesem Moment hörte er das erste Martinshorn. Der Riese gab keinesfalls auf, sondern versetzte Bergheim einen Faustschlag ins Gesicht, der ein hässliches Geräusch verursachte. Bergheim taumelte zurück, hatte sich aber sofort wieder gefangen und riss seinen Widersacher, der sich davonmachen wollte, wieder zu Boden, griff seinen

Arm, drehte ihn nach hinten und setzte sein Knie auf dessen Rücken.

Der Riese schrie. »Lassen Sie mich los! Was wollen Sie von mir?«

»Sie sind vorläufig festgenommen, Arschloch!«, schrie Bergheim zurück und legte ihm Handschellen an. Blut tropfte aus seiner Nase. In diesem Moment kam Charlotte angelaufen, gefolgt von zwei Streifenbeamten, die den Riesen in ihre Mitte nahmen und abführten, während sich Charlotte um Bergheim kümmerte und ihm ein Taschentuch auf die Nase drückte. Sein linkes Auge begann bereits, blau anzulaufen. Zu allem Überfluss fing es heftig an zu regnen.

»Natürlich«, knurrte Bergheim.

Charlotte betrachtete ihn besorgt, während der Regen ihr Gesicht hinablief.

»Meine Güte, ich glaube, die Nase ist gebrochen. Ich bring dich sofort ins Krankenhaus.«

»Blödsinn, ich fahre mit in die Direktion.«

»Bist du sicher?« Charlotte schluckte. »Sieht nicht gut aus.«

»Egal, ich will mir dieses Arschloch vorknöpfen.«

Die Frau mit dem Rollator, der Charlotte wieder auf die Beine geholfen hatte, kam ihnen entgegen. Sie fuchtelte wütend mit ihrem Schirm in ihre Richtung. »Eingesperrt gehört der! So eine Frechheit!« Charlotte fragte sie, ob sie Anzeige erstatten wolle. »Und ob ich das will!«, schimpfte sie. »Schauen Sie sich meine Hose an!«

Bergheim und Charlotte warfen einen schnellen Blick auf die dreckbespritzte Beinbekleidung der älteren Dame, während der Regen unverdrossen auf sie niederprasselte. Charlotte gab der aufgebrachten Frau ihre Karte, verabschiedete sich hastig und eilte mit Bergheim zum Wagen zurück.

Als Charlotte und Bergheim eine knappe Stunde später notdürftig getrocknet den Vernehmungsraum betraten, war der Koloss zahm geworden. Er saß da, die Hände noch in Handschellen im Schoß gefaltet, und blickte zu Boden. Er hob nicht einmal den Kopf, als Charlotte sich an den Tisch setzte. Bergheim blieb an der Tür stehen.

Sie verschränkte die Arme und musterte den Mann schweigend. Er trug ein schwarzes Sweatshirt zur Jeans, das linke Ohrläppchen schmückten zwei Ringe.

»Sie heißen Ulrich Grigoleit, wohnhaft Appelstraße 16, Hannover, sind zweiundfünfzig Jahre alt, ledig, arbeitslos. Ist das richtig?«, fragte Charlotte.

Schweigen.

»Herr Grigoleit, wir können das Ganze bis zum Jüngsten Tag in die Länge ziehen, oder Sie zeigen sich kooperativ und retten, was zu retten ist.«

Grigoleit grunzte, ohne Charlotte anzusehen.

»Warum sind Sie weggelaufen, und warum haben Sie meinen Kollegen niedergeschlagen?«

Schweigen.

Charlotte ließ sich nicht beeindrucken, sondern legte Grigoleit das Foto der toten Jutta Frieder vor die Nase. Er schielte kurz darauf und blickte dann wieder zu Boden.

»Kennen Sie diese Frau?«, fragte Charlotte.

Grigoleit rührte sich noch immer nicht.

»Gut«, sagte Charlotte, »wenn Sie mir nichts erzählen wollen, werde ich Ihnen ein bisschen was erzählen. Sie haben diese Frau natürlich gekannt«, Charlotte tippte mit dem Finger auf das Foto, »Sie waren mit ihr im Georgengarten unterwegs, und dort haben Sie sie bedrängt – Sie sind einschlägig vorbestraft. Sie wollte nicht, wie Sie wollten, es kam zu einem Handgemenge, und Sie haben sie umgebracht.«

Grigoleits Adamsapfel sprang nach oben. Endlich hob er den Kopf und funkelte Charlotte an. »Sehn Se, genauso hab ich mir das gedacht, dass Se nämlich mir das anhängen wollen.« Er richtete sich auf und schlug mit den Händen auf den Tisch. »Aber das stimmt nich!«, schrie er. »Und jetzt wissen Se auch, wieso ich abhauen wollte! Hab keine Lust, wieder im Knast zu landen, bloß weil irgendwer diese Schlampe um die Ecke gebracht hat.«

Bergheim war hinter Grigoleit getreten, und ein uniformierter Beamter öffnete die Tür. »Alles klar?«, fragte er und musterte Grigoleit misstrauisch.

Charlotte lächelte und legte die Fingerspitzen zusammen. »Dass Sie in den Knast wandern, wird sich kaum vermeiden lassen. Was glauben Sie denn, was passiert, wenn ein Vorbestrafter einen Polizisten niederschlägt?« Sie beugte sich vor und fixierte ihr Gegenüber.

»Fragt sich nur, wie lange Sie drinbleiben müssen. Bei Mord kann das ziemlich lange sein.«

»Nie im Leben!« Grigoleit sprang auf, Bergheim und der Uniformierte stürzten sich auf ihn. Es gab ein Gerangel, ein dritter Beamter kam dazu. Den dreien gelang es endlich, Grigoleit zu überwältigen und wieder auf den Stuhl zu zwingen.

Charlotte saß bewegungslos da, während der Uniformierte und Bergheim den Riesen festhielten. »Herr Grigoleit«, sagte sie sanft, »das führt doch zu nichts. Wenn Sie uns nicht helfen wollen, müssen wir uns selbst alles zusammenreimen. Und was dabei rauskommt ...«

Plötzlich fing Grigoleit an zu schluchzen. Die vier Polizisten schauten ihn verblüfft an. Sie ließen ihn los, und er legte den Kopf in die Hände.

Charlotte und Bergheim wechselten einen erstaunten Blick. In diesem Moment betrat Bremer den Vernehmungsraum und legte eine schwarze Handtasche auf den Tisch. »Das war in seinem Keller, dazu ein Koffer mit Frauenkleidern. Die Schlüssel, die die Tote bei sich hatte, passen zur Wohnung und zum Keller.«

Charlotte nahm die Handtasche, öffnete sie und legte ein abgegriffenes, leeres Portemonnaie auf den Tisch und den Personalausweis von Jutta Frieder. Dann blickte sie den bebenden Koloss vor ihrem Tisch an. Fast tat er ihr leid.

»Herr Grigoleit, warum reden Sie nicht einfach? Dann haben Sie's hinter sich. Schweigen macht doch alles nur schlimmer.«

Grigoleit schniefte und wischte sich wie ein kleiner Junge mit dem Handrücken die Nase ab.

»Ich hab sie nich umgebracht, ehrlich nich. Sie ... sie war früher mal mit meinem Bruder befreundet. Ich hab sie auf seiner Beerdigung gesehen. Das is 'n halbes Jahr her, und vor zwei Wochen stand se plötzlich bei mir vor der Tür. Hat gefragt, ob se 'n paar Tage bei mir schlafen könnte. Würde auch bezahlen, und dann hat se mir 'n Fuffi in die Hand gedrückt ...« Grigoleit zog die Nase hoch. »Na, ja so 'n Fuffi. Is mir ja egal, ob da eine aufm Sofa pennt. Ich bin seit zwei Monaten arbeitslos und 'n bisschen knapp. Dann hab ich se eben bei mir pennen lassen. Hab se kaum zu Gesicht gekriegt. Außerdem hat se gesoffen. Die ganze Bude stank nach Schnaps. Jedenfalls isse irgendwann abends weggegangen und nich wiedergekommen. Und dann hab ich das Foto im Internet gesehen. Da hab ich nur gedacht, Scheiße, ich glaub's nich! Und dann hab ich einfach ihre Klamotten zusammengepackt und erst mal in den Keller gebracht. Aber mit ihrem Tod hab ich nix zu tun!«, schrie er dann wieder. »Das müssen Se mir glauben!«

Für einen Moment sagte niemand etwas. Charlotte fasste sich als Erste.

»Wie lange hat Frau Frieder bei Ihnen gewohnt?«

»Seit vorletztem Freitag. Wollte bloß 'n paar Tage bleiben und dann ...«

»Haben Sie mit ihr gesprochen? Wissen Sie, warum sie nach Hannover gekommen war?«, fragte Bergheim, der immer noch hinter Grigoleit stand.

Der hatte Mühe, seine Körperfülle in Bergheims Richtung zu drehen, und schaute ihn an, als sähe er ihn zum ersten Mal. Wahrscheinlich lag das an dem Veilchen, das Bergheims Gesicht schmückte.

»Das hat se mir nich verraten. Hat sowieso immer ziemlich rumgedruckst, kaum reagiert, wenn man se was gefragt hat.« Grigoleit fuhr sich mit dem Handballen über die Nase und zuckte mit den Schultern. »Vielleicht war se auch einfach nur ständig dicht, was weiß ich.«

»Wie kommen Sie zu einer Wohnung an den Herrenhäuser Gärten?«, wollte Charlotte wissen.

»Die haben mein Bruder und ich von einem Onkel geerbt. Jetzt, wo mein Bruder tot ist, gehört se mir allein. Wir kommen ja eigentlich ausm Westfälischen, Bielefeld. Mein Bruder, der Bernd, hat auch da gearbeitet – bis er krank geworden is, oder wie man die Sauferei nennen will«, fügte er leise hinzu.

Charlotte nickte. »Wann haben Sie Frau Frieder zuletzt gesehen?«

»Das weiß ich nich mehr so genau«, greinte Grigoleit. »Irgendwann letzte Woche. Sie wollte abends weg und is nich wiedergekommen.«

Charlotte nickte. »Wo waren Sie in der Nacht von Donnerstag auf Freitag letzter Woche?«, fragte sie.

Grigoleit verzog den Mund. »Im Bett, wo denn sonst?«

»Allein?«, fragte Charlotte.

»Leider ja!«, sagte er und hob plötzlich die Brauen. »Wieso red ich überhaupt mit Ihnen? Ich will einen Anwalt.«

Charlotte schürzte die Lippen und warf Bergheim einen Blick zu. Dann stand sie auf. »Okay, rufen Sie Ihren Anwalt an.« Sie nickte den beiden Uniformierten, die immer noch neben Grigoleits Stuhl standen, zu und verließ mit Bergheim den Raum.

»Was meinst du? Lügt er?«, fragte sie ihn auf dem Gang.

»Glaube ich nicht«, sagte Bergheim, während er vorsichtig sein Gesicht betastete, »dazu ist er nicht ausgefuchst genug.«

»Oder er spielt nur den Dummen«, sagte Charlotte und zupfte an ihrer Unterlippe. »Und der hat mit Sicherheit genug Kraft, eine Frau zu erwürgen.«

Bergheim verschränkte die Arme. »Glaubst du, er war's, weil er groß und stark ist?«

»Ein Alibi hat er auch nicht«, sagte Charlotte. Dann seufzte sie. »Aber ich glaube nicht, dass er uns was vorgemacht hat. Das wäre dann oscarreif.«

»Sehe ich auch so«, sagte Bergheim. »Also, was machen wir?«

»Wir behalten diesen Sumoringer erst mal hier. Immerhin hat er dich angegriffen, und vielleicht wird er ja etwas kooperativer, wenn er eine Nacht in der Zelle verbringt.«

Charlotte hatte diesen Gedanken kaum ausgesprochen, als Ostermann den Flur entlangmarschiert kam.

»Frau Wiegand!«, rief er und hob wohlwollend die Hand. »Wie ich höre, haben wir eine vielversprechende Festnahme. Wenn mich Ihr Kollege Bremer recht informiert hat, sieht es nicht gut aus für den Burschen.« Ostermann grinste zufrieden. Als sein Blick auf Bergheims lädiertes Gesicht fiel, verzog er den Mund. »Menschenskind, Bergheim, wie kann denn so was passieren?«

Bergheim fiel dazu keine passende Antwort ein, aber sein Vorgesetzter hatte auch nicht wirklich eine erwartet. Er klopfte ihm auf die Schulter.

»Auf jeden Fall gratuliere ich, dass Sie den Kerl festgesetzt haben. Weiter so.« Damit rückte er seinen Schlips zurecht und ließ die beiden Beamten stehen.

Charlotte und Bergheim hatten gerade die Tür zu ihrem Büro hinter sich geschlossen, als ein blasser Leo Kramer hereinkam. Er schloss die Tür und versenkte seine Hände in den großzügigen Jeanstaschen.

»Puh, das war hart«, sagte er heiser. »Diese Frau Weiß war schwer mitgenommen. Schwamm nur so in Tränen.«

»Hat sie noch was zu den Sachen gesagt?«, fragte Charlotte und ließ sich auf ihren Stuhl fallen.

Kramer schüttelte den Kopf. »Nee, die konnte ja kaum reden. Und der Gatte war auch keine große Hilfe. Hat immer die Augen verdreht. Ich glaube, der hatte keine besonders gute Meinung von seiner Schwiegermutter.«

»Wird schlechte Erfahrungen mit ihr gemacht haben. Wer weiß, was sie im Suff alles angestellt hat«, sagte Charlotte.

»Jedenfalls«, sagte Kramer gedankenverloren, »konnte die junge Frau sich absolut nicht erklären, warum ihre Mutter nach Hannover gekommen war. Den Teil ihres Lebens hätte sie abgeschlossen, hätte sie immer gesagt. Hier gäbe es zu viele schlimme Erinnerungen.«

»Ach«, sagte Charlotte, »wusste Frau Weiß auch, welche Erinnerungen ihre Mutter gemeint hatte?«

»Leider nicht. Aber sie muss was Spezielles gemeint haben. Hätte nicht darüber sprechen wollen, und nun würde sie es wohl nie erfahren, hat Frau Weiß gesagt.«

»Interessant«, meldete sich Bergheim, »vielleicht sollten wir uns ein bisschen intensiver mit der Vergangenheit von Frau Frieder beschäftigen.«

»Das sollten wir wohl«, sagte Charlotte, »aber eins nach dem anderen. War sonst noch was?«, fragte sie Kramer. Der verneinte und wandte sich zum Gehen.

Er war noch nicht draußen, als das Telefon klingelte. Dscikonsky von der Spusi war dran. Die Tote hatte eine kleine Reisetasche mit zwei Jeans, T-Shirts, dem schwarzen Blazer, den sie auf der Hochzeit getragen hatte, ein paar Toilettenartikeln, einer halb vollen Flasche Mariacron und einem Schlafsack mit nach Hannover gebracht. Das alles befand sich bereits in der KFI 1. Darüber hinaus hatten sie in Grigoleits Wohnung keine Spuren gefunden.

Charlotte klappte seufzend ihr Handy zu. »Was ist?«, sagte sie zu

Bergheim, der auf die Tastatur seines Computers einhämmerte. »Hast du keinen Hunger?«

»Doch.« Er klickte auf »Speichern«, fuhr den PC herunter und stand auf. »Lass uns gehen.«

Sie fuhren zur Ernst-August-Galerie am Hauptbahnhof und kauften drei Boxen Hühnerfleisch mit asiatischem Gemüse und Glasnudeln. Es war kurz vor halb acht, als sie endlich hundemüde die Wohnung in der Gretchenstraße betraten.

»Hast du heute mit Jan telefoniert?«, fragte Charlotte. Sie hatte ein bisschen ein schlechtes Gewissen, weil sie sich so wenig um den Sprössling ihres Freundes kümmerte.

»Ja«, knurrte Bergheim, warf den Schlüssel auf die Flurkommode und verschwand im Bad.

Charlotte bereitete in der Küche das Abendessen vor. Sie schob das Nutellaglas mitsamt dem verschmierten Löffel zur Seite, verteilte die Gemüsefleisch-Nudeln auf Teller und stellte den ersten in die Mikrowelle. Dann rüstete sie sich für das Gespräch mit Bergheims Sohn.

Als sie seine Zimmertür öffnete, war sie fast ein bisschen beruhigt, als sie Jan in seiner gewohnten Pose auf dem Bett sitzen sah, sein Notebook auf den Knien, den Fußboden zugemüllt, die Luft zum Ersticken. Sie öffnete ohne ein Wort das Fenster und tippte dem Teenager, der bei ihrem Eintreten nur kurz den Kopf gehoben hatte, auf die Schulter. Er sah sie fragend an, und Charlotte zog ihm den Stöpsel aus dem Ohr.

»Kommst du essen?«

»Ja«, sagte er, nahm ihr den Stöpsel ab und stopfte ihn sich in die Ohrmuschel. Dann widmete er sich wieder dem Bildschirm.

Charlotte verdrehte die Augen und ging. Sollte doch sein Vater dafür sorgen, dass der Junge hin und wieder etwas anderes aß als Brot mit Nougat-Schoko-Creme.

Als sie zurückkam, stand Bergheim im Wohnzimmer und hörte den Anrufbeantworter ab. Charlotte hörte eine Männerstimme, konnte aber nicht verstehen, was gesagt wurde. Dann war die Nachricht auch schon zu Ende.

Bergheim drehte sich zu ihr um. »Jans Klassenlehrer. Offensichtlich schwänzt mein Sohn die Schule.«

»Oh«, sagte Charlotte.

Bergheim hatte sein Hemd gegen ein T-Shirt eingetauscht. Seine Arme waren muskulös und gebräunt, er machte weiß Gott nicht den Eindruck, als würde er nicht mit einem Fünfzehnjährigen fertig. Er ballte die Fäuste und preschte an Charlotte vorbei zu Jans Zimmer.

»Oh, oh«, sagte Charlotte und verzog sich in die Küche.

Sekunden später hörte sie Bergheim schreien. »Was fällt dir ein? Seit wann hängst du hier zu Hause rum? Dein Klassenlehrer hat mich für morgen in die Schule zitiert ... Jetzt steh endlich auf!« Kurz darauf kam Jan aus seinem Zimmer geschlurft. Sein Vater hatte ihn am Schlafittchen gepackt, was den Jungen aber nicht sonderlich zu beeindrucken schien. Er guckte gelangweilt. Kaum waren die beiden in der Küche, drückte Bergheim seinen Sohn auf einen Stuhl und setzte sich daneben.

»Soll ich euch allein lassen?«, fragte Charlotte, die gerade den letzten Teller in die Mikrowelle geschoben hatte.

»Nein«, blaffte Bergheim, »es gibt nichts zu verheimlichen.« Dabei knallte er mit der Faust auf den Tisch. »Und jetzt rede!«

Jan musterte seinen Vater und grinste. »Hattest wohl 'ne Schlägerei, was?«

Bergheim ignorierte die Bemerkung. »Wieso bist du nicht in der Schule, und seit wann spielst du dieses Spielchen schon?«

Jan fand das ziemlich uncool. »Weiß gar nicht, warum der Wolfram sich aufregt. Mit geht's seit ein paar Tagen nicht so gut. Bin ich halt zu Hause geblieben. Ja und? Mach ich immer so.«

»Aha«, sagte Bergheim mit verhaltenem Zorn. »Und was hast du für Symptome, wenn ich fragen darf?«

»Weiß nich, mir ist irgendwie schlecht.«

Charlotte verkniff sich die Bemerkung, dass zwischen Übelkeit und Ernährung ein Zusammenhang bestehe.

»Und dann bleibst du einfach zu Hause, ohne ein Wort zu sagen? Du brauchst doch eine Entschuldigung.«

»Schreib ich selber.«

Das verschlug Bergheim für einen Moment die Sprache. Charlottes Gabel stockte auf halbem Weg zum Mund.

»Wie ...«, fragte Bergheim heiser, »du schreibst die selbst?«

In diesem Moment fing Jan an, sich für den Teller vor Bergheims Nase zu interessieren. »Was is 'n das?«, fragte er und nahm die Gabel.

Bergheim sah hilflos zu Charlotte, die aber auch nur mit den Schultern zucken konnte. Was sollte der Junge machen, wenn der Vater nie Zeit hatte? Sie stand auf, nahm den dritten Teller aus der Mikrowelle und stellte ihn vor Jan auf den Tisch.

»Iss, das mit der Schule erledigt ihr, wenn ihr satt seid.«

Zu ihrer Überraschung ließ Jan sich nicht lange bitten, sondern begann mit großem Appetit, die Nudeln in sich hineinzuschaufeln.

Bergheim beobachtete seinen Sohn aus zusammengekniffenen Augen. So schlimm schien das mit der Übelkeit nicht zu sein. Er umfasste Jans kauenden Kiefer und zwang ihn, seinen Vater anzusehen.

»Morgen bringe ich dich persönlich zur Schule, damit das klar ist«, raunte er.

Jan musterte Bergheim und grinste. »Mit dem Veilchen? Cool!«

SECHS

Am nächsten Vormittag kam Bergheim zu spät ins Büro. Er stürmte durch die Tür, warf den Autoschlüssel auf den Tisch und ließ sich auf seinen Stuhl fallen. Charlotte, die gerade mit ihrem Chef telefoniert hatte, legte sachte den Hörer auf und sah ihren Freund erwartungsvoll an.
»Na, wie war's?«
Bergheim seufzte und betupfte sein lädiertes Auge. »Seh ich wirklich so schlimm aus? Dieser Lehrer hat mich angeguckt, als wär ich der Gosse entstiegen.«
»Weiß der denn nicht, dass du 'n Bulle bist?«
»Doch. Hab einen Pulk von Halbwüchsigen hinter mir hergezogen, die alle mal meine Waffe sehen wollten.«
Charlotte riss die Augen auf. »Hattest du etwa deine Waffe in der Schule dabei?«
»Natürlich nicht«, entrüstete sich Bergheim, »das wollten mir diese Bengel aber nicht glauben.«
»Und, was ist nun mit Jan?«
Bergheim verzog milde das Gesicht. »Er hat dreimal die Schule geschwänzt und sich jedes Mal selbst eine Entschuldigung geschrieben, dabei aber sinnigerweise mit seinem eigenen Namen unterschrieben. Das ist seiner Lehrerin aber nicht aufgefallen. Die ist gar nicht auf die Idee gekommen, dass einer so dreist sein könnte. Bis er gestern wieder gefehlt hat, da hat sie mal etwas genauer hingesehen und es bemerkt.«
Charlotte lächelte.
»Das ist nicht lustig, das ist unverschämt.«
»Allerdings«, stimmte Charlotte zu, »und sonst?«
»Sonst gibt's nicht viel zu meckern. Seine Noten sind gut – könnten natürlich besser sein, wenn er auch nur ein bisschen Interesse für den Unterricht aufbringen könnte. Tut er aber nicht. Außerdem ist er stur wie ein Eichbaum.«
»Das kannst du laut sagen«, meinte Charlotte. »Und was passiert jetzt?«

»Wenn er noch mal fehlt, ohne dass ich ihn morgens telefonisch entschuldigt habe, schicken sie eine Streife vorbei, die ihn abholt.« Das fand Bergheim lustig. »Wie ich Jan kenne, würde er unter diesen Umständen erst recht zu Hause bleiben. Also werde ich ihn bis auf Weiteres selbst zur Schule fahren.«

»Mach das«, sagte Charlotte, »und jetzt gehst du am besten zu Ostermann rein. Ein Halbwüchsiger ist verschwunden. Du sollst dich drum kümmern.«

Bergheim stöhnte. »Halbwüchsiger! Kann das nicht Hohstedt machen?«

»Wohl nicht«, sagte Charlotte.

»Und was ist mit Grigoleit?«

»Wir haben ihn gehen lassen.«

»Hab ich mir gedacht«, sagte Bergheim und betastete vorsichtig sein blaues Auge. »Dann kann er schön weiter Unheil anrichten.«

»Beweis ihm, dass er lügt, und er ist fällig«, sagte Charlotte. Gemeinsam verließen sie das Büro.

Thorsten Bremer saß, gelangweilt das Kinn in beide Hände gestützt, vor seinem Bildschirm und ließ die letzten Minuten des Hofholt'schen Hochzeitsfilms über sich ergehen.

»Wie kann man das bloß jemandem zumuten?«, murmelte er und lehnte sich zurück. »Seit einer Stunde gibt's nur diese Perspektive. Hat jemand die Kamera einfach irgendwo abgestellt und laufen lassen. Man hat das Gefühl, dass der Typ alles eins zu eins übernommen hat. Sieht alles ziemlich unbearbeitet aus.«

»Bist du sicher?«, fragte Charlotte und warf einen Blick auf den Bildschirm, der einen der runden Hochzeitstische im Fokus hatte, an dem ein paar männliche Schnapsleichen mehr lagen als saßen.

Bremer rieb sich über die Augen »Ich glaub's nicht. Das sind über fünfzehn Stunden Film. Angefangen bei der Trauung in der Kirche bis hin zum letzten Rock-'n'-Roll-Versuch von Leuten, die's besser nicht mehr hätten versuchen sollen.«

»Ist Jutta Frieder irgendwo drauf?«

Bremer blinzelte erschöpft »Auf den letzten vierzehneinhalb Stunden jedenfalls nicht.«

»Na ja«, lächelte Charlotte. »Dann hast du's ja bald geschafft.«

Sie klopfte Bremer auf die Schulter und ging in ihr Büro, wo Bergheim bereits auf sie wartete. Er schien schlechter Laune zu sein.

»Scheint nicht gut gelaufen zu sein mit Ostermann«, sagte sie und klickte auf »Posteingang«.

»Ich muss zu einer Familie am Lister Kirchweg. Der fünfzehnjährige Sohn ist verschwunden. Haben heute Morgen die Vermisstenmeldung aufgegeben, als sie festgestellt haben, dass er die Nacht über nicht zu Hause war.«

Für Bergheim ein klarer Fall. »Ich wette, er ist abgehauen«, sagte er und drückte Charlotte einen flüchtigen Kuss auf die Wange. »Bis nachher.«

Wenige Minuten später betrat Maren Vogt das Büro. »Ein Dr. Hofholt, das ist der Vater von dem Bräutigam und gleichzeitig der Schwiegersohn von dem Geschäftsmann Johann Krugwald, ihr wisst schon«, sagte Maren und rieb den Daumen über dem Zeigefinger. »Er war vor zwei Stunden hier und hat mich zur Schnecke gemacht – von wegen Polizeischikane oder so was Ähnlichem. Der ist Soziologiedozent an der Uni.«

»Wie bitte?«, fragte Charlotte. »Das heißt, die Mutter von unserem Spießer Andreas Hofholt ist eine Tochter von Johann Krugwald, dem die halbe Osterstraße gehört?«

»Genau das«, sagte Maren, »aber der lebt natürlich nicht mehr. Und ich glaube auch, dass er zuletzt ziemlich viele Schulden hatte.«

»Das ist pikant«, sagte Charlotte. »Und wieso, bitte, Schikane?«

»Das hab ich mich auch gerade gefragt. Vielleicht sollten wir uns noch mal mit ihm unterhalten«, sagte Maren. »Was meinst du?«

»Unbedingt«, sagte Charlotte. Sie überschlug ihre Mails, kam zu dem Schluss, dass deren Beantwortung warten konnte, und folgte Maren hinaus.

Die Eltern des Bräutigams wohnten in der Hahnenstraße in der Nordstadt, in der Nähe der Leibniz-Universität. Nicht weit vom Haus entfernt erhob sich die Lutherkirche, auf deren Treppe sich einige Punks zum Biertrinken eingefunden hatten.

Maren parkte am Straßenrand im Halteverbot.

»Hat was, die Wohngegend«, sagte Charlotte.

Sie betraten ein weiß gestrichenes, mehrstöckiges Haus und stiegen hinauf in den ersten Stock. An der Tür erwartete sie, in kampflustiger Pose die Fäuste in die dürren Hüften gestemmt, ein schmallippiger Endfünfziger mit einem schulterlangen Lockenkranz und Nickelbrille. Charlotte stöhnte innerlich. Der Mann hätte vor vierzig Jahren als Werbeplakat für die APO ein Vermögen verdienen können. Wenn die APO denn Werbung gemacht hätte. Das war denen bestimmt zu kommerziell gewesen.

Charlotte zückte ihren Ausweis und stellte sich vor.

Der Mann nickte ihr zu und führte die beiden dann durch einen langen Flur, dessen Kahlheit nur durch eine Menge Bücher unterbrochen wurde, die an der Wand entlang gestapelt waren, in ein geräumiges Büro.

Herr Dr. Hofholt ließ sich hinter dem Schreibtisch nieder, während Charlotte und Maren auf zwei Besucherstühlen davor Platz nahmen. Charlotte kam sich vor wie eine unartige Schülerin, die zum Direktor zitiert worden war. Sie räusperte sich.

»Herr Hofholt —«

»Für die Polizei Dr. Hofholt. So viel Zeit muss sein«, wurde sie unterbrochen.

»Dr. Hofholt«, säuselte Charlotte, die eben beschlossen hatte, für den »Doktor« das »Herr« wegzulassen, »wir ermitteln, wie Sie vielleicht wissen, in einem Mordfall. Und das Opfer war nachweislich auf der Hochzeitsfeier Ihres Sohnes, auf der auch Sie zu Gast waren —«

»Genau«, unterbrach Hofholt Charlotte erneut und musterte sie abschätzig, »ich finde, es ist gelinde gesagt eine Ungeheuerlichkeit, dass Sie die gesamte Hochzeitsgesellschaft in Aufruhr versetzen, nur weil diese Person sich als Gast eingeschlichen hat.«

Charlotte und Maren sahen sich an. »Wieso in Aufruhr versetzen?«, fragte Charlotte unschuldig. »Welche Maßnahme würden Sie denn vorschlagen?«

»Da wüsste ich einige, aber es ist nicht meine Aufgabe, Ihren Job zu erledigen«, sagte Dr. Hofholt.

Charlotte beschloss, die Besserwisserei zu ignorieren, und hielt Hofholt das Foto von Jutta Frieder vor die Nase.

»Haben Sie diese Frau auf der Hochzeit gesehen?«

Hofholt warf einen kurzen, gelangweilten Blick auf das Bild und wandte sich ab. »Sie verschwenden Ihre Zeit. Ich kenne die Frau nicht und hab sie noch nie gesehen. Weder auf der Hochzeit meines Sohnes noch sonst irgendwann.«

Damit lehnte er sich zurück, verschränkte die Hände vor dem Bauch und beschrieb mit seinem Stuhl kleine Halbkreise.

»Gut«, sagte Charlotte. »Könnten wir dann bitte noch mit Ihrer Frau sprechen?«

Hofholt hörte auf, mit seinem Stuhl Karussell zu fahren, und wurde blass um die Nase.

»Das könnte Ihnen so passen. Gesine ist krank und nicht zu sprechen. Jedenfalls nicht für Sie und nicht ohne Anwalt.«

»Was ist denn mit Ihrer Frau, dass sie einen Anwalt braucht, um ein Gespräch zu führen?«, fragt Charlotte erstaunt.

»Geht Sie zwar nichts an, aber sie ist depressiv.«

»Aha«, sagte Charlotte und erhob sich.

»Natürlich. Dafür haben wir Verständnis. Sie bekommen dann einen Termin in der Direktion. Wir werden dafür sorgen, dass ein Arzt anwesend ist, und Sie können dafür sorgen, dass ein Anwalt anwesend ist – wenn Sie meinen, dass Ihre Frau einen braucht. Guten Tag.« Damit wandten sich die beiden zur Tür.

Aber Hofholt schien es sich anders überlegt zu haben. »Moment«, rief er, und die beiden drehten sich zu ihm um. »Meine Frau hat diese Person genauso wenig gesehen wie ich. Das hat sie mir bereits gesagt, als mein Sohn uns von der Sache erzählt hat. Sie kann Ihnen gar nichts sagen.«

»Das würden wir doch gerne von Ihrer Frau persönlich hören«, sagte Charlotte.

Hofholt zögerte, und Maren öffnete die Tür. »Warten Sie, ich werde meine Frau fragen, ob sie sich gut genug fühlt, um über dies … diese Angelegenheit zu reden.« Er war aufgestanden und ging mit wehenden Locken an den beiden vorbei in den Flur.

Charlotte warf Maren einen Blick zu. »Wieso schießt der mit Kanonen auf Spatzen?«, murmelte sie.

»Das wüsste ich auch gern«, raunte Maren zurück.

Sie warteten fast zehn Minuten, dann erschien Hofholt mit einer blassen, etwas rundlichen Frau mit kurzem, grau meliertem Haar, die offensichtlich geweint hatte. Charlotte fragte sich, warum.

Hofholt führte seine Frau zu seinem Stuhl. Sie ließ sich verkrampft auf der Stuhlkante nieder und begrüßte die beiden Beamtinnen mit einem tonlosen Nicken. Dann starrte sie ängstlich von einer zur anderen.

»Guten Tag, Frau Hofholt. Ich nehme an, Sie wissen, warum wir hier sind«, sagte Charlotte.

Die Frau nickte, sagte aber immer noch nichts.

»Haben Sie diese Frau schon mal gesehen?« Charlotte hielt ihr das Foto hin.

Frau Hofholt warf verstohlen einen Blick darauf und knetete nervös ihr Taschentuch. »Nein«, sagte sie heiser. »Ich finde das alles ganz furchtbar.«

»Was?«, fragte Charlotte scharf. »Dass die Frau tot ist oder dass sie auf der Hochzeit Ihres Sohnes aufgetaucht ist?«

Frau Hofholt senkte den Blick. »Alles.«

Charlotte fand, dieses »Alles« hatte etwas Symbolhaftes.

»Sie können uns also nicht weiterhelfen?«, bohrte Maren weiter. »Vielleicht denken Sie noch mal genau nach. Immerhin läuft ein Mörder frei herum.«

»Was fällt Ihnen ein!«, mischte Dr. Hofholt sich ein. »Meine Frau hat Ihnen gesagt, dass sie nichts weiß, und jetzt muss ich Sie bitten zu gehen.«

»Gerne«, sagte Charlotte und fixierte Hofholt angriffslustig. »Sagen Sie uns nur noch, wo Sie in der Nacht von Donnerstag auf Freitag letzter Woche gewesen sind.«

Frau Hofholt riss den Mund auf und blickte ihren Mann an.

»Jetzt werden Sie mal nicht unverschämt!«, zischte der. »Wir waren natürlich im Bett.« Dabei blickte er auf seine Frau hinab. »Stimmt's nicht?«

Charlotte hatte das Gefühl, dass Frau Hofholt ein wenig das Kinn reckte, bevor sie »Ja, natürlich« sagte.

»Vielen Dank«, sagte Charlotte, »wir finden alleine raus.«

Schwüle Wärme schlug ihnen entgegen, als sie wieder auf die Straße traten. Der angekündigte Regen ließ auf sich warten. »Puh«, sagte Maren und zog ihre Jacke aus. »Kalt wie 'ne Hundeschnauze, der Mensch.«

»Allerdings«, stimmte Charlotte zu. »Und für einen Soziologiedozenten ganz schön titelversessen.«

»Wieso, sind Soziologiedozenten nicht titelversessen?«

»Nicht in meiner Welt«, sagte Charlotte. »Was hältst du von Kaffee? Da drüben ist ein Lokal.«

»Gute Idee«, sagte Maren.

In dem kleinen Straßencafé gegenüber der Lutherkirche fanden sie einen freien Tisch unter einem der Sonnenschirme und bestellten Latte macchiato, Espresso und zwei Schokocroissants. Charlotte rief in der KFI an und erfuhr, dass seit ihrem Weggang vor einer guten Stunde nichts Nennenswertes passiert war. Sie steckte ihr Handy weg, schloss für einen Moment die Augen und genoss die Wärme, die sie umgab. Wie herrlich war doch der Sommer. Er spendete alles, was man zum Leben brauchte. Licht, Wärme und Nahrung. Ein Frösteln überkam sie, als sie an die kalten Wintermonate dachte, in denen sie ständig verkrampft herumlief, weil sie die Kälte nicht ertragen konnte. Dann kamen ihre Getränke und die Croissants, und sie ließen es sich schmecken.

»Dieser Mensch hat was zu verbergen«, sagte Charlotte und nahm einen Schluck von ihrem Latte macchiato.

»Das glaube ich auch.«

»Bin mir nur nicht sicher, ob es was mit unserem Fall zu tun hat«, sagte Charlotte mit vollem Mund.

»Kann auch ganz was anderes sein.«

»Die Frau hatte geweint, so viel steht fest.«

»Fragt sich nur, warum«, sagte Maren und stellte ihre Espressotasse ab. »Das müssen wir rausfinden.«

»Das werden wir.«

Als Nächstes fuhren sie nach Linden in die Elisenstraße, wo Dr. Hofholts Schwester Annegret Masterson mit ihrem Mann Wolfgang lebte.

Wolfgang Masterson hatte britische Vorfahren und war künstlerisch ambitioniert, was bedeutete, dass er malte und sich seinen Lebensunterhalt als Werbetexter verdiente. Seine Frau Annegret war

Diplompädagogin und leitete den örtlichen Kindergarten. Die beiden häuften zwar keine Reichtümer an, aber da sie kinderlos waren, war ihr Lebensstandard, wenn nicht hoch, so doch zufriedenstellend. So jedenfalls äußerte sich Annegret Masterson, obwohl sie kein Mensch nach ihren finanziellen Verhältnissen gefragt hatte.

Sie saßen in einem Wohnzimmer, das wahrscheinlich noch den Zeiten der Wohngemeinschaft entstammte, die hier gehaust hatte, bevor Annegret Masterson die Wohnung übernommen hatte.

Wolfgang Masterson nuckelte an seiner Pfeife und rührte heftig in seiner Teetasse. Er trug eine dunkel getönte Brille, seine langen Haare hatte er zu einem dünnen Pferdeschwanz zusammengebunden, der ihm fast bis auf die Pobacken fiel. Der Oberkopf war dagegen fast kahl. Er trug Jeans und ein dunkles T-Shirt über einem stattlichen Bauch, der nicht zu dem ansonsten dynamisch anmutenden Gehabe des Mannes passen wollte.

Frau Masterson saß neben ihrem Mann auf der Sofalehne und streichelte seine Stirnglatze. Sie trug einen weiten, wadenlangen Rock und ein ärmelloses Top, war schlank und tief gebräunt, wenn auch das Alter nicht spurlos an ihr vorübergegangen war. Nach Charlottes Informationen musste sie Mitte fünfzig sein.

Charlotte und Maren hielten beide eine Teetasse in der Hand und kamen sich ein bisschen hilflos vor, weil es keinen Tisch gab, auf dem sie die Tassen hätten abstellen können.

»Also«, begann Charlotte, stellte ihr Tee-Gedeck mit einem Klirren auf den Parkettfußboden und kramte das Foto von Jutta Frieder aus ihrer Jackentasche.

»Sie haben doch auf der Hochzeit Ihres Neffen den Film gedreht. Ist Ihnen diese Frau aufgefallen?«

Frau Masterson nahm das Bild und betrachtete es eingehend. »Nein, also diese Frau habe ich noch nie gesehen. Du?« Sie sprach leise und deutlich, so als hätte sie es mit Kindern zu tun. Sie hielt ihrem Mann das Bild hin, der in der einen Hand sein Teegedeck balancierte, während er mit der anderen ein Loch in den Tassenboden rührte und einen kurzen Blick auf das Foto warf. Dann schüttelte er den Kopf, legte den Löffel weg und nahm einen Schluck Tee.

»Nein, an die Frau kann ich mich nicht erinnern, aber ich hatte ja auch die ganze Zeit die Kamera vor der Nase. Wollte Andreas einen Gefallen tun, aber so was mach ich nicht wieder. Da geht einem ja die ganze Atmosphäre verloren, wenn man immer nur durch eine Kameralinse guckt.«

Charlotte fragte sich, wann ihm das wohl aufgefallen war.

»Können Sie sich sonst an irgendetwas Ungewöhnliches erinnern? Wo haben Sie sich die meiste Zeit aufgehalten?«

»Also, ich habe fast den ganzen Abend mit Gesine zusammengesessen«, sagte Frau Masterson. »Sie schien irgendwie Kummer zu haben, aber sie wollte wohl nicht darüber sprechen. Also hab ich nicht weitergebohrt, bin aber bei ihr geblieben. Die anderen waren ja ständig am Tanzen oder haben draußen rumgestanden.«

Annegret Masterson blickte mit leichtem Vorwurf auf die Glatze ihres Mannes.

»Du warst ja auch den ganzen Abend beschäftigt, aber darüber haben wir ja schon gesprochen«, sagte sie sanft. Ihr Mann reagierte ein bisschen verkniffen auf diese Aussage.

Charlotte sah Masterson fragend an, während Maren neben ihr leise fluchte. »Verdammt heiß.« Mit leisem Klappern fand ihre Tasse die Untertasse.

Masterson hatte anscheinend nicht die Absicht, sich unaufgefordert zu äußern.

»Und«, Charlotte musste deutlich werden, »stimmt das?«

Masterson nahm einen Schluck Tee, stellte geräuschlos seine Tasse ab und machte eine vage Handbewegung. »Wissen Sie, ich war wirklich überall und nirgends. Ich kann beim besten Willen nicht mehr genau sagen, wann ich wo gewesen bin. Sie brauchen sich ja nur den Film anzusehen. Dann wissen Sie auch, wo ich war, hinter der Kamera.« Er lächelte, während seine Frau kaum merklich die Stirn kräuselte.

»Sie können uns also nichts sagen, was uns weiterhelfen könnte, oder haben Sie eine Vorstellung davon, warum diese Frau auf der Hochzeit Ihres Neffen war?«

»Na, also, wenn *er* das nicht weiß«, sagte Frau Masterson verständnislos. »So genau kennen wir den Bekanntenkreis unseres Neffen nicht.«

»Na gut.« Charlotte stand abrupt auf und hätte beinahe ihre volle Tasse umgeworfen, die immer noch auf dem Fußboden stand. Es fiel ihr gerade noch rechtzeitig ein. »Wenn Sie uns jetzt noch sagen könnten, wo Sie letzten Donnerstagabend zwischen elf und ein Uhr gewesen sind.«

Die beiden sahen sich verdutzt an. »Werden wir etwa verdächtigt?«, fragte Frau Masterson empört.

»Nein«, sagte Charlotte.

»Na, also, wir waren hier. Ich hab mich noch vorbereiten müssen, wir hatten am Freitag im Kindergarten eine Ausstellung, und mein Mann«, sie warf der Glatze ihres Mannes einen Blick zu, »hat am Schreibtisch gesessen, wie immer.«

Wolfgang Masterson nickte und zog an seiner Pfeife.

Charlotte und Maren verabschiedeten sich.

»Was hältst du von den beiden?«, fragte Maren, als sie wieder im Auto saßen.

»Ich glaube, dass der Typ ein ziemlicher Versager ist und seine Frau ihrem Bruder die reiche Heirat übelnimmt. Sie hätte selbst gerne Geld. Und dann dieses Getue mit dem Tee. Meine Güte, bin mir ja vorgekommen wie bei Ihrer Majestät der Queen persönlich, bloß dass das Ambiente nicht so ganz passte.«

Sie setzte den Blinker und bog links ab in die Gustav-Bratke-Allee. »Und außerdem möchte ich wissen, warum er schwindelt. Er hat die Kamera mehrere Stunden einfach irgendwo abgestellt und laufen lassen und sich sonst wo vergnügt. Und seine Frau soll davon offensichtlich nichts wissen. Vielleicht soll überhaupt niemand was davon wissen. Wie auch immer. Wir werden ihm schon auf den Zahn fühlen.«

Die nächste Stunde verbrachten sie in der KFI mit Hohstedt und Bremer und besprachen das weitere Vorgehen. Maren und Hohstedt würden weiterhin die Hochzeitsgäste befragen, und Bremer sollte gemeinsam mit dem Brautpaar nochmals die DVDs durchgehen, um alle Personen zu identifizieren. Vielleicht hatte sich ja doch jemand eingeschlichen, der nicht dorthin gehörte. Charlotte würde sich ein bisschen mit der Vergangenheit des Opfers befassen.

Maren wolle sich gerade auf den Weg machen, als sie sich noch mal an Charlotte wandte. »Ich weiß nicht, eigentlich hab ich ein Problem ...« Sie zögerte.

»Ja?«, sagte Charlotte.

»Also, ich hoffe, ihr haltet mich nicht für unfähig, aber ich bin bisher einfach nicht an die Tante von diesem Hofholt rangekommen, Monika Krugwald, das ist die andere Tochter vom Johann. Sie ist entweder nie zu Hause, oder sie lässt sich ständig verleugnen. Und ihr Handy hat sie nie eingeschaltet. Ich hab ihr auf die Voicebox gesprochen, aber sie hat sich bis jetzt nicht gemeldet.«

»Wie bitte?«, wunderte sich Charlotte.

Maren zuckte mit den Schultern. »Die scheint immer ziemlich beschäftigt zu sein. Mit ihrem Mann hab ich gesprochen, der weiß von nichts. Hat die Tote weder auf der Hochzeit noch sonst jemals gesehen, sagt er jedenfalls. Aber die Frau scheint eine Aversion gegen Polizeibefragungen zu haben.« Maren grinste schief.

»Das kann ja wohl nicht wahr sein«, murmelte Charlotte. »Darum werde ich mich sofort kümmern, und du kommst mit.« Sie warf Hohstedt, der schon halb zur Tür raus war, einen Blick zu. Charlotte arbeitete zwar lieber mit Maren zusammen, weil Hohstedt eine faule Socke war, aber manche Menschen ließen sich durch einen männlichen Polizeibeamten stärker beeindrucken. Vielleicht war das bei Monika Krugwald ja der Fall.

»Das wär klasse, hab schon ziemlich viel Zeit damit vergeudet, die aufzuspüren«, sagte Maren.

»Wir versuchen es noch mal. Wenn's nicht klappt, kriegt sie eine Vorladung. Wo wohnt sie?«

»Das ist es ja gerade. Sie wohnt in der Hindenburgstraße.«

»Wow«, unterbrach sie Hohstedt, »vornehmer geht's nimmer.«

»Das kannst du laut sagen. Sie ist bloß nie da, immer unterwegs – wenigstens sagt das ihr Gatte. Ihr gehören mehrere Kosmetiksalons.«

»Na, dann gib mir doch mal die genaue Adresse und Telefonnummer. Ich werde jetzt mal bei ihr zu Hause anrufen und ein bisschen die Daumenschrauben ansetzen.«

Charlotte erreichte den Ehemann, Frank Hölscher, der sich wortreich dafür entschuldigte, dass seine Frau nicht zu Hause sei. Sie sollten es doch bitte über ihr Handy versuchen.

»Herr Hölscher«, sagte Charlotte betont geduldig. »Sie haben genau zwei Möglichkeiten. Entweder Ihre Frau ist in … sagen wir, einer halben Stunde für uns zu sprechen, oder wir holen sie morgen früh um acht Uhr mit einem Streifenwagen ab. Dann können wir uns in der Direktion an der Waterloostraße unterhalten. Wäre das für Ihre Frau in Ordnung?« Charlotte schwieg eine Minute. »Natürlich, Herr Hölscher«, sagte sie dann, »auch unsere Zeit ist begrenzt. Wir sind dann in etwa einer halben Stunde bei Ihnen.« Lächelnd legte sie auf.

»Herr Hölscher war ein wenig ungehalten, aber wir werden uns schon vertragen.«

Den Stadtteil Zoo konnte man mit Fug und Recht als einen der vornehmsten Hannovers bezeichnen. Die Hindenburgstraße lag in der Nähe des Zoologischen Gartens, direkt an der Eilenriede, dem großen Stadtwald Hannovers. Wer hier wohnte, hatte keine finanziellen Sorgen.

Das Ehepaar Monika Krugwald und Frank Hölscher bewohnte den ersten Stock einer zweistöckigen weißen Villa. Herr Hölscher empfing sie mit offensichtlichem Missvergnügen. Ein gut aussehender Mann, zweifellos, dachte Charlotte, als sie an ihm vorbei in die großzügige Wohnung ging. Blondes, volles Haar und ebenmäßige Züge. Graublaue Augen musterten sie, als sie sich in dem hallenartigen Wohnzimmer auf dem roten Ledersofa niederließ. Hohstedt blieb an der Tür stehen und war so weit vom Sofa entfernt, dass Charlotte die Augen zusammenkniff, um ihren Kollegen zu orten.

Herr Hölscher, in cremeweißer Bügelfalte und lindgrünem Hemd, sah auf die Uhr.

»Sie müssen schon entschuldigen, aber meine Frau hat eine Menge Verpflichtungen. Aber sie wird gleich hier sein. Darf ich Ihnen so lange etwas anbieten? Cappuccino, Wasser?«

Charlotte und Hohstedt verzichteten dankend. Beide schwiegen. Charlotte musterte Hölscher. Hohstedt stand immer noch in der Tür. Sie warteten, und Hölscher wurde sichtlich nervös.

»Tja, ich weiß eigentlich gar nicht, was Sie von meiner Frau wollen, die hat doch den ganzen Abend mit ihrer Schwester zusammengesessen.«

Charlotte musterte Hölscher. »Und wo sind Sie den ganzen Abend gewesen?«, fragte sie dann.

»Du lieber Himmel. Überall und nirgends. Ihre Tote habe ich jedenfalls nicht gesehen. Das hab ich Ihrer Kollegin schon erzählt.« Er steckte die Hände in seine Bügelfaltenhosentaschen und schüttelte den Kopf. »Ehrlich gesagt, frage ich mich sowieso, was Sie sich davon versprechen, die ganze Hochzeitsgesellschaft zu verhören. Als ob einer von uns was mit Ihrer Toten zu tun hätte. Aber man kann Steuergelder auf vielerlei Arten verschleudern, oder?« Er lächelte süffisant, doch Charlotte ließ sich nicht beeindrucken.

»Sie entwickeln Softwarelösungen?«, fragte sie, ohne auf seine Äußerung einzugehen.

»Ja.«

»Und Sie haben ein eigenes Büro?«

»Allerdings.«

»Und? Wie laufen die Geschäfte?«

Hölscher zierte sich ein bisschen. »Im Moment etwas schleppend, aber das kommt schon mal vor. Ist nur vorübergehend.«

Charlotte nickte. »Wo waren Sie noch mal? Donnerstagnacht letzter Woche?«

Hölscher verdrehte die Augen. »Zu Hause, da bin ich meistens. Was glauben Sie? Dass ich durch den Park renne und Frauen umbringe? Ich bin mit meiner Frau vollauf zufrieden, das können Sie mir glauben.«

Charlotte lächelte. Hauptsache, seine Frau war auch zufrieden mit ihm, dachte sie und sah auf die Uhr.

Sie erhob sich. »Wissen Sie was, Sie haben recht. Ich glaube, wir sollten jetzt gehen. Der Streifenwagen wird dann morgen gegen halb acht hier sein.«

Charlotte war schon auf dem Weg zur Tür, als Bewegung in Hölscher kam.

»Aber ich bitte Sie, meine Frau ist auf dem Weg, sie muss jeden Moment hier sein«, sagte er händeringend.

Charlotte grinste in sich hinein. In dieser Gegend von einem Streifenwagen abgeholt zu werden, war sicherlich nicht wünschenswert, aber wo war es das schon? Hölscher hatte Glück, dass in diesem Moment die Wohnungstür aufgeschlossen wurde und eine elegante Frau in dunkelblauem Kostüm und gleichfarbigen Pumps den Flur betrat. Sie hatte bemerkenswert schöne Augen und war sorgfältig zurechtgemacht. Das weizenblonde Haar trug sie schulterlang, und die Nase war so ebenmäßig, dass Charlotte sich fragte, ob sie operiert war.

Sie blickte unsicher in die Runde.

»Liebes«, meldete sich ihr Gatte, »das sind die beiden Polizisten, die unbedingt mit dir sprechen wollen.«

Frau Krugwald blickte von einem zum anderen und schritt dann würdevoll zuerst auf Hohstedt zu und reichte ihm die Hand. Die gleiche hoheitsvolle Behandlung wurde auch Charlotte zuteil. Die Dame des Hauses hielt Hof, anders konnte man dieses Theater nicht bezeichnen, dachte sich Charlotte.

Sie räusperte sich. »Vielleicht sollten wir zur Sache kommen.« Sie warf Hohstedt einen Blick zu, der das Foto der Toten aus der Innentasche seiner Jacke zog und es Frau Krugwald hinhielt.

Sie warf einen kurzen Blick drauf und sah dann fragend von Hohstedt zu Charlotte. »Und? Was hab ich mit dieser Frau zu tun? Ich kenne sie nicht.«

»Sind Sie sicher?«, frage Charlotte.

»Natürlich«, antwortete Frau Krugwald, ohne noch einmal einen Blick auf das Bild zu werfen.

»Sie haben sie also auch auf der Hochzeit Ihres Neffen nicht gesehen?«

»Ich sagte doch schon, dass ich sie nicht kenne, folglich hab ich sie wohl auch auf der Hochzeit nicht gesehen. Wäre das dann alles? Ich habe vier Kosmetiksalons zu leiten und wenig Zeit.« Dabei musterte sie Charlotte kritisch, zog dann eine Karte aus ihrer Jackentasche und drückte sie Charlotte in die Hand. »Falls Sie Interesse an einer Behandlung haben. Sie werden sich wie ein neuer Mensch fühlen.«

Charlotte hatte nicht die Absicht, sich wie ein neuer Mensch zu fühlen, steckte die Karte aber trotzdem mit einem Lächeln ein. Sie würde es sich überlegen, sagte sie, gab dem grinsenden Hohstedt ein Zeichen, und die beiden verabschiedeten sich.

»Du meine Güte«, schnaubte sie, als sie wieder auf der Straße stand. »Wenn Arroganz reich macht, weiß ich, wo die ihr Geld herhat.

Kaum zu glauben, dass dieses Frauchen vom Dr. Hofholt aus demselben Stall kommen soll.«

»Echt ein Wahnsinnsweib«, hauchte Hohstedt.

Charlotte blickte ihren Kollegen von der Seite an. »Sie scheint ja schwer Eindruck auf dich gemacht zu haben.«

»Oh ja, die ist wirklich eine wandelnde Reklame für ihre Kosmetiksalons. Und dann so ein großzügiges Angebot zur Runderneuerung«, schmunzelte er und stieg in den Wagen.

»Hör auf, witzig sein zu wollen«, sagte Charlotte und schwang sich auf den Beifahrersitz.

Hohstedt schwieg und warf beleidigt den Wagen an.

»Ich würde zu gerne wissen, warum sich die Dame so lange gegen eine Befragung gesträubt hat«, überlegte Charlotte. »Und außerdem bin ich mir nicht sicher, ob sie Jutta Frieder wirklich nicht gekannt hat. Das ging alles ein bisschen zu schnell.«

Hohstedt zuckte mit den Schultern. »Wer ist schon scharf auf eine polizeiliche Befragung?«, sagte er und fuhr auf der Hindenburgstraße Richtung Emmichplatz.

Charlotte musterte Hohstedt. »Was soll daran schlimm sein, wenn man nichts zu verbergen hat?«

»Jeder hat doch was zu verbergen«, sagte Hohstedt.

»Ja«, sagte Charlotte langsam, »so wird's wohl sein.«

Rüdiger Bergheim war unterdessen am Lister Kirchweg dabei, eine hysterische Mutter und einen hilflosen Vater zu beruhigen. Sie saßen in einem dunklen, geräumigen Wohnzimmer, an das ein Wintergarten angebaut war, dessen Dach dem Raum das Sonnenlicht raubte. Das Zimmer musste auch tagsüber künstlich beleuchtet werden.

»Das passt nicht zu Timon«, schluchzte die dunkelhaarige Frau, die ein altmodisches, geblümtes T-Shirt trug, und knetete ihr Tempotuch, »der läuft nicht weg.«

Bergheim nahm seine Sonnenbrille ab – es war einfach zu dunkel – und akzeptierte die zwei verdutzten Augenpaare, die sich augenblicklich auf sein Veilchen hefteten.

»Hat Ihr Sohn Probleme in der Schule?«, fragte er.

Der Vater schüttelte heftig den Kopf. »Nein, er ist ein guter Schü-

ler. Wir sind ja so stolz auf ihn, dass er sein Abitur machen will ...«
Der Mann sprang auf und lief im Zimmer auf und ab.

»Und es gab keinen Streit?«, vergewisserte sich Bergheim nochmals.

»Aber nein, wenn ich es Ihnen doch sage«, beteuerte die Frau und warf ihrem Mann einen Blick zu. »Oder hattest du was mit ihm?«

»Nein«, sagte Matthias Wegener. »Du weißt doch, wie er gestern Mittag war.«

»Wie war er denn gestern Mittag?«, fragte Bergheim, der sich eigentlich nicht wunderte, dass der Junge abgehauen war. Diese Eltern konnten einem schon den letzten Nerv rauben. Aber andererseits konnten einem Halbwüchsige auch den letzten Nerv rauben. Da kannte er sich aus.

»Ach, da war gar nichts Besonderes, gestern«, beteuerte die Frau wieder, »wir haben ganz normal zusammengesessen, und Timon ist dann rauf in sein Zimmer. Allerdings war er ziemlich in Gedanken und schweigsam, das ist sonst nicht seine Art. Er redet ganz gern.«

»Und Ihre Tochter war bei einer Freundin?«

Frau Wegener nickte. »Ja, da ist sie immer noch. Sie weiß noch gar nicht, dass Timon verschwunden ist.«

Herr Wegener setzte sich wieder hin.

»Und Sie haben ihn gestern Mittag zum letzten Mal gesehen?«, fragte Bergheim.

Frau Wegener nickte und schlug dann die Hände vors Gesicht.

»Mein Gott, wenn dem Jungen was passiert ist ...«

Bergheim erhob sich. »Kann ich mir mal sein Zimmer ansehen?«

Wegener sprang wieder auf. »Natürlich, kommen Sie!« Damit führte er Bergheim durch einen Flur in ein kleines Zimmer.

»Könnten Sie mich bitte einen Moment allein lassen?«, fragte Bergheim.

Herr Wegener guckte verwirrt, verließ aber dann den Raum.

Bergheim sah sich um. Er stand in einem ungewöhnlich ordentlichen Jungenzimmer. Offensichtlich räumte die Mutter hier ab und zu auf.

Es gab einen Ikea-Schreibtisch und ein kleines Regal, in dem Schulbücher und einige CDs gestapelt waren. Im Kleiderschrank hing einsam ein schwarzer Anzug, wahrscheinlich noch von der Konfirmation, dachte Bergheim. Ansonsten stapelten sich T-Shirts, Jeans und Pullover in den Fächern. Der Schreibtisch wirkte unbenutzt. Es gab keinen Computer. Bergheim durchsuchte die Schreibtischschubladen, fand aber nichts, was er mit dem Verschwinden des Jungen in Verbindung hätte bringen können.

Er verließ das Zimmer und ging zurück ins Wohnzimmer, wo das Ehepaar Wegener schweigend wartete.

»Hatte Ihr Sohn keinen Computer?«, fragte Bergheim.

»Doch«, sagte der Mann, »aber der ist auch weg.«

Bergheim nickte nur. »Und ein Handy?«

»Natürlich, aber es ist ausgestellt. Was glauben Sie, wie oft wir versucht haben, ihn zu erreichen?«

»Können Sie mir eine Liste seiner Freunde zusammenstellen?«, fragte Bergheim.

»Aber die haben wir alle schon durchtelefoniert«, schniefte Frau Wegener. »Die wissen alle nicht, wo er ist.«

»Trotzdem«, sagte Bergheim. »Wir werden ein Bewegungsprofil des Handys erstellen und in der Schule Erkundigungen einziehen.«

Frau Wegener blickte Bergheim an. »Glauben Sie, dass wir ihn finden?«

Bergheim nickte. »Sein Computer ist weg. Wahrscheinlich ist er einfach nur abgehauen und hat ihn mitgenommen. Vielleicht hat er Liebeskummer.«

Herr Wegener schüttelte den Kopf. »Das glaube ich nicht. Timon hätte mit uns darüber gesprochen.«

Bergheim sah den Mann eine Weile schweigend an.

»Glauben Sie das wirklich?«, fragte er dann.

Herr Wegener hob erstaunt die Brauen. »Natürlich«, sagte er dann im Brustton der Überzeugung.

Bergheim zuckte mit den Schultern. »Ich weiß nicht.«

Er wartete noch, bis Herr Wegener ihm eine Liste mit Telefonnummern, eine Beschreibung von Timons Kleidung und ein Foto gegeben hatte. Als Erstes würde er sich seinen besten Freund Eric vorknöpfen.

Eric Bach war schon seit dem Kindergarten mit Timon Wegener befreundet. Jedenfalls hatten das die Wegeners gesagt.

Bachs bewohnten eine Altbauwohnung in der Kollenrodtstraße, und Bergheim beschloss, die wenigen hundert Meter zu Fuß zu gehen. Er ging über die Wöhler- in die Röntgenstraße und bog dann rechts in die Kollenrodtstraße ein. Die Familie bewohnte den ersten Stock in einem attraktiven Altbau, und um kurz vor sechs drückte Bergheim auf die Klingel.

Einige Sekunden später knatterte die Stimme eines Jungendlichen durch die Sprechanlage. »Wer ist da?«

»Bergheim mein Name«, sagte Bergheim. »Wir haben telefoniert.«

Dieser Aussage folgte sekundenlanges Schweigen. Dann brummte der Türsummer. Bergheim ging die breite, glänzende Holztreppe hinauf. Es roch nach Reinigungsmittel. Ein grauhaariger Mann und ein lahmer Dackel quälten sich die Stufen hinunter.

In der Tür erwartete ihn ein hochgewachsener, schmächtiger Jugendlicher in Jeans und dunklem T-Shirt. Die blonden Haare waren von einem Seitenscheitel quer über den Kopf frisiert und verdeckten die Augen fast vollständig. Bergheim musste unwillkürlich an seinen alten Onkel Friedrich denken, der auf diese Weise versucht hatte, seine Glatze zu verdecken. Er schüttelte innerlich den Kopf. Wieso hatten die jungen Leute bloß das Bedürfnis, ihr Gesicht zu verstecken? Er versuchte sich daran zu erinnern, wie er selbst im Alter von fünfzehn Jahren ausgesehen hatte, und stellte verblüfft fest, dass es ihm nicht gelang.

Eric Bach musterte ihn kritisch, und Bergheim kam seiner Bitte zuvor und hielt ihm seinen Ausweis hin.

»Kommen Sie rein«, sagte Eric, »meine Eltern arbeiten beide und kommen meist erst spät heim.«

Er führte Bergheim in ein unaufgeräumtes Wohnzimmer mit dunklen Möbeln. Die Fenster waren länger nicht geputzt worden, und es gab außer einem Gummibaum neben dem dunklen Ledersofa keine Blumen im Zimmer. Die Luft war stickig. Alles war praktisch und hätte durchaus wohnlich sein können. So aber wirkte es vernachlässigt.

»Wo arbeiten deine Eltern?«, fragte Bergheim, während er sich umsah. »Ich darf doch Du sagen?«

Eric nickte. »Beide bei Volkswagen«, sagte er dann. »Aber meine Mutter erst seit einem Jahr.«

»In Wolfsburg?«, fragte Bergheim erstaunt.

»Ja«, sagte Eric.

»Wieso zieht ihr dann nicht nach Wolfsburg?«, wollte Bergheim wissen.

Der Junge zuckte die Achseln. »Weil ich hier erst die Schule zu Ende machen soll.«

Bergheim nickte und begann zu verstehen. Achtzig Kilometer nach Wolfsburg und wieder zurück, und das jeden Tag. Kein Wunder, dass niemand Zeit zum Putzen hatte.

»Setzen wir uns doch«, sagte er dann und räumte ein paar Zeitungen vom Sofa.

Eric ließ sich in einen Sessel fallen und musterte Bergheim schweigend.

»Hast du eine Ahnung, wo Timon ist?«, fragte er und beobachtete sein Gegenüber genau.

Eric räusperte sich. »Nein, ich weiß gar nichts.«

Bergheim nahm diese Entgegnung, die mehr beantwortete, als gefragt worden war, mit einem Nicken zur Kenntnis.

»Wann hast du ihn zuletzt gesehen?«

»Gestern in der Schule«, sagte Eric.

»Ist gestern irgendwas vorgefallen?«

»Nein, sagte ich doch schon. Wenn's so wäre, würde ich's sagen.«

Bergheim war sich da nicht so sicher. »In welchen Netzwerken war er unterwegs?«

Eric wich geschickt seinem Blick aus. »In den üblichen, Facebook und so.«

»War er dort unter seinem richtigen Namen unterwegs?«

»Keine Ahnung, wir simsen immer.«

»Tatsächlich?«, sagte Bergheim und glaubte dem Jungen kein Wort. »Na, macht nichts«, sagte er, »wir finden ihn dort. Wann hat er dir das letzte Mal gesimst?«

»Weiß nicht, ist schon ein paar Tage her.«

»Kann ich die SMS sehen?«

Eric verschränkte die Arme. »Geht nicht. Hab gestern den Speicher gelöscht, war voll.«

Bergheim schürzte die Lippen und fragte sich, was der Junge wusste und warum er nicht redete. Er versuchte es anders. »Seine

Eltern sind völlig verzweifelt. Wenn du etwas weißt, solltest du es sagen«, sagte er eindringlich.

Eric schluckte und zögerte einen Moment zu lange. »Ich sagte doch schon, ich weiß gar nichts.«

Bergheim wusste, dass das eine Lüge war, aber er würde hier nichts mehr erreichen. »Wann kommen deine Eltern zurück?«, fragte er und erhob sich.

»Oh, das kann neun werden. Die arbeiten immer lange.«

Bergheim nickte. »Na gut«, sagte er, »falls du's dir anders überlegst und mir was mitzuteilen hast.« Er reichte dem Jungen die Karte und ging.

Er seufzte, als er wieder auf der Straße stand. Schwieg der Junge, weil er sich schuldig fühlte oder aus Solidarität seinem Freund gegenüber? Hatte der ihn womöglich darum gebeten? Hier stimmte etwas ganz und gar nicht, aber er hatte keine Ahnung, wie er diesen Bengel zum Reden bringen sollte. Und die Eltern würden ihm dabei keine Hilfe sein, das war ihm klar. Sie hatten wahrscheinlich keine Ahnung vom Leben ihres Sohnes. Trotzdem, Kramer sollte ihnen einen Besuch abstatten.

Um halb neun betraten Charlotte und Bergheim gemeinsam das Treppenhaus in der Gretchenstraße. Als sie im zweiten Stock anlangten, öffnete sich die Wohnungstür von Susanne und Vivian Schleich. Susanne Schleich, eine rundliche Person in den Vierzigern, trat heraus und lächelte Bergheim an. Sie hielt sich aufrecht, war in dezentes Dunkelblau gekleidet und sah aus, als wolle sie in die Oper gehen. Und das um diese Zeit, wunderte sich Charlotte.

»Verzeihung«, lächelte Frau Schleich und strich sich eine imaginäre Strähne ihrer blonden Kurzhaarfrisur hinters Ohr. »Ich wollte mich noch bei Ihnen bedanken, dass Sie sich um Vivian gekümmert haben. Kommen Sie doch einen Moment herein, bitte.« Die Einladung war mehr an Bergheim gerichtet als an Charlotte. Die verabschiedete sich und erklärte, sie erwarte noch einen Anruf. Frau Schleich schien nicht übermäßig enttäuscht und ließ Bergheim eintreten.

Mit erleichtertem Seufzen betrat Charlotte ihre Wohnung, ging in die Küche, warf die Einkaufstüte mit Tomaten, Käse und Schinken auf den Tisch, räumte die verschmierten Nutella-Löffel beiseite und begab sich ins Bad.

Jans Zimmertür war geschlossen, aber sie hörte jemanden reden. Es war die Stimme eines jungen Mädchens. Charlotte lächelte und zog sich still zurück.

Nachdem sie ausgiebig geduscht hatte, streifte sie ein leichtes Baumwollkleid über, ging ins Wohnzimmer und öffnete die Balkontür. Der Balkon ging auf einen kleinen Innenhof, war relativ geräumig und bot Platz für zwei Liegestühle und einen kleinen Tisch. Man konnte hier wunderbar zu zweit frühstücken oder abends ein Bier trinken. Charlotte ging zurück in die Küche, bereitete Brote mit Käse und Schinken zu und garnierte alles mit Kirschtomaten und Gurkenscheiben. Dann nahm sie zwei Herrenhäuser aus dem Kühlschrank und trug alles zum Balkon.

Rüdiger war noch nicht zurück. Was trieb er nur so lange?

In diesem Moment bewegte sich etwas vom Flur Richtung Küche. Es war Jan, der sich einen Löffel aus der Schublade holte, eine Scheibe Toastbrot aus der Packung nahm und einen Berg Nutella darauf häufte.

»Hast du Besuch?«, fragte Charlotte, die im Türrahmen stand.

»Die Bohnenstange von unten«, sagte Jan und legte den Löffel auf den Tisch.

»Vivian Schleich?«, fragte Charlotte erstaunt.

»Ich glaub, so heißt sie.« Jan wollte sich an ihr vorbeidrängeln, aber Charlotte verstellte ihm den Weg.

»Seit wann kennst du sie?«

Jan zuckte mit den Schultern. »Weiß nicht, seit zwei Stunden. Da hat sie geklingelt und wollte Papa sprechen.«

»Und wieso ist sie noch hier?«, wollte Charlotte wissen. »Rüdiger war doch nicht da.«

Jan guckte erstaunt an ihr vorbei und biss in sein Toastbrot. »Weiß ich, ehrlich gesagt, auch nicht«, kaute er halblaut. Dabei fielen Toastbrotkrümel mit Nougatcreme auf den Fußboden. »Ich glaub, sie wollte auf ihn warten.«

Charlotte riss die Augen auf. »Die ganze Zeit? Und was macht sie in deinem Zimmer?«

»Guckt mir beim Computerspielen zu.« Damit quetschte er sich an Charlotte vorbei und watschelte zu seinem Zimmer zurück.

Charlotte folgte ihm. Vivian Schleich saß auf Jans Bett, den Computer auf den Knien, und wartete.

»Hallo«, sagte Charlotte und blickte in zwei riesige Augen.

»Hallo«, antwortete Vivian und lächelte Jan an, der kaum Notiz von ihr nahm.

»Ähm ...« Charlotte wusste nicht, was sie sagen sollte, und schloss die Tür von außen.

Was, zum Kuckuck, trieb Rüdiger so lange?

Sie ging zurück zum Balkon, aß und trank, schaute auf die Balkone der gegenüberliegenden Häuser und beobachtete ein Pärchen im zweiten Stock schräg gegenüber. Er steckte ihr irgendwas in den Mund. Sie kicherte. Halb zehn.

Charlotte sprang auf, ging zu Jans Zimmer, klopfte an und öffnete die Tür.

Die beiden saßen immer noch auf dem Bett, Jan hatte sein Notebook auf den Knien, und Vivian, die Charlotte aus ihren großen Augen in dem kleinen Gesichtchen erstaunt anstarrte, saß neben ihm.

Charlotte lächelte. »Vivian, ich glaube, du solltest jetzt heimgehen. Ihr müsst ja beide morgen zur Schule.«

Vivians Augen verdunkelten sich. Sie stand aber gehorsam auf. »Bis morgen dann«, sagte sie.

»Okay«, nickte Jan, ohne aufzusehen.

Charlotte begleitete das junge Mädchen in den zweiten Stock und war dabei ständig in Alarmbereitschaft, weil sie fürchtete, Vivian könnte jeden Moment erneut in Ohnmacht fallen. Es war ihr unbegreiflich, wie so ein dürrer Körper zu irgendwelcher Leistung – und sei es nur gemächlich eine Treppe hinabzugehen – fähig sein sollte.

Vivian wollte gerade aufschließen, als die Tür von innen geöffnet wurde und Bergheim herauskam. Er fuhr zusammen, als er die beiden sah. »Äh ... deine Mutter ist eingeschlafen«, sagte er.

»Echt?«, sagte Vivian. »Na ja, die ist eigentlich immer müde.«

»Na, dann gute Nacht«, sagte Bergheim, nahm Charlottes Arm und zog sie hinter sich her die Treppe hinauf.

»Was war denn das?«, fragte Charlotte, als sie wieder in ihrer Wohnung standen.

Bergheim stieß hart die Luft aus. »Ich hab keine Ahnung. Sie hat mir ihre ganze Lebensgeschichte erzählt. Bin einfach nicht weggekommen.«

Charlotte musterte ihn schweigend. Er hatte Wein getrunken und wirkte irgendwie schuldbewusst.

Aber vielleicht sah sie auch Gespenster, immerhin hatte sie schlechte Erfahrungen gemacht, damals mit Thomas.

Er nahm sie lächelnd in die Arme. »Du bist doch nicht eifersüchtig auf eine Frau, die Pumps als Hausschuhe trägt?«

»Wie bitte?«, sagte Charlotte und rümpfte die Nase. »Du riechst nach süßem Parfum. Und Bulgari ...«, das war Charlottes Lieblingsparfum, »... ist nicht süß.«

»Oh, der Kommissarin entgeht nichts«, seufzte er und küsste ihren Hals.

Charlottes Zorn verrauchte. »Du warst kein braver Junge«, raunte sie.

»Nein?«, flüsterte er und knöpfte ihr Kleid auf.

»Du weißt doch, was das für Folgen hat?«, hauchte sie und biss in sein Ohrläppchen. »Zur Strafe darfst du nicht spielen.«

»Hey Leute, ich brauch fünfzehn Euro«, schallte es von irgendwo aus Richtung Flur.

Bergheim und Charlotte flogen auseinander.

»Lasst euch nicht stören«, grinste Jan, »ich brauch nur fünfzehn Euro für 'ne Klassenfahrt.«

»Hat das nicht bis morgen Zeit?«, fragte Bergheim.

»Klar«, sagte Jan, zuckte mit den Schultern und verschwand in seinem Zimmer.

Die beiden sahen sich an und kicherten. Jan wohnte jetzt seit drei Monaten bei ihnen, aber sie hatten sich immer noch nicht daran gewöhnt, nicht allein in der Wohnung zu sein.

»Wir sollten auch schlafen gehen«, sagte Charlotte, »und morgen erzählst du mir die Lebensgeschichte von Frau Schleich.«

Bergheim verdrehte die Augen. »Bist du verrückt? Hab ich doch alles wieder vergessen.«

SIEBEN

Nachdem sie Jan bei seiner Schule abgesetzt hatten, fuhr Bergheim Charlotte zur Direktion, wo sie in Marens Twingo umstieg. Sie fuhr nach Sehnde, um sich in der dortigen Rossmann-Filiale mit den Exkollegen und -mitarbeitern der Toten zu unterhalten. Bergheim würde sich mit Kramer auf die Suche nach Timon Wegener machen.

Sehnde war eine vom Kaliabbau geprägte Kleinstadt in ländlicher Umgebung, etwa zwanzig Kilometer südöstlich von Hannover, die sich durch die Nähe und verkehrsgünstige Lage zur Landeshauptstadt und zum nahe gelegenen südlichen Hildesheim zu einer begehrten Wohngegend für Familien entwickelt hatte. Gegenüber der alten Kreuzkirche erhob sich trutzig die Kalihalde – von den Bewohnern liebevoll »Kalimandscharo« genannt –, von der man einen weiten Blick ins Umland genießen konnte.

Sie parkten in der Mittelstraße. Neben der Rossmann-Filiale, gegenüber der Volksbank, stand eine alte, mit Blumen bepflanzte Lore. Als sie die Filiale betraten, fragten sie eine Frau mittleren Alters in einem weißen Kittel, die gerade dabei war, Seifen in die Regale zu packen, nach der Filialleitung.

Die Frau guckte zunächst verdutzt, war aber von dem Polizeiausweis, den Charlotte ihr hinhielt, schwer beeindruckt. »Kommen Sie nach hinten ins Büro«, sagte sie.

Sie führte sie durch den Laden über einen dunklen Flur, der mit Paketen vollgestellt war, in ein kleines Büro, wo eine junge blonde Schönheit mit forschem Blick hinter einem Schreibtisch saß, der fast den gesamten Büroraum einnahm. Charlotte fragte sich, wo sie hier alle Platz finden sollten.

Frau Brehmke, so hieß die blonde Schöne laut dem Button, den sie am Kittel trug, erhob sich und reichte Charlotte und Maren mit einem Lächeln die Hand.

»Es ist ein bisschen eng, wir sind gerade am Umbauen. Frau Zeisler, könnten Sie noch einen Stuhl beschaffen?« Frau Zeisler, die es leider nicht mehr geschafft hatte, sich zeitig genug aus dem Staub zu machen, murrte etwas, das sich nach Zustimmung anhörte, verschwand und erschien wenige Sekunden später mit einem dreibeinigen Schemel in der Tür.

»Bitte«, sagte Frau Brehmke. Charlotte griff sich todesmutig den Schemel und überließ Maren den anderen Stuhl.

»Sie haben ja schon angedeutet, dass es sich um die frühere Filialleiterin, Frau Frieder, handelt.« Frau Brehmke seufzte kummervoll. »Eine schlimme Sache. Was sind das nur für Menschen, die einen anderen umbringen? Meine Güte, ich hatte schon Schwierigkeiten, mal eine Maus zu erschlagen, die jemand einfach mit dem Fahrrad überfahren und halb tot liegen gelassen hatte.« Diesen Worten folgte ein vorwurfsvolles Schweigen. »Nun ja«, sagte sie dann, »wie kann ich Ihnen denn nun helfen?«

»Sie haben Frau Frieder im Krankheitsfall vertreten, stimmt das?«, fragte Charlotte.

Frau Brehmke nickte. »Ja, das stimmt. Aber ... Sie müssen wissen, eigentlich hab ich den Laden immer geführt. Frau Frieder war ja ständig ... krank.«

»Hatten Sie ein gutes Verhältnis zu ihr?«, fragte Charlotte.

»Na ja«, Frau Brehmke zuckte mit einer Schulter, »eigentlich schon. Wenn sie nicht ›krank‹ war«, sie strichelte Gänsefüßchen in die Luft, »war sie echt nett. Und am Anfang hat sie die Filiale auch gut geführt, bloß nicht lange. Gerade mal anderthalb Jahre, um genau zu sein. Dann haben wir sie nur noch die Regale auffüllen lassen – und irgendwann ging auch das nicht mehr. Dann hat sie sich endlich helfen lassen.«

»Hatten Sie auch privat Kontakt mit ihr?«, fragte Maren.

»Am Anfang schon. An ihrem dreiundvierzigsten Geburtstag hat sie mich sogar zum Kaffee eingeladen.«

»War außer Ihnen noch jemand da?«

»Eine Freundin von ihr. Ihre Tochter und deren Freund – oder Mann – hatten abgesagt, das weiß ich noch.«

Charlotte ruckte vor und wäre beinahe vom Schemel gefallen. Sie konnte sich gerade noch fangen. »Können Sie sich an den Namen der Frau erinnern?«

Frau Brehmke krauste die Stirn. »Also, ich hab ein ganz schlechtes Namensgedächtnis. Der Vorname war irgendwie ganz normal und der Nachname ... Warten Sie, sie war bei einer Versicherung – der Allianz. Das weiß ich noch, weil sie mir unbedingt eine aufschwatzen wollte. Hat überhaupt ziemlich viel geredet. Aber wie die jetzt hieß ... Oh, und sie hat gesagt, sie ist Sekretärin, daran erinnere ich mich noch, und sie hatte ein eigenes Büro. Da hat sie mehrmals drauf hingewiesen.« Frau Brehmke verdrehte die Augen.

»Können Sie sich sonst an irgendeine Einzelheit erinnern?«, fragte Charlotte. »Etwas, das uns helfen könnte, diese Freundin ausfindig zu machen?«

Frau Brehmke holte Luft und blickte nachdenklich zur Decke. Dann klingelte das Telefon, und sie ließ sich für einen Augenblick widerstrebend in ein Verkaufsgespräch verwickeln. Dann warf sie schnaubend den Hörer auf die Gabel. »Entschuldigung, wo war ich?«, fragte sie Charlotte, die ungeduldig mit den Fingern auf ihren Oberschenkel trommelte.

»Anhaltspunkte«, sagte sie knapp. »Wissen Sie, woher sie die Freundin kannte?«

»Ja!«, strahlte Frau Brehmke. »Jetzt, wo Sie's sagen! Sie kannten sich durch einen Buchhaltungskurs an der Volkshochschule. Diese Frau gibt Kurse an der Volkshochschule.«

»Hier in Sehnde?«, fragte Charlotte.

»Muss ja, wenn Jutta dahin gegangen ist. Sie hatte ja kein Auto.«

»Hatte Frau Frieder vielleicht zu einer ihrer Kolleginnen näheren Kontakt?«

Frau Brehmke schüttelte zweifelnd den Kopf. »Von denen, die jetzt hier arbeiten, war zu Juttas Zeit, soweit ich weiß, keine da.«

Charlotte hielt nichts mehr auf ihrem Schemel. Sie erhob sich und legte Frau Brehmke ihre Karte vor die Nase. »Danke. Sie haben uns sehr geholfen. Falls Ihnen noch ein Name einfällt, rufen Sie doch bitte an.«

Als sie wieder im Auto saßen und Maren die B 65 entlangknatterte, fiel Charlotte etwas ein. »Sag mal, die Frau Kaiser, die Sekretärin vom Ostermann, die gibt doch auch Volkshochschulkurse, oder?« Charlotte sprach laut, um das Motorengeräusch zu übertönen. Maren nickte. »Ja, ich glaube, irgendwas mit Computer, Excel oder so.«

»Das ist gut«, sagte Charlotte und griff zu ihrem Handy. »Ich werde Rüdiger bitten, sie mal ein bisschen auszuquetschen.«

Maren nickte lächelnd. Frau Kaiser war eine nicht mehr ganz junge, sehr attraktive und tüchtige Frau mit einer Schwäche für Rüdiger Bergheim, was zwangsläufig zur Folge hatte, dass sie Charlotte nicht mochte. Charlotte jedoch hinderte das nicht, sich deren Schwäche zunutze zu machen, wenn es sich anbot und ihrem Team Arbeit ersparte.

Bremer betrat kauend das Büro, in der einen Hand einen abgebissenen Käsekuchen, in der anderen einen Ordner und eine DVD balancierend.

Charlotte, die mit Maren gerade erst aus Sehnde zurückgekommen war, warf den Hörer wieder auf die Gabel.

»Wollte gerade anrufen«, sagte sie und blickte neidisch auf seinen Käsekuchen. Sie hatte seit den zwei Toastbrotscheiben mit Honig zum Frühstück nichts mehr gegessen.

Sie ließ Bremer zu Ende kauen und runterschlucken, was ihn sichtlich viel Mühe kostete und ein paar Sekunden in Anspruch nahm.

»Also«, sagte er und wischte sich mit dem Handrücken über den Mund, wobei ein Krümel von seinem Kuchen zu Boden fiel, »wir haben einen gefunden, den keiner der beiden Hofholts kennt. Auch nicht die Eltern der Brautleute. Und, was das Beste ist«, Bremer schluckte nochmals, »er scheint sich mit jemandem zu unterhalten, die unsere Tote sein könnte.«

Charlotte steckte ihre Hände in die Jeanstaschen. »Wieso könnte?«

»Na ja, die Person, mit der er redet, ist nur mit einem Arm zu sehen. Der Arm steckt allerdings in einem schwarzen Ärmel. Könnte der Blazer von der Frieder sein.«

»Komm«, sagte Charlotte und schob Bremer vor sich her. »Das müssen wir uns ansehen.«

Bremer stopfte sich den restlichen Kuchen in den Mund und führte Charlotte in sein Büro, unterwegs stieß Maren zu ihnen.

Wenige Sekunden später standen die drei Beamten vor dem Monitor und beobachteten mehrere Personen, die sich an der Bar amüsierten. Vier junge Leute, eine Frau von drei Männern umringt, kicherten und prosteten sich mit einer gelblichen Flüssigkeit in den

Gläsern zu. Am linken Rand stand ein Mann, mit dem Rücken zur Bar, die Ellbogen aufgestützt. Er trug eine schwarze Hose und ein weißes Hemd, aber keine Krawatte. Er hatte den Kopf nach rechts gewandt und sprach mit einer Person jenseits des Bildes, von der nur ein schwarzer Ärmel zu sehen war.

»Mehr ist nicht zu sehen?«, fragte Charlotte enttäuscht.

»Warte«, sagte Bremer. Langsam wandte der Mann den Kopf und blickte voll in die Kamera. Bremer stoppte den Film. »Da, mehr kriegen wir nicht. Hab's schon probiert.«

»Hm«, sagte Charlotte und musterte den Mann. Sie schätzte ihn auf Anfang fünfzig oder älter. Er war sehr schlank, hatte volles, dunkles Haar und bemerkenswert schräg stehende Augen, was seinem Gesicht den Ausdruck eines Jägers verlieh.

»Vielleicht hat es nichts zu bedeuten, aber wir sollten rausfinden, wer das ist«, sagte sie und klopfte Bremer auf die Schulter. »Druck das ein paarmal aus. Maren, du und Hohstedt legt jedem der Gäste das Foto vor, und Thorsten, du kannst die Kartei durchgehen. Vielleicht findest du ihn ja dort.«

»Oh«, sagte Bremer, »das dauert aber, und Martin wird auch nicht gerade begeistert sein, sie haben schon fast alle Gäste befragt.«

»Na, den möchte ich mal begeistert sehen«, sagte Charlotte und verdrehte die Augen. Martin ging ihr auf die Nerven mit seiner Nörgelei. Aber im Moment ging ihr alles auf die Nerven. Sie war schon zittrig vor lauter Hunger.

»Ich geh erst mal in die Cafeteria, was essen«, sagte sie und machte sich aus dem Staub.

Bergheim befand sich unversehens wieder in der Schule seines Sohnes, die auch Timon Wegener besuchte. Herr Wolfram, der Direktor des Lister Varnhagen-Gymnasiums, hatte ihnen für die Befragung einen leeren Klassenraum zur Verfügung gestellt.

Er und Kramer befragten zunächst nacheinander Timon Wegeners Lehrer, die aber alle mehr oder weniger die Aussagen der Eltern bestätigten und den Schüler als unauffällig, intelligent und kooperativ bezeichneten. Jetzt waren seine Schulkameraden an der Reihe, von denen bis jetzt keiner etwas über den Verbleib von Timon sagen konnte. Gerade hatte ein blasses, übergewichtiges Mädchen Bergheims Tisch mit einem bedauernden Seufzer verlassen, als ein muskulöser Zwanzigjähriger mit kalten Augen den Klassenraum betrat. Der Jugendliche, den Kramer am anderen Ende des Raumes befragte, verstummte bei seinem Eintreten und zog den Kopf zwischen die Schultern.

Bergheim warf einen Blick auf seine Liste. »Sie sind Anton Sokolow.«

»Genau«, sagte der Mann und kaute dezent an seinem Kaugummi. Er trug Jeans und eine braune Lederjacke. Kleidsam, aber viel zu warm für dieses Wetter, dachte Bergheim. Das mittelblonde Haar trug er streichholzkurz, und sein attraktives Gesicht schmückte ein Dreitagebart.

»Sie gehen in die dreizehnte Klasse?«

Anton Sokolow nickte. »So ist es.«

»Wie alt sind Sie?«

»Einundzwanzig.« Er grinste, was seinen harten Zügen ein wenig Charme verlieh. »Bin erst mit sieben nach Deutschland gekommen und musste leider eine Ehrenrunde drehen.«

Er sprach mit kaum wahrnehmbarem osteuropäischem Akzent.

»Sie kennen Timon Wegener?«, fragte Bergheim.

»Wer sagt das?«

»Kennen Sie ihn nun oder nicht?«

Sokolow zuckte mit den Schultern. »Wie man einen aus der Zehnten so kennt.«

Bergheim seufzte. »Geht's auch ein bisschen genauer?«

Sokolow schob den Kaugummi in die linke Backentasche. »Man sieht sich halt auf dem Schulhof.«

»Weiter nichts?«, fragte Bergheim.

»Nö, was soll ich mit so 'nem Baby zu tun haben?«

»Nach meinen Informationen hat Timon Sie am letzten Freitag angegriffen.«

Sokolow legte die Hände in den Nacken. »Ja, hat sich ein bisschen aufgespielt, der Kleine.«

»Worum ging's genau?« Bergheim wurde langsam ungeduldig.

»Na, was schon. Ist mir auf die Füße getreten, der Kurze. So was lass ich mir nun mal nicht gefallen.«

Bergheim wartete.

»Meine Fresse, er war einfach eifersüchtig. Ich sollte seine Freundin in Ruhe lassen, hat er gesagt. Pff. Seine Freundin. Als ob die sich mit so 'nem Kindergarten abgeben würde. Mit mir schon eher«, grinste Sokolow breit. »Das verträgt so ein Milchgesicht eben nicht.«
»Wie heißt das Mädchen?«
»Das geht Sie ja wohl nichts an.«
Bergheim warf einen Blick auf seine Armbanduhr.
»Auch gut«, sagte er dann ruhig und machte sich Notizen. »Sie kommen dann bitte morgen früh um acht zur Polizeidirektion. Da können wir uns noch mal in Ruhe unterhalten. Sie können gehen.«
Sokolow hörte auf zu kauen und riss die Augen auf. »Moment mal, was soll das? Was kann ich dafür, dass der Zwerg abgehauen ist? Sie können mich nicht zwingen!«
»Doch, kann ich«, sagte Bergheim, legte seinen Zettel beiseite und stand auf, um den nächsten Schüler hereinzubitten.
»Hey, hey, is ja gut«, ruderte Sokolow zurück, »sie heißt Marlene Krieger.«
»In welche Klasse geht sie?«
»In meine«, sagte Sokolow herablassend und stand auf. »Und das heißt ›Tutorium‹.«
Bergheim öffnete die Tür und bat den Hausmeister, der im Flur wartete, die Schülerin Marlene Krieger herzubitten. Anton Sokolow quetschte sich an Bergheim vorbei und warf dem nächsten Schüler, der draußen wartete, verstohlen einen Blick zu.
Mark Ziemer war ein großer, schwerer, pickelgesichtiger Mann mit dünnen Lippen und hängenden Mundwinkeln, was ihm einen mürrischen Gesichtsausdruck verlieh.
Bergheim setzte sich und warf dem jungen Mann einen forschenden Blick zu, den dieser lauernd erwiderte.
»Sie waren bei dem Streit, den Timon Wegener am letzten Freitag mit Anton Sokolow hatte, dabei. Worum ging es?«
»Wer sagt, dass ich dabei war? Ich stand zufällig in der Nähe. Und worum es ging, davon hab ich keine blasse Ahnung.« Er verschränkte die Arme und lehnte sich zurück. »Weiß sowieso nicht, was Sie von mir wollen. Ich kenn den Typen, den Sie suchen, überhaupt nicht.«

»Es gibt eine Zeugenaussage, Sie hätten den Jungen zu Boden geworfen.«

»Schwachsinn, ich bin an ihm vorbeigegangen, kann sein, dass er umgefallen ist. Stand halt im Wege.«

»Kennen Sie Marlene Krieger?«

Ziemer grinste. »Wer kennt die nicht.«

»War sie der Grund für den Streit?«, fragte Bergheim.

»Schon möglich, die ist bestimmt der Grund für 'ne Menge Stress an der Schule.«

»Wieso?«

Das Grinsen wurde breiter. »Sie kennen Marlene wohl nicht, was? Das sollten Sie schnellstens nachholen.«

»Können Sie uns sonst irgendwie weiterhelfen?«, fragte Bergheim genervt.

»Aber ganz bestimmt nicht!«, erwiderte Ziemer.

»Auch gut«, sagte Bergheim, »Sie können dann gehen. Frau Krieger soll reinkommen, wenn sie da ist.«

Ziemer erhob sich langsam. Er machte einen selbstzufriedenen Eindruck.

Die junge Frau, die eine halbe Minute später den Klassenraum betrat, tat dies wie eine Königin, die zur Krönung schreitet. Kramer, der gerade einen anderen Schüler entließ, sperrte den Mund auf.

Mit ihrem fast einen Meter achtzig langen, tadellosen Körper schritt Marlene Krieger zu Bergheims Tisch und hielt seinen Blick fest. Bergheim war so beeindruckt, dass er beinahe aufgestanden wäre. Er konnte sich gerade noch beherrschen. Außerdem kam er zu dem Schluss, dass Timon Wegener und Anton Sokolow eine sehr hohe Meinung von sich haben mussten, wenn sie diese junge Frau als ihre Freundin bezeichneten.

Marlene Krieger reichte ihm über den Tisch hinweg die Hand.

Lange, dunkle Haare, die rötlich schimmerten, flossen über ihre nackten Schultern. Die dunkelbraunen, funkelnden Augen waren mit Kajal umrahmt, was sie noch größer erscheinen ließ. Das war ihr einziges Make-up. Und nicht mal dessen hätte es bedurft, um dieses Mädchen zu einer Sensation zu machen. Ihre Kleidung war schlicht. Sie trug Jeans und ein weißes, enges Top über bronzefarbener Haut.

»Frau Krieger«, sagte Bergheim heiser, »setzen Sie sich.«

»Danke«, hauchte Marlene Krieger und ließ sich zu einem betörenden Lächeln herab. Offensichtlich gefiel ihr, was sie vor sich hatte. Sie setzte sich und schlug die schlanken Beine übereinander.

»Sie sind die Freundin von Anton Sokolow?«, begann Bergheim.

Das Lächeln wurde tiefer. »Hat er das gesagt?«

»So was in der Art«, sagte Bergheim.

»Das sieht ihm ähnlich.«

»Stimmt es nicht?«

Marlene sah Bergheim einen Moment schweigend an. Ihre Augen funkelten. »Nein«, sagte sie dann.

»Kennen Sie Timon Wegener?«

»Ist das der Junge, den Sie suchen?«

»Ja«, sagte Bergheim.«

»Nicht dass ich wüsste.«

Bergheim zeigte ihr ein Foto von Timon. Sie griff mit sorgfältig manikürten Händen danach und betrachtete es. »Ich hab ihn schon auf dem Schulhof gesehen, aber das ist auch alles.«

»Herr Sokolow sagt, dass Timon Wegener sich Ihretwegen mit ihm angelegt hätte.«

Marlene Krieger hob erstaunt die Brauen. »Tatsächlich?« Dann schmunzelte sie. »Ist ja süß.«

Bergheim seufzte. Er fragte sich langsam, wie sie hier weiterkommen sollten.

»Sie können uns also nicht weiterhelfen, haben keine Ahnung, wo der Junge sein könnte.«

»Nein, tut mir leid.« Sie lächelte bezaubernd.

Bergheim räusperte sich und schloss sein Notizbuch. »Vielen Dank, Frau Krieger. Das wäre alles.«

Marlene beugte sich über den Tisch und kam Bergheim so nahe, dass er ihr Parfum riechen konnte. War das etwa Chanel, oder irrte er sich?

»Vielleicht fällt mir ja noch was ein. Geben Sie mir doch einfach Ihre Karte.«

Bergheim zögerte nur kurz und reichte ihr dann lächelnd seine Karte.

Dann erhob sich die junge Frau, nickte Bergheim zu und ging.

Kramer starrte ihr hinterher. Bergheim stieß einen schweren Seufzer aus.

»Puh, ist das warm hier drin«, sagte er, stand auf und öffnete ein Fenster.

Eine unerquickliche halbe Stunde später stand Bergheim auf dem Schulhof. Es war große Pause, und die älteren Schüler hatten sich zusammengerottet und warfen ihm neugierige Blicke zu, während die jüngeren lärmend hin und her liefen. Bergheim hatte sich immer gefragt, warum der Bewegungsdrang mit zunehmendem Alter nachließ. Dann entdeckte er seinen Sohn, der – eine Wasserflasche in der Hand – lässig an einem Baum lehnte und ihm einen ergründlichen Blick zuwarf. Die drei Mädchen, die ihn umringten, taten es ihm gleich. Bergheim seufzte. Es half alles nichts. Er musste diese Bagage in der Aula versammeln und ihnen einen Vortrag halten. Er machte sich auf den Weg zum Direktor, der ihm wahrscheinlich vor Freude um den Hals fallen würde.

Er wollte gerade das Zimmer des Direktors betreten, als er stutzte. Jemand, den er kannte, war gerade am anderen Ende des Ganges vorbeigehuscht. Er beeilte sich, die zehn Meter bis zu dem Quergang zurückzulegen, und lugte um die Ecke. Der Gang, von dem links und rechts Türen abgingen, war leer. Bergheim zögerte. Vielleicht war es einer von Jans Lehrern gewesen. Wahrscheinlich sogar. Er zuckte mit den Schultern und ging zurück zum Büro des Direktors.

In der Aula herrschte ein mörderischer Geräuschpegel. Bergheim stand vor der Bühne und wartete, bis die Scharen der Schüler sich langsam setzten und ihre Aufmerksamkeit auf ihn richteten. Marlene Krieger kam als eine der letzten, und Bergheim hatte das Gefühl, dass es bei ihrem Auftritt leiser wurde. Sie warf ihr Haar zurück und Bergheim einen verheißungsvollen Blick zu. Der fühlte sich nicht besonders wohl in seiner Rolle und wippte auf den Zehenspitzen auf und ab.

Nach weiteren fünf Minuten waren knapp neunhundert Augenpaare neugierig auf ihn gerichtet. Er räusperte sich und begann damit, die Schüler über den Grund seines Hierseins aufzuklären, obwohl er sicher war, dass jedes einzelne von diesen unergründlichen Individuen das genau wusste. Er appellierte an die Schüler, sich nochmals genau zu fragen, wann und mit wem sie den Vermissten Timon Wegener zuletzt gesehen hatten, ob er irgendwas gesagt hatte, was den Ermittlern weiterhelfen würde, in welchen Chaträumen er unterwegs war, ob er Internetbekanntschaften hatte. Er erwähnte die Verzweiflung der Eltern und hoffte, dass seine Worte Wirkung taten und wer immer sich warum auch immer zum Schweigen verpflichtet sah, seine Meinung ändern würde.

Nachdem Bergheim seine Rede gehalten hatte, verließen er und Kramer die Aula und begaben sich zum Wagen.

Als Bergheim das Auto anließ, ließ Kramer endlich seinen Seufzer los.

»Glaubst du wirklich, dass das was bringt?«

Bergheim nickte und warf den Gang rein. »An einer Schule herrscht Anarchie. Die Stärksten – und nicht unbedingt die Klügsten – haben das Sagen. Ich denke, dass diejenigen, die ich gemeint habe, mich schon verstanden haben.«

»Und wieso bist du dir so sicher, dass irgendwer von seinen Mitschülern was mit Timons Verschwinden zu tun hat?«

Bergheim schnalzte mit der Zunge. »Wieso legt sich ein Zehntklässler mit einem Typen wie Sokolow an? Die Erklärung, die der mir da aufgetischt hat, kauf ich ihm nicht ab. Da ist noch was, aber alle zittern vor diesem Kerl. Ist dir nicht aufgefallen, wie die andern sich ducken, wenn der aufkreuzt?«

»Na ja, er ist eben schon älter als die meisten.«

»Eben«, sagte Bergheim, »älter und kräftiger. Ich hoffe bloß, dass wer immer irgendwas weiß, sich bald aus der Reserve locken lässt.«

Als sie die Bödekerstraße entlangfuhren, überquerten drei Jugendliche die Fahrbahn. Einer davon war Anton Sokolow. Er legte den Arm um ein blondes Mädchen, das ihn anhimmelte, und warf dem anderen Jungen, der sich winkend in die andere Richtung davonmachte, einen ernsten Blick hinterher. Der andere war Mark Ziemer.

Gegen halb drei kamen Bergheim und Kramer zurück zur KFI 1 und gingen in ihre Büros. Kramer machte einen Termin mit den Eltern von Eric Bach, und Bergheim brachte das notwendige Übel, seinen Chef zu informieren, hinter sich.

Dann besorgte er sich ein Schinkenbrötchen und begab sich in sein Büro, das Charlotte und er auf eigenen Wunsch miteinander teilten.

»Na«, sagte Charlotte, »was sagt Ostermann?«

»Was soll er schon sagen«, murmelte Bergheim mit vollem Mund, »außer dass wir alle endlich mal zu Potte kommen sollen.« Bergheim ließ sich in seinen Stuhl sinken. »Aber er hat sich nett nach dir erkundigt.«

»Ja, klar«, sagte Charlotte, die in ihren Bildschirm vertieft war. »Diese ganzen Protokolle geben einfach nichts her«, murmelte sie. »So eine ärgerliche Zeitverschwendung.«

Sie sah ihn forschend an, während er nachdenklich den letzten Bissen seines Brötchens in den Mund schob.

»Gibt's was Neues von deinem Verschwundenen?«

Bergheim schüttelte den Kopf. »Er muss irgendwann nachmittags noch mal weggegangen sein und den Computer mitgenommen haben. Das tat er aber für gewöhnlich nicht. Hat ihn immer nur zu Hause benutzt. Jedenfalls sagen das seine Eltern. Keiner weiß, wo er hingegangen ist. Entweder hat ihn jemand an dem Abend entführt oder sonst was mit ihm angestellt, oder er will sich irgendwo verborgen halten. Die Frage ist dann bloß, warum.«

Charlotte streckte sich und gähnte. »Vielleicht hat er was verbrochen.«

»Eher nicht«, sagte Bergheim. »Die Eltern schwören Stein und Bein, dass der Junge nie Schwierigkeiten hatte. Und die Lehrer bestätigen das. Keiner kann sich vorstellen, dass der Junge mit dem Gesetz in Konflikt geraten sein könnte.«

Bergheim sah gedankenverloren aus dem Fenster in die Wipfel der üppigen Bäume, die die Waterloostraße säumten. »Ich hoffe bloß ...« Er vollendete den Satz nicht, aber das war auch nicht nötig. Charlotte verstand ihn auch so.

»Ein Fünfzehnjähriger ist nicht hilflos. So leicht würde der es einem Angreifer nicht machen, und du weißt ja selbst ... Teenager sind unberechenbar. Da ist alles möglich, egal, was die Eltern sagen.«

Bergheim lächelte sie dankbar an. »Da hast du wohl recht. Und ich hoffe, dass die Eltern in diesem Fall unrecht haben und ihr Sohn tatsächlich was verbrochen hat und abgehauen ist. Über die Alternativen will ich gar nicht nachdenken.«

Er lehnte sich zurück und verschränkte die Arme vor der Brust.

»Übrigens«, sagte er dann und fingerte einen Zettel aus seiner Jackentasche. »Wenn Ostermann schon nichts Nützliches beisteuern kann, dann aber Frau Kaiser. Ich habe wie üblich getan, was du mir aufgetragen hast, und die liebe Chefsekretärin mal nach einer Kollegin gefragt, die in Sehnde Buchhaltungskurse gibt und bei der Allianz arbeitet. Und siehe da, es hat sie nur einen Anruf gekostet. Sehr effizient und freundlich, unsere Frau Kaiser.«

Charlotte verzog den Mund. »Wusste ich's doch, für dich tut sie alles. Möchte nicht wissen, was passiert wäre, wenn ich sie mit so was behelligt hätte.«

Bergheim grinste und reichte Charlotte den Zettel. Die kniff die Augen zusammen. »Mein Gott, was für eine Klaue. Was soll das heißen, Veronika Peier?«

»Dreier«, kicherte Bergheim. »Wir mussten uns beeilen.«

»Du und deine Assoziationen«, feixte Charlotte und griff zum Telefon. Während sie die Sehnder Nummer von Veronika Dreier eintippte, klingelte Bergheims Handy. Beide sahen sich schweigend an. Charlotte hörte zu, was ihr der Anrufbeantworter von Frau Dreier mitzuteilen hatte, als Bergheim aufsprang.

»Atmet sie?«, rief er in den Hörer.

Charlotte sprang ebenfalls auf.

»Ruf den Notarzt! Vivian liegt bewusstlos in unserer Wohnung«, sagte Bergheim zu Charlotte, die sofort wählte, und brüllte dann schon wieder in sein Handy. »Du musst sie beatmen, bis der Notarzt kommt. Ich bin in zehn Minuten da!«

Bergheim stürmte bereits zum Ausgang, und Charlotte, die ihre Adresse durchgab, fragte sich, wie er den Weg um diese Zeit in zehn Minuten schaffen wollte.

Charlotte war mit der U-Bahn kurz nach sieben nach Hause gekommen, nachdem sie von Frau Dreier gnädigerweise einen Termin für den morgigen Samstag bekommen hatte. »Heute Abend muss ich auf den Polterabend meiner Nichte. Da werde ich gebraucht. Sie verstehen?«

Charlotte verstand nicht, sagte aber zu. Sie verstand nur, dass sie zum zweiten Mal auf dem Balkon saß und wartete, während Bergheim für die weibliche Nachbarschaft den Retter spielte. Nicht mal Jan war zu Hause.

Charlotte seufzte und ging in die Küche, um irgendwas zu essen.

Auf dem Küchentisch lagen zwei verschmierte Messer, die sie unwillig in den leeren Spülautomaten steckte. Dann öffnete sie den Kühlschrank, nahm Butter, Käse und Schinken heraus und suchte dann nach einem Messer. Nicht in der Besteckschublade natürlich. Ach ja, Charlotte öffnete den Schrank und wühlte in den Geschirrtüchern. »Verdammt«, murmelte sie, »der Bengel hat die Messer gefunden und hortet sie.«

Fragte sich nur, wo, hoffentlich nicht in seiner Deponie. Stirnrunzelnd trommelte sie mit den Fingern auf die Arbeitsplatte. Na warte, sagte sie sich. Ich werd mir schon was einfallen lassen. Wollen doch mal sehen, wer hier das letzte Wort hat.

ACHT

Der Samstagmorgen begrüßte Charlotte mit strahlendem Sonnenschein. Sie streckte sich und sah auf die Uhr. Kurz vor acht. Gott sei Dank, genug Zeit zum Frühstücken. Sie warf einen Blick auf Bergheim, der mit Jan gegen Mitternacht nach Hause gekommen war.

Vivian war am Freitagnachmittag in Jans Zimmer zusammengebrochen. In der MHH hatte man sie an den Tropf gelegt, und mittlerweile war sie wieder aufgewacht. Ihre Mutter war bei ihr geblieben.

Charlotte stand auf, duschte, ging zum Bäcker und kaufte ihre geliebten Croissants und Körnerbrötchen für Bergheim. Um kurz vor neun saß sie mit einem Becher Kaffee und der Hannoverschen Allgemeinen an dem kleinen Bistrotisch auf dem Balkon und genoss die Sommerwärme. Um Viertel nach neun kam Bergheim in Boxershorts und mit nacktem Oberkörper, in der Hand einen Becher Kaffee, und setzte sich zu ihr.

»Gott, ist das schön«, sagte er und streckte sich. »Ich darf gar nicht dran denken, dass bald wieder Winter wird. Wir sollten auswandern. In die Karibik. Da ist immer Sommer.« Er griff nach einem Kürbiskernbrötchen.

»Ja«, sagte Charlotte, »das muss traumhaft sein.« Dann sah sie ihn forschend an. »Was war gestern los?«

Bergheim zuckte mit den Schultern. »Na, was schon. Das Mädchen ist zusammengebrochen. Kein Wunder. Das kann man schon nicht mehr Untergewicht nennen, die ist ein wandelndes Gerippe.« Bergheim konnte es kaum glauben. »Wie ist so was nur möglich?«, murmelte er.

»Was sagt die Mutter?«

Bergheims Züge verhärteten sich. »Ja, die scheint das gar nicht zu begreifen. Hat immer gesagt, ist doch verständlich, wenn jemand schlank sein will.«

Charlotte zog die Stirn kraus. »Ich versteh das gar nicht. Früher – das ist noch gar nicht so lange her, vielleicht etwas mehr als ein halbes Jahr, da war das Mädchen noch ziemlich proper. Jetzt ist sie gewachsen und hat anscheinend aufgehört zu essen. Was geht nur in diesen Mädchen vor?«

»Das wüsste ich auch gerne«, sagte Bergheim, der sich eine dicke Salamischeibe absäbelte und zwischen seine Brötchenhälften klemmte.

»Und was passiert jetzt?«

»Na ja«, Bergheim biss herzhaft in sein Brötchen, »sie wird eine Therapie machen müssen. Aber das ist nicht so einfach. Vivian will nichts von Therapie wissen.«

»Oh«, sagte Charlotte, »das ist gefährlich.«

»Allerdings.«

»Was sagt dein Sohn?«

Bergheim kicherte. »Er hat sie tatsächlich beatmet. Wär gar nicht nötig gewesen, hat der Sani gesagt. Jan fand das nicht so toll, ist aber mitgefahren. Wir sind dann noch bei McDonald's vorbei.«

»Aha«, sagte Charlotte und stand auf. »Ich muss mich auf den Weg machen. Bei dem Wetter ist bestimmt ganz Hannover mitsamt der Region auf den Beinen.«

Veronika Dreier war eine blasse, mürrische Matrone mit phantasielosen grauen Augen und blond gefärbten, kinnlangen Haaren. Charlotte hätte sie auf Anfang fünfzig geschätzt, wusste aber, dass sie erst siebenundvierzig Jahre alt war.

Sie empfing Charlotte in einer kleinen Erdgeschosswohnung in der Nordstraße, am Fuß des Kalimandscharo, und führte sie durch einen kleinen Flur in ein blitzsauberes Wohnzimmer. Geraffte Stores und großblättrige Grünpflanzen vor den Sprossenfenstern raubten dem Zimmer kostbares Licht.

Sie setzten sich auf das Ecksofa um den gläsernen Couchtisch, und Frau Dreier legte erwartungsvoll die gefalteten Hände in den Schoß.

»Frau Dreier«, begann Charlotte, »ich habe Ihnen ja bereits gesagt, dass es um den Tod Ihrer Freundin −«

»Früheren Freundin«, unterbrach Frau Dreier sie und hob den rechten Zeigefinger.

Charlotte räusperte sich. »Ja, das sagten Sie schon. Wann haben Sie Frau Frieder das letzte Mal gesehen?«

»Das kann ich Ihnen ganz genau sagen: vor zweieinhalb Jahren. Danach habe ich den Kontakt zu ihr abgebrochen. Mit so was gebe ich mich nicht ab.«

»Tatsächlich«, sagte Charlotte, »was hatte sie denn verbrochen?«

Frau Dreier reckte die Schultern. »Na ja, Sie wissen ja sicher, dass Sie ... trank.«

Charlotte nickte und wartete, aber diese Begründung schien für Frau Dreier auszureichen, um eine gute Freundin in die Wüste zu schicken.

»Wie lange kannten Sie sich?«, fragte Charlotte.

»Ungefähr fünf Jahre.«

»Und dann haben Sie in den zweieinhalb Jahren vorher nicht bemerkt, dass Frau Frieder Alkoholikerin war?«, fragte Charlotte ungläubig.

Frau Dreier räusperte sich unbehaglich. »Natürlich, Jutta hat immer viel getrunken, aber sie hat sich wenigstens nicht danebenbenommen. Und ... na also, mir ging es damals nicht so gut. Meine Ehe war gerade in die Brüche gegangen, und da haben wir uns öfter gesehen. Sie hatte ja auch Probleme mit Männern.«

»Und«, insistierte Charlotte, »was war nun konkret der Anlass, den Kontakt abzubrechen?«

Frau Dreier kniff die Lippen zusammen, entschied sich dann aber doch zu reden. »Sie hat sich an meinen Freund rangemacht!«, schoss es aus ihr heraus.

Charlotte verkniff sich ein Grinsen.

»Soso, und was ist aus der Geschichte geworden?«

»Was glauben Sie?«, giftete Frau Dreier. »Der Mann hat sich danach nicht mehr gemeldet. Bei mir nicht und bei Jutta schon gar nicht.«

»Woher wollen Sie das so genau wissen?«, fragte Charlotte.

Frau Dreier blickte sie an wie eine Lehrerin eine begriffsstutzige Schülerin. »Würden Sie sich noch mal melden, wenn Ihnen jemand im Suff den Anzug vollkotzt?«

Charlotte zuckte zusammen. Dieses Vokabular hatte sie von einer Matrone nicht erwartet.

»Oh«, sagte sie dann, »das ist unangenehm.«

»Was glauben Sie, wie unangenehm mir das Ganze war?«, schnaubte Frau Dreier. »Und so was will eine Freundin sein! Aber nicht mit mir. Das war das letzte Mal, dass ich mit ihr gesprochen habe.«

Charlotte nickte verständnisvoll, obwohl sie sich fragte, ob der Verehrer von Frau Dreier nicht doch andere Gründe gehabt hatte, sich aus dem Staub zu machen. Ihre zusammengepressten Lippen zum Beispiel oder ihre lieblosen Augen.

»Können Sie uns irgendwas über Frau Frieders Bekanntenkreis sagen? Hatte sie sonst noch eine Freundin?«

Die Matrone schüttelte den Kopf. »Ich weiß nur von ihrer Familie. Freunde hatte sie, soweit ich weiß, keine oder jedenfalls nicht viele. Höchstens ihre Arbeitskolleginnen, aber die meiste Zeit hat sie zu Hause vor der Glotze gesessen … und getrunken.«

Charlotte fragte sich langsam, was zum Kuckuck sie eigentlich hier tat. Das war doch eine Sackgasse. Sie erhob sich, legte ihre Karte auf den Tisch und wandte sich zum Gehen. Darauf schien Frau Dreier nur gewartet zu haben.

»Wissen Sie«, seufzte sie affektiert, »irgendwie hab ich mir ja gedacht, dass ihr mal so was zustoßen würde.«

Charlotte, die bereits auf dem Weg zur Wohnungstür war, blieb stehen und biss die Zähne zusammen. Das war ja hier wie in der Grundschule. »Herr Lehrer, ich weiß was!« Sie brachte ein Lächeln zustande und wandte sich wieder Frau Dreier zu, die hinter ihr stand.

»Wieso?«, presste sie hervor.

»Na ja, weil doch ihre Freundin vor zwanzig Jahren auch ermordet worden ist. Von ihrem eigenen Ehemann!«

Charlotte schnappte nach Luft.

»Warum haben Sie das nicht gleich gesagt?«, fragte sie bedrohlich leise.

Das schien der Matrone nicht zu gefallen. »Meine Güte, ich dachte, das wüssten Sie!«, empörte sie sich.

»Wann genau war das?«, fragte Charlotte scharf.

»Das weiß ich doch nicht! Bestimmt an die zwanzig Jahre her. Es war eine Freundin aus der Schule. Hatte Jutta mal erzählt, und der Kerl hätte lebenslänglich gekriegt.«

Charlotte zog ärgerlich die Stirn kraus. »Wissen Sie sonst noch etwas, das uns weiterhelfen könnte?«

»Natürlich nicht! Was fällt Ihnen ein? Das ist wirklich alles, was ich zu dem Thema Jutta Frieder zu sagen habe. Und jetzt gehen Sie bitte, ich will mit solchen Angelegenheiten nichts zu tun haben! Am Ende wird man noch selber umgebracht!«

Charlotte verkniff sich eine zustimmende Antwort und ließ Frau Dreier einfach stehen.

»Was für eine borniertе Wichtigtuerin!«, schimpfte Charlotte vor sich hin, kaum dass sie wieder auf der Straße stand. Eine Passantin warf ihr einen verdutzten Blick zu und beeilte sich dann, wegzukommen.

Dennoch. Wenigstens war der Besuch nicht umsonst gewesen, dachte sie. Endlich eine Spur. Sie tippte Bremers Nummer in ihr Handy.

»Thorsten!«, rief sie, als er sich meldete. »Tut mir leid, deinen Schönheitsschlaf zu stören, aber es gibt Arbeit.«

Charlotte bat Bremer, im Archiv nach dem betreffenden Mordfall zu suchen. »Gehen wir erst mal davon aus, dass es in Hannover oder wenigstens in der Umgebung passiert ist. Schau in den Papieren nach, auf welche Schule die Frieder gegangen ist ... Es muss eine Schulfreundin von ihr gewesen sein ... Ja, ich weiß, dass du das allein kannst.«

Charlotte steckte ihr Handy weg und fragte sich, warum Thorsten so schlechte Laune hatte. Dann fiel ihr ein, dass er und seine Frau ein Campingwochenende bei Thorstens Schwiegermutter an der Nordsee geplant hatten, zu dem seine Frau nun allein aufgebrochen war. Okay, sagte sie sich. Da wär ich auch schlecht gelaunt.

Bergheim, der unterdessen an seinem Computer im Büro in der Waterloostraße saß und seinen Posteingang kontrollierte, erhielt einen seltsamen Anruf auf seinem Handy. Der Anrufer war männlich – jedenfalls glaubte Bergheim das, denn er flüsterte nur: »Kümmern Sie sich um Tabea Wegener.«

Noch bevor Bergheim eine Frage stellen konnte, war das Gespräch weggedrückt. Er sah auf sein Display. Unbekannt. Was denn sonst, dachte er und schaltete sein Gerät aus.

»Das ist seltsam«, sagte er laut vor sich hin.

Tabea Wegener. Das muss Timons Schwester sein, dachte er und rief im Computer das Protokoll ihrer Befragung auf. Kramer hatte sich mit ihr unterhalten, und sie hatte absolut nichts zu sagen gehabt.

Sie hatte bei ihrer Freundin übernachtet, und als sie nach Hause gekommen war, hatten ihre Eltern ihr vom Verschwinden des Bruders berichtet. Sie kannte seine Freunde nicht – außer natürlich Eric Bach, der in der Kollenrodtstraße wohnte. Tabea hatte keinen Hehl daraus gemacht, dass sie sich von ihrem Bruder gegängelt fühlte und ihn zum Teufel wünschte.

Bergheim schürzte die Lippen. Das war immerhin interessant. Wieso hatte Kramer da nicht nachgehakt? Bergheim schaltete den Computer aus.

Der Sache sollte er auf den Grund gehen, und zwar gleich. Bis jetzt gab es keinen Hinweis, was mit Timon passiert war – wenn denn wirklich etwas passiert war. Bergheim griff nach seinem Schlüssel und fuhr zum Lister Kirchweg.

Es war halb zwölf, als Herr Wegener die Haustür öffnete und ihn mit großen Augen ansah. »Haben Sie ihn gefunden?«, fragte er leise.

Bergheim schüttelte den Kopf. »Darf ich reinkommen?«, fragte er und folgte Wegener, der nach seinen Worten in sich zusammengesunken war, ins Wohnzimmer. Frau Wegener, die in der Sofaecke saß, sprang sofort auf, als sie ihn sah.

»Was ...?« Als Bergheim mit Bedauern abwinkte, sank sie wieder in die Polster und bedeckte das Gesicht mit den Händen.

Bergheim räusperte sich. »Kann ich mal mit Ihrer Tochter sprechen?«, sagte er dann.

Frau Wegener blickte ihn mit geöffnetem Mund fragend an. »Tabea? Aber warum denn noch mal? Sie hat doch schon mit Ihrem Kollegen gesprochen, oder ...?« Sie blickte unsicher von ihrem Mann zu Bergheim. »Sie ist doch nicht in Gefahr?«, hauchte sie dann und wurde so blass, dass Bergheim Angst hatte, sie würde ohnmächtig.

»Nein, nein«, beeilte er sich, sie zu beruhigen. »Ich möchte mir nur selbst ein Bild machen. Ist sie da?«

»Ja«, sagte Wegener, »aber sie schläft noch.«

Als Bergheim schweigend wartete, machte er sich auf den Weg. »Dann werde ich sie mal wecken.«

Das junge Mädchen, das zehn Minuten später in Leggings und knielangem T-Shirt verschlafen das Wohnzimmer betrat, blickte Bergheim missbilligend an. Der seufzte innerlich und fragte sich, wieso er sich im Moment ständig mit Halbwüchsigen herumplagen musste.

Tabea war ein pausbäckiges Mädchen mit hübschen grauen Augen und blondiertem, langem Haar. Ihr eher kindliches Äußeres versuchte sie durch ein Lippenpiercing auszugleichen. Sie war offensichtlich geschminkt schlafen gegangen, denn die Wimperntusche war verschmiert, was ihr einen hilflosen Ausdruck verlieh. Bergheim fragte sich, wie es wohl sein mochte, eine Tochter zu haben.

Sie ließ sich in den einen der beiden Polstersessel fallen, zog die Beine an und umklammerte ihre Knie. »Was wollen Sie denn jetzt noch von mir? Als ob ich wüsste, wo Timon sich rumtreibt.«

Bergheim hatte sich gerade gefragt, warum sie ihm so bekannt vorkam. War sie ihm in der Schule besonders aufgefallen? Er wusste nicht recht, wie er seine Frage stellen sollte, ohne die Eltern in Aufruhr zu versetzen. Er setzte sich in den anderen Sessel, während Vater Wegener am Fenster stehen blieb und die Hände knetete und die Mutter unverändert in ihrer Sofaecke kauerte.

»Ich habe heute einen sehr merkwürdigen Anruf erhalten«, begann Bergheim. »Jemand hat mir geraten, mich um dich zu kümmern. Kannst du mir sagen, was derjenige damit gemeint haben könnte?«

Tabea Wegener musterte ihn aus zusammengekniffenen Augen.

»Keine Ahnung«, sagte sie und warf ihrem Vater einen kurzen Blick zu.

»Was soll denn das heißen?«, fragte der alarmiert. »Ist Tabea womöglich auch ...«

Er sprach nicht weiter. Bergheim faltete die Hände. »Ich hatte gehofft, Ihre Tochter könnte mir sagen, was damit gemeint sein könnte.« Dabei blickte er Tabea forschend an. »Verstehst du dich gut mit deinem Bruder?«

Tabea, die mit gesenktem Kopf in ihrem Sessel saß, betrachtete ihre Fingernägel.

»Er ist eine ziemliche Nervensäge.«

»Tabea, wie kannst du ...« Frau Wegener warf die Hände vor den Mund.

»Wie meinst du das?«, unterbrach sie Bergheim, der die Frau verwünschte.

Tabea verdrehte die Augen. »Meine Güte, er meint eben, er könnte mich rumkommandieren, nur weil er der Ältere ist.«

»In welcher Beziehung?«

»In jeder?«, erwiderte das Mädchen patzig.

Bergheim seufzte. »Du hast also keine Idee, was dieser Anruf zu bedeuten hat? Fühlst dich nicht bedroht oder beobachtet?«, fragte er.

»Nö«, sagte Tabea und stand auf. »War sonst noch was?«

Bergheim betrachtete sie einen Moment. Er war sich sicher, dass sie nicht alles sagte.

Dann wandte er sich an die Eltern. »Können Sie sich erklären, warum jemand bei einem Ermittlungsbeamten der Kripo Hannover anruft und darum bittet, dass man sich um Ihre Tochter kümmert?«

Herr Wegener zuckte mit den Achseln. »Nein, es sei denn, sie ist irgendwie in Gefahr. Oder ...« Er blickte verwirrt zu seiner Tochter, die gelangweilt im Türrahmen lehnte. »Oder du weißt irgendwie, was hier vor sich geht.«

Herr Wegener ging auf sie zu, aber das Mädchen schien wenig beeindruckt.

»Weißt du, wo Timon ist?«, fragte Wegener.

Seine Tochter blies ihre Wangen auf. »Phh. Wieso soll *ich* das denn wissen? Er ist doch *euer* Supersöhnchen.« Damit wandte sie sich ab und ging aus dem Zimmer. Wegener wollte ihr nachgehen, aber seine Frau hielt ihn zurück.

»Lass sie, du weißt doch, wie sie ist.«

»Eben«, brummte Wegener, »deswegen.« Dann wandte er sich an Bergheim. »Tabea ist im Moment ein bisschen schwierig.« Er rang hilflos die Hände. »Vielleicht ...«

»Schon gut«, sagte Bergheim und erhob sich. »Sie hören von uns.«

Er reichte Wegener die Hand, nickte seiner Frau zu und verließ die Wohnung.

Draußen auf dem Lister Kirchweg herrschte wie üblich dichter Verkehr. Bergheim stand am Straßenrand, steckte gedankenverloren die Hände in die Hosentaschen und ging zu seinem Wagen, der am Straßenrand parkte.

Eins war klar. Mit diesem Mädchen stimmte etwas nicht. Er würde eine Beamtin anfordern und sie beobachten lassen.

Eine knappe Stunde später betrat Bergheim sein Büro. Ostermann hatte wie üblich zunächst Einwände gegen die Observierung gehabt. Aber in diesem Fall – immerhin war eine Vierzehnjährige in Gefahr – hatte er sich nicht lange geziert. Die Presse würde ihn »in der Luft zerreißen«, wenn da irgendwas schiefging. So oder ähnlich hatte er sich ausgedrückt.

Charlotte, die gerade aus Sehnde zurückgekommen war, stand an ihrem Schreibtisch und fuhr den Computer hoch.

»Na, was Neues bei dir?«, fragte sie, als Bergheim sich setzte.

»Allerdings«, sagte Bergheim. »Ich hatte einen anonymen Hinweis. Soll mich um die Schwester des Jungen kümmern.«

»Ach«, sagte Charlotte. »Und weshalb?«

»Das wüsste ich auch gern. Die junge Dame wollte es mir jedenfalls nicht verraten. Aber ich bin sicher, sie hat einen Verdacht.«

In diesem Moment betrat ein mürrischer Thorsten Bremer das Büro. »Ich hab was gefunden. Kommt mit.«

Die beiden folgten ihm in sein Büro, wo Bremer sich umständlich auf seinem Stuhl niederließ. »Also, die Schulfreundin hieß Cornelia Herrmann und wurde vor siebzehn Jahren in ihrer Wohnung in Vahrenwald erwürgt. Eine Nachbarin hat sie am nächsten Morgen gefunden. Die vierjährige Tochter saß mit ihrem Kuschelhasen daneben und war danach schwer traumatisiert. Hat monatelang nicht mehr gesprochen. Der Ehemann, Walter Herrmann, wurde verurteilt und bekam lebenslänglich. So, und jetzt kommt das Beste.«

Er muss es immer spannend machen, dachte Charlotte, ließ Bremer aber gewähren und wartete geduldig, bis er sich herablassen würde, sie aufzuklären.

»Er ist draußen. Seit einem halben Jahr«, sagte er dann mit breitem Grinsen.

Das war allerdings spannend.

»Und jetzt passt mal auf!« Bremer ruckte ein bisschen auf seinem Mousepad herum, und eine Sekunde später blickten Bergheim und Charlotte in ein bekanntes Gesicht.

»Teufel auch«, entfuhr es Bergheim. »Das ist der Typ, der auf der Hochzeit war.«

»Na, wenn das nicht eine gute Nachricht ist!«, sagte Charlotte. »Dem Herrn werden wir dann mal einen Besuch abstatten. Kommst du mit?«, fragte sie mit einem Blick auf Bergheim. Der nickte. »Kann im Moment sowieso nichts weiter tun.«

»Du auch, Thorsten«, sagte Charlotte und war schon auf dem Weg nach draußen.

»Schon wieder? Was ist mit Hohstedt? Der liegt wahrscheinlich noch im Bett und schläft! Wieso muss der nicht?«, rief Bremer hinter ihr her.

Charlotte drehte sich um und lächelte. »Du hörst dich an wie ein Zehnjähriger. Wir haben keine Zeit, auf Hohstedt zu warten. Aber du hast was gut bei mir.«

»Ich hab schon 'ne Menge gut bei dir«, maulte Bremer, erhob sich aber. »Wenn der Typ eingebuchtet ist, fahr ich an die Nordsee, egal, was passiert.«

»Darfst du, darfst du«, murmelte Charlotte und tippte im Laufen Ostermanns Nummer in ihr Handy.

Walter Herrmann bewohnte eine kleine Wohnung in einem Mehrfamilienhaus an der Anderter Straße in Misburg. Die drei Beamten verschafften sich Zutritt zum zweiten Stock und postierten sich an der Wohnungstür.

Charlotte klingelte. Nichts rührte sich. Der ältere Mann aus dem ersten Stock, der ihnen die Haustür geöffnet hatte, kam neugierig die Treppe herauf.

»Wat wollen Se denn von dem? Ich hab doch gesagt, der is nich da. Den hab ich schon 'ne ganze Weile nich mehr hier gesehen.«

»Wissen Sie, wo er ist?«, fragte Charlotte.

Der Mann schüttelte den Kopf. »Nee, aber fragen Se mal unten im Erdgeschoss, der Kerl kennt 'n, glaub ich, näher. Müssen Se aber lange klingeln, der arbeitet immer nachts und schläft am Tach.«

Charlotte und Bergheim begaben sich ins Erdgeschoss, wo nach mehrmaligem Klingeln ein breitschultriger Hüne mit kurz geschorenem Haar die Tür öffnete und sie grimmig ansah.

»Wenn Sie jetzt keinen verdammt guten Grund haben, mich ausm Schlaf zu reißen ...« Weiter kam er nicht, denn Bergheim hatte bereits seinen Ausweis gezückt. »Kripo Hannover. Wir müssen dringend mit Herrn Herrmann sprechen. Wissen Sie, wo er ist?«

Das fleischige Gesicht des Hünen verfinsterte sich. »Bullen«, flüsterte er, »ihr glaubt doch nich, dass ich euch verraten würde, wo Walter ist. Selbst wenn ich's wüsste, würd ich's nich sagen!«

»Heißt das, Sie wissen es nicht?«, fragte Charlotte. »Oder sollen wir uns im Präsidium ein bisschen ausführlicher unterhalten?«

»O Mann, wie ihr Typen mich ankotzt!«, murrte der Mann, nahm einen Schlüssel von der Wand und drückte ihn Charlotte in die Hand. »Er wollte in Urlaub, hat er gesagt. Und bevor Se fragen: Wohin hat er nich gesagt. Und jetzt verpisst euch!« Damit schlug er die Tür zu.

Charlotte und Bergheim liefen wieder hinauf in den zweiten Stock, wo Bremer noch immer die Tür bewachte.

Charlotte schloss auf, und die drei betraten einen dunklen, engen Flur. Die Wohnung bestand aus einem Wohnschlafraum, einem winzigen Bad und einer kleinen Kochküche mit Spüle und Herd und einem schmalen Kühlschrank. In einem offenen Regal hinter der Tür standen ein Teller mit Besteck, ein Becher und ein Wasserkocher. Außer einer Packung Tee und einer Flasche billigem Whiskey gab es keine Lebensmittel. Der Kühlschrank war leer und stromlos.

»Tja«, sagte Bremer, »da hat sich jemand schon vor geraumer Zeit aus dem Staub gemacht.«

»Allerdings«, seufzte Charlotte, »ruf seinen Bewährungshelfer an. Wenn er sich nicht ordentlich abgemeldet hat, dann schreib ihn zur Fahndung aus.«

Bremer ließ die Schultern hängen. Charlotte beruhigte ihn. »Wenn die Fahndung läuft, kannst du von mir aus nach Cuxhaven zu deiner Liebsten fahren. Montagmittag musst du aber zurück sein.«

Bremer hatte keine Zeit, sich zu bedanken, er tippte bereits auf seinem Handy herum.

Bergheim hatte zwischenzeitlich Kramer von der Kriminaltechnik angerufen und ihm die Adresse durchgegeben. »Ja, ich weiß, dass Samstagnachmittag ist, aber das muss heute noch passieren«, sagte er dem protestierenden Kramer, der zu Hause mit Pinsel und Farbtopf vor seinem Gartenhäuschen stand, das seit dem Frühjahr auf einen neuen Anstrich wartete. »Und fordere zwei Beamte von der Schutzpolizei an. Die sollen die Nachbarn hier befragen.«

Charlotte und Bergheim sahen sich noch in der Wohnung um, während sie auf die Kriminaltechnik warteten. Es gab nur einen Schrank im Wohnzimmer, in dem Herrmann seine ganze Habe verstaut hatte. Bergheim blätterte ein paar Ordner mit Papieren durch, konnte aber auf die Schnelle nichts Verdächtiges entdecken.

»Ist wahrscheinlich sowieso sinnlos«, sagte er. »Wir werden hier nichts finden. Wenn er clever genug war, beizeiten abzuhauen, wird er nicht so dumm sein, Beweise zurückzulassen.«

»Ja«, sagte Charlotte. »Und wir können nichts anderes tun, als seine Akte durchzukauen und zu warten, bis wir ihn haben.«

»Nette Wochenendbeschäftigung«, sagte Bergheim. »Lass uns gehen. Ich brauch dringend was zu essen.«

Charlotte nickte, und Bergheim kramte sein Handy hervor. »Lass uns zur Lister Meile fahren. Ich rufe Jan an. Vielleicht hat er ja mal Lust auf ein warmes Essen.«

Zwanzig Minuten später – sie hatten einen Parkplatz an der Bödekerstraße ergattert – saßen sie vor der Pizzeria La Perla auf der Lister Meile.

Charlotte hatte Lasagne bestellt und Bergheim Spaghetti bolognese.

Sie warteten bereits eine Weile auf ihr Essen, als Jan langsam die Meile entlanggetrottet kam.

Charlotte lächelte, als sie ihn sah. Wie sehr er seinem Vater ähnelte. Er war groß und schlank, hatte ebenmäßige Gesichtszüge und einen wachen Blick.

Ihr Essen wurde serviert, als Jan sie entdeckte und lässig die Hand zum Gruße hob.

»Hallo, Leute«, knödelte er und warf sich auf den freien Stuhl.

Bergheim griff nach seinem Besteck. »Bestell dir, was du willst. Wir fangen schon mal an.«

»Eine Cola«, rief Jan dem Kellner hinterher und schnappte sich dann die Karte.

Die nächsten drei Minuten waren alle beschäftigt. Charlotte und Bergheim mit Essen, Jan damit, die Karte zu studieren. Dann konnte Charlotte sich nicht mehr zurückhalten.

»Wie geht's Vivian?«, fragte sie und legte für einen Moment das Messer weg.

Jan sah sie an, als wisse er nicht, von wem sie rede. Dann schien er sich zu erinnern. »Ach ja, die Bohnenstange. Stimmt. Die Mutter hat angerufen. Es geht ihr etwas besser. Ob ich sie mal besuchen könnte«, schnaubte er.

»Und?«, fragte Bergheim.

Jan sah seinen Vater erstaunt an. »Echt jetzt?«

»Warum nicht?«, fragte Bergheim, während er hingebungsvoll seine Spaghetti drehte.

»Keine Zeit«, sagte Jan und winkte dem Kellner. »Eine Pizza Salami ohne Käse!«, rief er und verursachte damit einiges Aufsehen.

»Keine Zeit«, wiederholte Bergheim. »Was hast du denn so Wichtiges zu tun, dass du nicht mal 'ne Stunde für das arme Mädchen erübrigen kannst?«

»Wieso armes Mädchen?«, fragte Jan und nahm einen Schluck von der Cola, die ihm der Kellner hingestellt hatte. »Wenn einer nicht essen will. Selber schuld.«

Ja, so einfach war das für Teenager, dachte Charlotte und schluckte energisch.

»Fragt sich bloß, warum sie nicht essen wollen«, sagte sie.

Jan blickte sie erstaunt an. »Blöde Frage. Weil sie nicht fett werden wollen, natürlich.«

»Und was ist das? Fett?«

»Na, fett halt«, sagte Jan. »Und Fette sehen ja wohl bescheuert aus, oder?«

»Und? Ist Vivian schlank genug? Was meinst du?«

»Tz«, wunderte sich Jan, »ist mir doch egal, wie die aussieht.«

»Klar«, erwiderte Charlotte. »Sag ihr das mal, vielleicht isst sie dann wieder.«

Jan tippte sich an die Stirn. »So bescheuert möchte ich mal sein. Nichts mehr zu essen.«

»Ist doch eigentlich verrückt«, sinnierte Charlotte, »keine Frau traut sich, ihre Fettpolster zu zeigen, bloß weil sich dann immer irgendein Lästerer findet. Dabei ist es doch ganz einfach. Wenn sich alle trauen, sie zu zeigen, fallen sie gar nicht mehr auf, die Fettpolster. Haben ja alle – mehr oder weniger.«

Bergheim legte belustigt die Gabel hin. »Da ist was dran. Du solltest unter die Philosophen gehen«, sagte er, umfasste ihren Nacken und küsste sie auf den Mund.

»Bin ich doch schon«, lachte sie und warf einen amüsierten Blick auf Jan, der sich über seine käselose Pizza hermachte, die ein säuerlich blickender Kellner gerade vor ihm abgestellt hatte.

»Kannst Vivian ja ein Stück mitbringen, wenn du sie besuchst«, sagte Bergheim und spülte seine Spaghetti mit einem Schluck Bier hinunter.

Jan hörte für einen Moment auf zu kauen und starrte seinen Vater ungläubig an.

»Das meinste aber jetzt nich ernst!«

»Doch«, sagte Bergheim.

»Seh ich so aus?«, sagte Jan schlicht und schob sich ein Riesenstück Pizza in den Mund.

Gegen halb sechs hatte Bergheim einen Termin mit Herrmanns Bewährungshelfer, der sich trotz der nach seinen Worten »unchristlichen Arbeitszeit« bereit erklärt hatte, Bergheim in seinem Büro zu empfangen. Es handele sich ja wohl um einen »Notfall«. Der Mann hieß Grass, hatte volles, lockiges Haar, das irgendwie nicht zu seiner kleinen und korpulenten Statur passte. Sein schmales Gesicht zierte eine überdimensionierte Hornbrille, die er ständig zurechtrückte. Bergheim fand ihn zu nervös für diesen Job.

Grass begrüßte ihn und führte ihn mit kleinen, trippelnden Schritten zu seinem Schreibtisch.

»Setzen Sie sich doch, Herr ... Bergmann«, sagte er und wies auf den Besucherstuhl.

»Bergheim«, korrigierte ihn Bergheim, setzte sich und wartete, bis Grass auf seinem Stuhl ihm gegenüber endlich die richtige Sitzposition gefunden hatte.

»Schön, dass Sie heute noch Zeit für mich haben. Ich wollte mit

Ihnen über Walter Herrmann sprechen«, begann er und wurde sofort unterbrochen.

»Ja ... ja, natürlich, ein ziemlich übler Fall, das. Und dass er jetzt abgehauen ist ... Nein, also, das ist doch nun wirklich das Dümmste, was er machen konnte. Hab ich immer wieder zu ihm gesagt, aber ...« Er hob die Hände in demonstrativer Verzweiflung. »Was soll man tun, wenn diese Menschen Argumenten nicht zugänglich sind?«

»Natürlich«, sagte Bergheim. »Erzählen Sie mir ein bisschen von ihm. Hatte er oft Besuch?«

Grass schüttelte vehement den Kopf. »Neiiin«, er neigte dazu, bestimmte Silben in die Länge zu ziehen, »... in den letzten sechs Jahren ist keine Menschenseele mehr gekommen. Davor hat ihn seine Mutter regelmäßig besucht.« Grass seufzte. »Arme, verhärmte Frau. Na ja, aber wie soll eine Frau schon aussehen, deren Sohn ein Mörder ist, nicht wahr. Sie hat bis zum Schluss zu ihm gehalten.«

»Wie meinen Sie das?«, fuhr Bergheim dazwischen.

Grass blickte verblüfft auf und ruckte am Bügel seiner Brille. »Na, er hat doch nie ein Geständnis abgelegt, hat immer behauptet, er wäre unschuldig, und seine Mutter hat ihm geglaubt. Natürlich ... eine Mutter glaubt ihren Kindern immer, dass sie unschuldig sind. Dabei ...«, Grass beugte sich über den Tisch und sah Bergheim verschwörerisch an, »... war er ein ganz schwieriger Mensch. Gaaanz schwierig.«

»Inwiefern?«

»Totaler Choleriker, hatte sich einfach nicht im Griff. Und obendrein rechthaberisch. Wollte auch immer seinen Willen durchsetzen. Am Anfang hatte er öfter mal Schwierigkeiten im Vollzug. Sie wissen schon – da treffen viele solcher Kaliber aufeinander, und dann geht's schon mal heiß her.«

»Hat er sich geprügelt?«

»Das auch.«

»Und was noch?«, fragte Bergheim.

»Na ja, er hat anfangs immer damit gedroht, dass, wenn er rauskommt, er wirklich ein paar Leute um die Ecke bringen will.«

»Hat er gesagt, wen?«

»Natürlich nicht! Ich bitte Sie! Ich glaube auch, das war nur eine leere Drohung. Er war immer ein ziemlicher wütender Mensch.«

»War?«

»Ja, in den letzten Jahren ist er ruhiger geworden. Ist ja wohl auch besser so, wenn man raus will aus dem Bau. Hat sich dann ziemlich zurückgehalten und ist nicht mehr aufgefallen.«

»Hat er die Bewährungsauflagen bisher eingehalten?«

Grass nickte so heftig, dass ihm beinahe die Brille aus dem Gesicht gefallen wäre. »Keine Beanstandungen, hat sich immer gemeldet. Hat nur bisher leider immer noch keinen Job. Wird wohl eine Umschulung machen müssen. Er ist nämlich gelernter Physiotherapeut, und die Leute gehen wohl nicht gern zu einem Physiotherapeuten, der seine Frau erwürgt hat, was?« Grass kicherte.

»Hm«, sagte Bergheim und rieb sich mit dem Zeigefinger den Nasenrücken. Er wusste nicht, ob er Grass die Frage stellen oder es besser lassen sollte. Er entschied sich dafür. »Glauben Sie, dass er's war?«

Grass' Reaktion bestätigte seine Befürchtungen. Der riss ungläubig die Augen auf und starrte Bergheim mit geöffnetem Mund an. »Ja ... glauben Sie denn etwa nicht? Ich meine ... immerhin ist er verurteilt worden und ...« Diese ungeheuerliche Frage erforderte ungewöhnliche Maßnahmen. Grass nahm die Brille ab und wirkte plötzlich ein Jahrzehnt jünger. »... also bei aller Liebe. Sie hätten den Herrmann mal erleeeben müssen, wenn er wütend war!«

Bergheim stand auf. »Schon gut, schon gut. Ich habe verstanden.« Er reichte Grass über den Tisch hinweg die Hand. »Vielen Dank für Ihre Hilfe.« Dann machte er sich schleunigst aus dem Staub.

Charlotte hatte Ostermann über die Fahndung unterrichtet, worüber der nicht besonders glücklich war. »Wie soll ich denn heute den Staatsanwalt erreichen?«, hatte er gemeckert, wobei das für ihn kein Problem war, da er mit Staatsanwalt Dr. Wender einen Gartenzaun teilte. Aber Ostermann hatte eine Vorliebe dafür, Schwierigkeiten zu konstruieren, wo es keine gab.

Nun saß sie mit Bergheim in ihrem Büro, wo die beiden die Akte Walter Herrmann studierten.

»Hier steht, er hat die Tat bis zum Schluss geleugnet. Er hätte seine Frau geliebt und hätte ihr nie ein Haar gekrümmt.«

»Ja«, erwiderte Bergheim, »und das war gelogen. Laut Aussage der Schwiegermutter hat er seine Frau geschlagen. Das deckt sich mit der Aussage von seinem Bewährungshelfer. Muss ein ziemlicher Choleriker gewesen sein, der Mann.«

»Die Schwiegermutter konnte ihn offensichtlich überhaupt nicht leiden. Sie war auch die Hauptbelastungszeugin. Hat ausgesagt, dass ihr Schwiegersohn ihrer Tochter damit gedroht habe, sie umzubringen, falls sie ihn verlässt. Das hatte allerdings außer ihr keiner gehört.«

»Na ja«, brummte Bergheim, »das reicht ja wohl auch. Ein notorisch eifersüchtiger, gewalttätiger Mann, der kein Alibi hat und zur Tatzeit am Tatort gesehen worden ist. Außerdem haben sie seine Fingerabdrücke an der Terrassentür ihrer Wohnung gefunden, obwohl Herrmann da eigentlich Hausverbot hatte. Wollte mit seiner Frau reden, wegen der Tochter. Sie hätten sich in den letzten Wochen auch wieder besser verstanden. Und dann wär er in der fraglichen Nacht durch die Gegend gelaufen, hat er ausgesagt. Ich bitte dich. Der hat sich das eingeredet. Die Ehe war bestimmt alles andere als rosig. Und die Frau war ja nicht umsonst abgehauen, mit dem damals noch kleinen Kind. So wie der Herrmann drauf war, ist er durchgedreht, wenn sie nicht wollte, wie er. Jedenfalls hat ihn der Bewährungshelfer so geschildert. Wobei ich mich schon wundere, dass er deeen noch nicht um die Ecke gebracht hat.«

Charlotte nahm einen Schluck von dem kalten Kaffee, den sie noch aus der Kanne gequetscht hatte. Es war nicht damit zu rechnen, dass am Samstagabend in der Direktion noch jemand für Kaffeenachschub sorgen würde.

»In der Akte stand weiter, dass Walter Herrmann mehrfach eine einstweilige Verfügung ignoriert hat, die ihm untersagt hat, sich seiner Frau zu nähern.«

»Tja, die Sache scheint ziemlich klar. Die Frau reicht die Scheidung ein, er denkt sich, wenn ich sie nicht kriege, kriegt sie auch kein anderer, und erwürgt sie. Möchte bloß wissen, warum er jetzt auch noch die Freundin seiner Frau umbringen musste«, sagte Bergheim und rieb sich die Augen.

Charlotte klappte die Akte Herrmann zu und streckte sich. »Ich frage mich bloß, wieso einer, der seine Strafe abgesessen hat, immer noch leugnet. Kann ihm doch dann ganz egal sein.«

»Hm«, sagte Bergheim und verschränkte die Arme vor der Brust.

»Die Menschen lügen sich schon mal gerne selbst was in die Tasche. Und wer soll es sonst gewesen sein? Ein Einbrecher jedenfalls nicht. Sie muss ihm selbst die Tür geöffnet haben.«

»Vielleicht hatte sie einen anderen Mann.«

»Den muss sie dann aber wie ein Staatsgeheimnis gehütet haben. Dafür gibt es nicht den kleinsten Hinweis.«

»Was war eigentlich mit dem Kind?«

Charlotte zuckte mit den Schultern. »Lisa wurde nicht dazu befragt. Stand unter Schock und hat erst ein halbes Jahr später wieder angefangen zu sprechen.«

Bergheim nickte. »Das hört sich für mich alles ziemlich plausibel an.«

»Ja, für mich auch«, sagte Charlotte, »hast du übrigens mit dem Gefängnisdirektor telefoniert?«

»Er weiß nichts, was nicht auch in der Akte steht, hat er gesagt.«

»Wir sollten einen Kollegen hinschicken, der sich mal mit Herrmanns Mitinsassen unterhält«, überlegte Charlotte.

»Was versprichst du dir davon?«, fragte Bergheim. »Als ob einer von denen den Mund aufmachen würde.«

»Wahrscheinlich nicht, aber versuchen sollten wir's trotzdem.«

Charlotte stand auf und schaltete den Computer aus. »Komm, wir gehen jetzt auf das Maschseefest und essen und trinken uns vom Nordufer bis zur Löwenbastion durch.«

»Und du meinst, das schaffst du?«, grinste Bergheim.

»Natürlich, wir machen zwischendurch Pause bei den Musikgruppen und tanzen, bis wir wieder Hunger haben.«

Sie machten sich zu Fuß auf den Weg und gönnten sich am Nordufer eine Portion Lachs mit Rösti an gegrillten Zucchini, mit je einem Glas Pinot Grigio. Dann schlenderten sie durch die Massen am Ufer des Sees entlang, ließen sich mitreißen von den Rhythmen der Bands, dem Duft nach Sommer, Bier und Grillwürstchen, dem Konglomerat aus rockiger Livemusik und schnulzigem Schlager und nicht zuletzt dem Geschnatter der Enten, die unermüdlich am Ufer entlangschwammen und darauf warteten, dass jemand sein Brötchen mit ihnen teilte.

Sie schafften es bis zum Pier 51, dann machten sie schlapp und nahmen sich ein Taxi, das sie in die Gretchenstraße brachte.

Es war kurz nach Mitternacht, als Bergheim die SMS erhielt. »Wir sollten uns treffen. Dringend. Bin noch eine Stunde im Acanto. Marlene.«

»Mist«, sagte Bergheim und bedeutete dem Taxifahrer zu warten. »Ich muss noch mal weg.«

Charlotte versuchte gerade, die Haustür zu öffnen, was ihr nach dem Genuss von drei Gläsern Pinot Grigio und zwei Calvados einige Schwierigkeiten bereitete.

»Das meinst du nicht ernst«, sagte sie müde, als die Tür aufsprang.

»Doch«, sagte Bergheim und drückte ihr einen Kuss auf den Mund. »Ich beeil mich.« Er sprang ins Taxi, und Sekunden später bog der Wagen bereits ab in die Bödekerstraße und nahm Kurs auf den Lister Platz.

Charlotte ließ die Tür hinter sich zufallen und beschloss, entgegen ihren Prinzipien, den Fahrstuhl nach oben zu nehmen.

Bergheim fragte sich unterdessen, was dieses junge Mädchen ihm wohl plötzlich zu sagen hatte. Die Bödekerstraße mit ihren wunderschönen Bauten aus der Gründerzeit war um diese Zeit schon relativ ruhig, sodass sie schnell vorankamen. Das Acanto war eine Diskothek an der Dragonerstraße, einer Fortsetzung des Lister Kirchwegs. Direkt nebenan residierte eins von Charlottes Lieblingsrestaurants, das Basil. Hier waren sie beide oft zu Gast.

Das Acanto war gut besucht, und Bergheim hatte Mühe, Marlene Krieger ausfindig zu machen. Am Ende fand sie ihn.

Er drehte sich abrupt um, als sich sachte eine Hand auf seine Schulter legte.

Meine Güte, diese Frau war wirklich eine Augenweide. Sie hatte sich weiße Bänder in ihr dunkles Haar geflochten, das sie offen trug. Sie lächelte und berührte mit den Lippen sein Ohr.

»Wir sollten ein bisschen spazieren gehen.«

Bergheim nickte nur und bahnte sich einen Weg durch die wogende Menge. Jeder Blick, den Bergheim auffing, galt der Frau, die ihm folgte.

Als sie auf dem Bürgersteig standen, musterte Bergheim sie. »Und, was haben Sie mir so Wichtiges zu sagen?«

Sie nahm seinen Arm. »Lassen Sie uns ein bisschen gehen.«

Bergheim ließ sie gewähren. Sie zitterte in ihrem weißen Spitzentop. Bergheim wartete und atmete ihren Duft ein. Es war doch Chanel.

»Mir ist kalt«, sagte sie plötzlich.

»Dann sollten wir lieber reingehen«, sagte Bergheim, der sich langsam fragte, was er hier tat.

Sie schüttelte energisch den Kopf. »Auf keinen Fall. Mein Begleiter ist schrecklich eifersüchtig.«

»Hat er Grund dazu?«, fragte Bergheim ungehalten und blieb stehen. »Vielleicht kommen wir endlich zur Sache. Was wollten Sie mir so Wichtiges sagen?«

Sie stand ihm direkt gegenüber, war kaum kleiner als er und fuhr mit dem Finger langsam seinen Hals und seine Brust hinab. »Ich wollte Sie wiedersehen«, sagte sie, legte die Arme um seinen Hals und schmiegte sich an ihn. »Und glauben Sie mir«, hauchte sie ihm ins Ohr, »es kommt nicht oft vor, dass ich einen Mann um ein Treffen bitte.«

Bergheim stand mit dem Rücken an der Hauswand, und sie presste ihr Becken gegen seins. Er schluckte. Du solltest schleunigst von hier verschwinden, warnte ihn eine innere Stimme, während sie seine Hand nahm und auf ihre Brust legte. Bergheim wurde langsam schwach. Sie roch so verdammt gut, und ihr Atem war so warm und so nah an seinem Ohr. Und außerdem war er nicht ganz nüchtern … Sie küsste seinen Hals, fand seinen Mund …

Dann klingelte sein Handy. Bergheim befand sich jäh wieder im Hier und Jetzt. Es war Cordula Mielke, die Beamtin, die Tabea Wegener observierte. Wieso war die noch unterwegs? Lag eine Vierzehnjährige nicht um diese Zeit im Bett?

Bergheim warf Marlene einen Blick zu, schob sie zur Seite und drehte ihr den Rücken zu.

»Was gibt's?«, fragte er ein bisschen unwirsch.

»Tut mir leid, wenn ich dich geweckt habe. Sie ist gerade nach Hause gekommen.«

»Jetzt?«, fragte Bergheim verblüfft.

»Ja, jetzt, scheint ein ziemliches Früchtchen zu sein. Hat sich um zehn aus dem Haus geschlichen und sich mit einem Typen getroffen. Ich hab ihn fotografiert. Schicke dir das Bild gleich aufs Handy.«

»Okay, tut mir leid, hätte nicht gedacht, dass es so lange dauern würde.«

»Hab was gut bei dir.«

»Hast du«, sagte Bergheim und legte auf.

Als Bergheim sich nach Marlene umdrehte, war sie verschwunden.

Sekunden später kam die SMS von Mielke. Der Mann, mit dem Tabea Wegener sich getroffen hatte, war Anton Sokolow.

NEUN

Es war eine Schande, dachte Dora Hermesmeier, als sie die vertrockneten Geranienblüten aussortierte. Manche Leute kümmerten sich einfach nicht um die Gräber ihrer Verwandten. Sie warf einen missbilligenden Blick auf die längst verdorrten Rosen, die auf dem Nachbargrab vor sich hingammelten. Konnte man die nicht mal austauschen? Oder war das zu viel verlangt? Aber natürlich, die jungen Leute hatten heute alles Mögliche zu tun, was sollte man sich da um die Toten scheren? Dora nahm ihre kleine Harke und befreite das Grab ihres verstorbenen Mannes Berthold sorgfältig von jedem Blütenblatt. Nicht dass er es verdient gehabt hätte, in einem ordentlichen Grab zu ruhen, nein, ganz gewiss nicht.

Ihr Berthold war zeitlebens eine richtige Schlampe gewesen. Immer wieder hatte sie ihm erklären müssen, dass man nicht mit Schuhen in die Küche ging. Ihr drittes Kind war er gewesen, die beiden anderen, ihr Sohn Hartwig und ihre Tochter Gudrun, hatten sich auch nie an diese Regel halten können. Und an die anderen auch nicht. Dora Hermesmeier seufzte tief. Und das war bis heute so geblieben. Mittlerweile hatten ihre Kinder selbst erwachsene Kinder, aber kümmerte sich irgendjemand um das Grab? Nein, natürlich nicht. Das überließ man ihr, Dora. Natürlich, sie war noch ziemlich rüstig für ihre sechsundachtzig Jahre, und sie war immer ziemlich gesund gewesen. Unwillkürlich musste sie lächeln. Darum hatte ihr Berthold sie immer beneidet, um ihre Beweglichkeit. Tja, er hätte eben nicht immer in der Kneipe sitzen sollen. Biertrinken, Rauchen und Rumsitzen verkürzten nun mal das Leben.

Sie sammelte die welken Blüten ein und erhob sich ächzend. Vielleicht sollte sie noch eine Kerze anzünden, dann sahen die Leute wenigstens, dass sich hier jemand kümmerte. Sie warf die verblühten Geranien in den Eimer und förderte aus ihrem Baumwollbeutel ein Grablicht zutage. Sie wollte es gerade in die dafür vorgesehene Laterne stellen, als sie den Mann wieder vorübergehen sah. Das ist doch unerhört, dachte sie. Wusste der Mann denn nicht, dass Hunde auf dem Friedhof nicht erlaubt waren? Sie holte schon Luft, um ihm hinterherzurufen, als ihr gerade noch rechtzeitig bewusst wurde, dass sie sich auf einem Friedhof befand, wo Schreien auch nicht gerade zum guten Benehmen gehörte. Außerdem war es noch sehr früh, gerade mal sechs. Die Stadt war noch ziemlich still. Aber das machte nichts. Jemand musste dem Herrn mal sagen, dass man hier nicht in Hundekacke herumwühlen wollte.

Sie ließ ihre Kerze fallen und machte sich, so schnell ihre dürren Beine sie trugen, an die Verfolgung, doch als sie in den nächsten Gang einbog, wurde sie abgelenkt. Da war ein frisches Grab ausgehoben. Nanu, davon wusste sie ja gar nichts. Dabei kannte sie die Familie, der die Grabstelle gehörte. Oder hatte die jetzt einen neuen Besitzer? Wahrscheinlich. Um die Pflege hatte sich ja weiß Gott schon die letzten Jahre kein Mensch mehr gekümmert. War völlig verwildert gewesen. Neugierig ging sie zum Grab. Vielleicht gab es ja einen neuen Grabstein. Doch Dora Hermesmeier kam nicht mehr dazu, sich den Grabstein genauer anzusehen. Sie stieß einen erstickten Schrei aus und taumelte vom Grab weg, was ein Glück war, sonst wäre sie hineingefallen, direkt auf die Leiche, die drin lag.

Die Melodie des rosaroten Panthers weckte Charlotte um Viertel vor acht. Anfangs ignorierte sie es. Was hatte sie mit dem rosaroten Panther zu tun? Aber er ließ nicht locker. »Wer hat an der Uhr gedreht ...?« Bergheims Arm schob sich langsam über ihre Schulter und wischte über ihr Nachttischchen. Das Handy fiel runter. Es war zu dieser Morgenstunde unerträglich laut. »Ist es wirklich schon so spät?«

»Aah« war das Einzige, das Bergheim sagen konnte, nachdem er – quer über Charlotte liegend – hektisch die passende Taste gesucht und gefunden hatte.

»Wie bitte?«, kam es dann schon etwas deutlicher. Bergheim setzte sich auf. Er wurde langsam wach. »Verstanden«, sagte er dann und drückte das Gespräch weg. Dann rüttelte er Charlotte, die wieder eingeschlafen war, wach. »Komm schon, wir müssen los.«

»Hm?«, fragte Charlotte, die widerwillig ein Auge öffnete.

»Eine Leiche«, sagte Bergheim, »auf dem Stadtfriedhof Engesohde.« Dann ging er ins Bad.

Charlotte zog die Stirn kraus. Hatte Bergheim gerade von einer Leiche auf dem Friedhof gesprochen? Sie fuhr sich mit der Hand über die Stirn. Sie hätte gestern nicht so viel trinken sollen. Und vor allem nicht so viel durcheinander. Sie wusste doch, dass sie das nicht vertrug. Langsam richtete sie sich auf. Der Schmerz hinter den Augen wurde schlimmer. Sie brauchte dringend ein Aspirin.

Das war auf nüchternen Magen zwar nicht das Beste, was sie sich antun konnte, aber wenigstens machte es den Kopfschmerz weg.

Bergheim betrat die Küche, als sie die Kaffeemaschine anwarf.

»Was sollte das vorhin mit der Leiche auf dem Friedhof?«, fragte sie ungehalten.

»Du hast schon richtig verstanden. Eine Leiche im offenen Grab, allerdings ohne Sarg.«

Charlotte starrte ihn an. »Du machst Witze.«

»Nein«, sagte Bergheim. »Ich kann aber allein gehen, du scheinst nicht auf der Höhe zu sein.«

»Musst du dich nicht um deinen Vermissten kümmern?«, wollte Charlotte wissen.

»Allerdings«, sagte Bergheim, »möchte mir heute unbedingt noch einen Typen vorknöpfen, der einen Streit mit unserem Vermissten hatte und sich obendrein gestern Abend mit dessen Schwester rumgetrieben hat.«

»Die, um die du dich kümmern sollst?«, fragte Charlotte und massierte mit kreisenden Bewegungen ihre Schläfen.

»Genau, aber zuerst die Leiche auf dem Friedhof«, sagte Bergheim und sah sie unsicher an. »Willst du nicht lieber hierbleiben? Du siehst irgendwie grün aus im Gesicht.«

»Das fehlte ja noch«, murmelte Charlotte und watschelte zum Bad. Als sie die Badezimmertür öffnete, drehte sie sich noch mal um. »Und vielen Dank für die Blumen!«

Eine halbe Stunde später waren sie auf dem Weg in die Südstadt. Es versprach ein Bilderbuchsonntag zu werden, und Charlotte hätte sich gern einen freien Tag – vielleicht am Steinhuder Meer – gegönnt, aber Mörder kümmerten sich eben nicht um den Wochenendanspruch anderer Leute.

Der Friedhof Engesohde war ein parkähnliches Fleckchen Erde

mit vielen wunderschönen Skulpturen. Charlotte ging mit Bergheim die teils gepflasterten stillen Wege entlang, warf hier und da einen Blick auf die kunstvollen Grabsteine und Mausoleen. Ein Großteil der hannoverschen Prominenz schien hier die letzte Ruhe gefunden zu haben.

Sie brauchten einige Minuten, um den Fundort zu erreichen. Schon von Weitem erkannten sie Wedel, der am Rand eines offenen Grabes stand. Das Sicherheitsband, das um das Grabloch gezogen war, war zerrissen und flatterte mit den losen Enden um seine schwarz behosten Beine. Drei Leute von der Spurensicherung suchten bereits das Erdreich in der Umgebung des Grabes ab, Kramer fotografierte.

Wedel grinste den beiden entgegen. »Wir haben wohl ein Dauerabo, was?«, sagte er und steckte die fleischigen Hände in seine Hosentaschen.

»Für was?«, fragte Charlotte und warf einen Blick auf die Leiche, die bäuchlings im Grab lag. Es war eine Frau in einem hellen, wadenlangen Jeanskleid. Sie war klein, rundlich, hatte kurze graue Haare. An ihrem Hinterkopf klaffte eine Platzwunde. Sie machte den Eindruck, als wäre sie aus dem Stand einfach umgefallen und liegen geblieben. Charlotte starrte auf die Leiche und dann Bergheim an. »Denkst du das Gleiche wie ich?«, fragte sie. Bergheim nickte nur.

»Für Wochenendleichen«, sagte Wedel und beantwortete damit Charlottes Frage.

»Wer hat sie gefunden?«, fragte Charlotte.

»Eine alte Dame, ziemlich rüstig.« Wedel schmunzelte. »Das Ganze war aber wohl doch ein bisschen viel für sie. Ich hab sie vorsichtshalber in die MHH bringen lassen. Ein älterer Herr hat die Polizei gerufen. Kollege Kramer hat mit ihm gesprochen.«

Charlotte fand das erstaunlich. »Meine Güte, ich hab wirklich schon die unmöglichsten Tatorte gesehen, aber ein Friedhof ist mir noch nicht untergekommen.«

Wedel wunderte sich über nichts. »Ein Friedhof ist genauso gut oder schlecht für einen Mord geeignet wie jeder andere Platz. Zu bestimmten Zeiten ist es hier ziemlich einsam.«

In diesem Moment erschallte Paulchen Panther, und Charlotte

schrak zusammen. Wedel kicherte, während Charlotte hastig ihr Handy aus der Jackentasche fummelte. Es war ihr Vater, der seinen Besuch ankündigte.

»Papa«, sagte Charlotte und drehte sich weg. »Ich hab überhaupt keine Zeit und kann jetzt nicht reden. Ich ruf nachher an.« Dann sah sie Bergheim vorwurfsvoll an. »Wer hat meinen Klingelton geändert?«

Bergheim, der einen bestimmten Verdacht hatte, hüllte sich vorsichtshalber in Schweigen.

»Also Herrschaften«, unterbrach sie Wedel, »können wir die Dame jetzt rausholen, oder was?«

»Ja, machen Sie schon«, sagte Charlotte genervt. Sie wollte endlich wissen, ob sie mit ihrer Vermutung recht hatte.

Zwanzig Minuten später waren Bergheim und Charlotte auf der Brühlstraße Richtung Nordstadt unterwegs, um mit Dr. Hofholt zu sprechen.

»Ob er was damit zu tun hat?«, fragte Bergheim.

»Ich halte es zumindest nicht für ausgeschlossen«, sagte Charlotte.

Bergheim verzog zweifelnd den Mund. »Ich weiß nicht recht. Wenn der seine Frau aus dem Weg räumen will, stellt er das doch bestimmt nicht so ungeschickt an.«

»Was ist denn in deinen Augen geschickt?«, wollte Charlotte wissen.

»Na ja, er wird dafür sorgen, dass man sie nicht sofort findet.«

»Wieso?«

»Was meinst du mit wieso? Würdest du nicht dafür sorgen, dass deine Frau auf Nimmerwiedersehen verschwindet, wenn du sie schon umbringst?«

»Normalerweise schon. Aber vielleicht hat man nicht immer die Gelegenheit, es so einzurichten.«

Bergheim klopfte mit dem Daumen auf das Lenkrad. »Trotzdem, das hier ist zu … offensichtlich.«

Charlotte sah ihn fragend an. »Du lässt dich doch nicht von seinem Titel beeindrucken?«

»Nein«, sagte Bergheim ernst, »nicht von seinem Titel. Ich halte ihn aber nicht für dumm.«

»Das tue ich auch nicht«, sagte Charlotte, als sie in der Hahnenstraße parkten.

Dr. Hofholt ließ sie nur ungern hinaufkommen. Er erwartete sie mit verschränkten Armen und starrem Blick vor seiner Wohnungstür. Seine Hose und das weiße Hemd waren so zerknittert, als hätte er darin geschlafen.

Er führte sie wieder in sein Büro, wo er sich auf seinen Schreibtischstuhl fallen ließ und die beiden Beamten aus zusammengekniffenen, blutunterlaufenen Augen musterte. Er schien eine anstrengende Nacht gehabt zu haben.

Bergheim und Charlotte setzten sich unaufgefordert auf die beiden Besucherstühle.

»Also«, ergriff Hofholt das Wort, »was wollen Sie denn noch?«

Bergheim räusperte sich. »Es tut uns leid, aber Ihre Frau wurde heute Morgen tot aufgefunden.«

Hofholt starrte zuerst Bergheim, dann Charlotte an. »Was reden Sie denn da?«

Die beiden Beamten schwiegen und warteten. Der Mann hatte sie bestimmt verstanden.

Hofholt ließ die Arme sinken und schluckte. »Sind Sie sicher, dass es sich um meine Frau handelt?«

Bergheim nickte, und Hofholts Augenlider zuckten. Charlotte war sich nicht sicher, ob der Mann wirklich überrascht war oder einfach nur ein erstklassiger Schauspieler.

Hofholt ließ sich in seinem Stuhl zurückfallen. »Und was ist passiert? Hatte sie einen Unfall?«

»Sie wurde ermordet«, sagte Charlotte.

Hofholt sprang auf. »Was soll das heißen?«, rief er.

»Das soll heißen«, erwiderte Bergheim, »dass Ihre Frau wahrscheinlich erschlagen wurde.«

Hofholt starrte Bergheim an und ließ sich langsam wieder in seinen Stuhl sinken. »Aber ...«

»Aber was?«, hakte Charlotte nach.

Hofholt schwieg.

»Wann haben Sie Ihre Frau zuletzt gesehen?«, fragte Bergheim.

»Ich ... gestern Nachmittag. Sie wollte weg.«

»Wann wollte sie zurückkommen?«, fragte Charlotte.

Hofholt senkte den Kopf. »Sie ... wir hatten uns gestritten. Sie wollte eine Weile ... für sich sein.« Der Mann wich Charlottes Blick aus.

»Worüber haben Sie sich gestritten?«

Jetzt wurde Hofholt ungeduldig. »Es war immer das Gleiche. Sie war krankhaft eifersüchtig«, sagte er und trommelte mit den Fingern auf seiner Schreibtischunterlage herum. Er ließ sich entweder Zeit mit seiner Trauer, oder er empfand einfach keine.

»Mit krankhaft wollen Sie sagen, dass sie eigentlich keinen Grund zur Eifersucht hatte?«

»Genau«, sagte Hofholt bestimmt, aber Charlotte war sein unruhiger Blick nicht entgangen. Sie war sicher, dass er log.

Hofholt blickte einen Moment gedankenverloren aus dem Fenster auf die Dächer der Stadt.

»Wo ist es passiert?«

»Auf dem Friedhof Engesohde«, sagte Charlotte.

Hofholt riss erstaunt die Augen auf. »Auf dem Friedhof? Also ist sie überfallen worden?«

Charlotte überhörte die Frage. »Haben Sie eine Grabstätte auf dem Friedhof Engesohde?«, wollte sie stattdessen wissen.

Hofholt nickte. »Ja, meine Eltern liegen dort begraben und ihre auch.«

»Ging Ihre Frau oft auf den Friedhof?«

Hofholt dachte einen Moment nach. »Was heißt oft? Sie ging ab und zu hin, vielleicht einmal die Woche. Sie hat sehr an ihrem Vater gehangen.«

»Haben Sie eine Vorstellung davon, was dort passiert sein könnte? Hatte Ihre Frau Feinde? Vielleicht hat ihr ja jemand aufgelauert«, sagte Bergheim.

»Nein«, sagte Hofholt. »Feinde hatte sie nicht. Nicht dass ich wüsste, jedenfalls.«

»Wohin wollte Ihre Frau?«

Hofholt bedeckte sein Gesicht mit den Händen und schluchzte verhalten. »Sie hat ein paar Sachen mitgenommen und ist gegangen. Mehr weiß ich nicht. Und jetzt gehen Sie endlich. Ich habe keine Ahnung, was da passiert ist.«

Charlotte warf Bergheim einen Blick zu, und sie erhoben sich.

Hofholt machte keine Anstalten, die beiden hinauszubegleiten. Auf dem Weg zur Tür drehte Bergheim sich noch mal um.

»Ach ja, wenn Sie uns noch sagen können, wo Sie gestern Abend zwischen zwanzig und zweiundzwanzig Uhr waren.«

Hofholt nahm die Hände vom Gesicht und starrte die beiden mit unverhohlener Abneigung an.

»Wenn Sie meinen, ich hätte meine Frau umgebracht, sind Sie gewaltig auf dem Holzweg. Ich habe sie geliebt!«

Bergheim und Charlotte nahmen diese Aussage schweigend zur Kenntnis und warteten auf die Beantwortung der Frage.

»Ich war hier und hab gearbeitet!« Hofholt schrie jetzt. Seine Nerven schienen ihm langsam den Dienst zu versagen. »Reicht Ihnen das?«

»Gibt's dafür Zeugen?«, fragte Bergheim ruhig.

»Nein, verdammt! Und jetzt machen Sie endlich, dass Sie rauskommen!«

Bergheim und Charlotte beschlossen, im Courtyard Hotel am Maschsee zu Mittag zu essen, und hatten das Glück, einen freien Tisch auf der Sonnenterrasse zu ergattern. Nachdem sie bestellt hatten, versuchte Charlotte, Ostermann anzurufen, aber der war nicht zu erreichen. Es war ja auch Sonntag. Dann telefonierte sie kurz mit Wedel, der die Obduktion für den späten Montagvormittag angesetzt hatte.

Bergheim versuchte zum wiederholten Mal, Sokolow per Handy zu erreichen. Erfolglos. »Verdammt«, sagte er. »Warum stellen diese Typen immer ihre Handys aus?«

»Weil sie am Sonntag um diese Zeit noch schlafen?«, sagte Charlotte.

»Schlafen? Was ist das?«, seufzte Bergheim und steckte sein Notizbuch in die Innentasche seines Sakkos. »Er hat eine Wohnung an der Podbi. Frage mich wirklich, wie er sich das leisten kann. Irgendwas stimmt mit diesen Schülern nicht«, murmelte er gedankenverloren, »aber ich komm ihnen schon drauf. Werde dem Herrn anschließend einen Besuch abstatten.«

Der Kellner brachte ihnen ihre Getränke, und sie ließen sich einen Moment von dem herrlichen Sommertag verwöhnen. Das Maschseeufer war gesäumt von Menschentrauben, die sich zwischen den Getränke- und Imbissständen und den jetzt leeren Bühnen tummelten. Die Sonne glitzerte auf dem Wasser, und eine schwache Brise ließ die wenigen Segelboote auf dem See friedlich vor sich hin dümpeln.

»Kein Segelwetter heute«, sagte ein teuer gekleideter Mann mit grauen Schläfen und vollem Haar am Nebentisch. Bergheim nickte lächelnd. Ein schwacher Trost für den verpatzten Sonntag. Bergheim segelte für sein Leben gern.

»Also«, sagte Charlotte leise, »lügt er?«

Bergheim nahm einen Schluck Bier und setzte seine Sonnenbrille auf. Er hatte keine Lust auf die anzüglichen Blicke, die ihm sein Veilchen immer noch eintrug. »Ich denke, er hat gelogen, als er sagte, seine Frau habe keinen Grund zur Eifersucht gehabt.«

Charlotte nickte. »Ja, das glaube ich auch. Und von Trauer keine Spur.«

»Nein, aber das muss nichts heißen. Kann auch besonders clever sein, nicht zu heucheln.«

Charlotte legte die Hand über die Augen und beobachtete eine Gruppe Enten, die sich nahe der Steintreppe, die mit wenigen Stufen zum Wasser führte, um einige Brotkrumen zankte und dabei ziemlich viel Wasser verspritzte.

»Wedel sagt, sie ist zwischen acht und zehn gestern Abend gestorben, und ihren Mann hat sie am Nachmittag verlassen. Jedenfalls sagt er das. Was hat sie die ganze Zeit gemacht?«, sinnierte Charlotte.

»Womöglich ist sie zu ihrem Sohn oder ihrer Schwester gefahren«, sagte Bergheim.

»Das werden wir bald wissen.«

Der Kellner brachte ihnen das Essen, Charlotte hatte sich für Gemüselasagne entschieden, Bergheim für Ofenkoteletts mit Pilzen.

Charlotte wollte gerade zu ihrem Besteck greifen, als der rosarote Panther sich meldete. Hastig kramte sie ihr Handy hervor. Ihren Vater hatte sie ganz vergessen. »Papa«, sagte sie leise und horchte eine Weile. »Entschuldigung, ich weiß, wie schön der Zoo ist, aber wir waren doch erst letzte Woche da!«

Sie warf Bergheim einen genervten Blick zu, aber der war bereits mit seinen Koteletts beschäftigt. »Ihr kommt doch auch ohne uns zurecht ... Ja, nächstes Mal klappt's hoffentlich wieder. Wie geht's Mama? ... Nein, ich will nicht mit ihr sprechen. Grüß sie schön, ich melde mich, sobald wir hier wieder Luft haben.«

Sie schaltete ihr Handy aus und warf Bergheim einen misstrauischen Blick zu.

»War das Jan?«, fragte sie.

»Wahrscheinlich.«

»Wusste ich's doch«, sagte Charlotte und tippte auf dem Handy herum, um ihren langweiligen Summton wieder einzustellen. »Wie kommt der Bengel dazu? Das ist doch peinlich.«

»Ich find's eher lustig«, sagte Bergheim und säbelte ein Stück von seinem Kotelett ab. »Du warst gestern Abend ziemlich gut gelaunt, das hat ihn wohl übermütig gemacht.«

»Na warte«, murmelte Charlotte, »das zahl ich ihm heim.« Irgendwie musste dem Bengel doch beizukommen sein. In der Messerschlacht hatte sie eine Niederlage einstecken müssen, aber der Krieg war noch nicht zu Ende.

Nach dem Essen brachte Charlotte Bergheim zur Podbi und fuhr anschließend zur Hindenburgstraße, um mit Gesine Hofholts Schwester und ihrem Mann zu sprechen. Kramer hatte sich inzwischen gemeldet. Sie hatten das Auto von Frau Hofholt, einen Renault Clio, an der Hildesheimer Straße gefunden und sichergestellt. Außerdem hatte ein Hundeführer ihre Handtasche in einem Gebüsch gefunden. Die Tasche enthielt außer den Autoschlüsseln, einer Geldbörse mit dreißig Euro, einer Tüte Pfefferminzbonbons, diversen Kosmetikartikeln und ein paar Kugelschreibern noch ein paar Fotos von der Hochzeit ihres Sohnes. Charlotte fragte sich, wie Hofholt seinem Sohn den Tod seiner Mutter beigebracht hatte.

Bergheim erklomm die Stufen zum vierten Stock eines Wohnhauses in der Nähe des Pelikangeländes.

Die Treppe war schmal und das Treppenhaus eng und dunkel. Es roch nach Farbe.

Anton Sokolow lehnte mit unergründlichem Lächeln lässig im

Türrahmen. Er trug Jeans und ein T-Shirt. Seinen linken Oberarm zierte ein Tattoo. Bergheim versuchte zu erkennen, was es darstellte. Es sah aus wie ein Dolch, der eine Ratte aufspießte.

»Hätte nicht gedacht, dass die Bullen am Sonntag arbeiten«, sagte Sokolow und ließ Bergheim eintreten.

Der Geruch von kaltem Rauch schlug Bergheim entgegen. Die Wohnung bestand aus einem Raum mit angrenzender Kochnische und einem Bad. Der Wohnraum war gleichzeitig Schlafzimmer. Vor einem Flachbildfernseher stand ein großes Sofa, das wohl auch als Bett diente. Auf einem quadratischen Tisch standen zwei leere Flaschen Bier und ein von Kippen überquellender Aschenbecher. An der Wand stand ein Ikea-Kleiderschrank, sonst war die Wohnung leer.

Sokolow warf sich auf das Sofa und sah Bergheim neugierig an. Der blickte sich um, fand außer dem wenig einladenden Bett keine Sitzgelegenheit und lehnte sich an den Kleiderschrank.

»Wer bezahlt das alles?«, fragte er und machte eine vage Handbewegung.

»Na, was glauben Sie«, sagte Sokolow und steckte sich eine Zigarette an, »ich selbst.«

»Wie können Sie sich das leisten? Ich denke, Sie sind Schüler.«

Sokolow blies eine Rauchwolke in Bergheims Richtung. »Ich geh arbeiten. Was dagegen?«

»Und was arbeiten Sie?«, fragte Bergheim.

»Fahre Taxi.«

»Bei welchem Unternehmen?«

Sokolow inhalierte tief, holte dann sein Portemonnaie aus der Gesäßtasche und reichte Bergheim die Karte des Taxiunternehmens. Der steckte sie wortlos ein.

»Was haben Sie mit Tabea Wegener zu tun?«, fragte er dann und verschränkte die Arme.

»Wie kommen Sie darauf, dass ich was mit ihr zu tun habe?«, fragte Sokolow.

»Beantworten Sie die Frage.«

Sokolow zuckte mit den Schultern, nahm sein Handy vom Tisch und tippte darauf herum. »Die Kleine himmelt mich an. Was kann ich dafür?«

Bergheim musterte ihn. »Sie wissen natürlich, dass sie minderjährig ist.«

»Und?«, sagte Sokolow, ohne den Blick von seinem Handy zu nehmen. »Was geht mich das an?«

»Schon mal was davon gehört, dass Verführung Minderjähriger eine Straftat ist?«

Sokolow seufzte und legte endlich sein Handy weg.

Bergheim beugte sich vor, legte seine Hände auf den kleinen Tisch und fegte dabei den vollen Aschenbecher auf den fleckigen Teppichboden.

»Was halten Sie von einer Vorladung?«, fragte er dann leise. In diesem Moment klingelte Bergheims Handy. Er fluchte innerlich. Eine heisere Stimme meldete sich. »Ruf mal deine SMS auf« war alles, was Bergheim verstand, dann war das Gespräch weg. Er rief den SMS-Eingang auf und starrte im nächsten Moment auf ein Foto, das ihn und Marlene Krieger in eindeutiger Position zeigte.

Er blickte in Sokolows arrogantes Gesicht, und langsam dämmerte es ihm. Sie hatten ihm eine Falle gestellt. Und er war hineingetappt wie ein Anfänger. Aber so leicht würde er es diesem miesen Gauner nicht machen. Denn dass er ein Gauner war, stand für Bergheim fest. Er machte das Handy aus, steckte es weg und setzte ein gefährliches Lächeln auf.

»Schönes Bild«, sagte er ruhig, »was versprechen Sie sich davon?«

Sokolow hob die Augenbrauen. »Nun, mit der passenden Aussage von Marlene kann es Sie Ihren Job kosten.« Er grinste breit. »Von wegen Amtsmissbrauch und so. Sie wissen schon. Und Ihre Freundin wird wohl auch nicht gerade begeistert sein.«

Bergheim überlegte eine Weile.

»Warum der Aufwand?«, fragte er dann.

»Sagen wir ...«, Sokolow schien nach den richtigen Worten zu suchen, »wir möchten in Ruhe gelassen werden.«

Plötzlich schoss Bergheims Rechte vor, packte Sokolow am Kragen und zog ihn über den Tisch.

»Sie hören von mir«, zischte er ihm ins Ohr. Dann warf er ihn zurück aufs Sofa und verließ die Wohnung.

Als er wieder auf der Straße stand, schnappte er nach Luft.

Mist! Dieser Scheißkerl hatte recht. Wusste der Himmel, was Marlene Krieger aus dieser Situation machen würde. Aber sein Job war nicht seine Hauptsorge. Er fragte sich vielmehr, wie er das Charlotte beibringen sollte. Sie war in dieser Beziehung verdammt misstrauisch.

Charlotte hatte an der Hindenburgstraße keinen Erfolg gehabt. Was trieben diese Leute bloß andauernd? Frustriert stieg sie wieder ins Auto. Wenn ich schon mal unterwegs bin, kann ich auch noch mal im Büro vorbeifahren und den Papierberg etwas abtragen. Aber nicht länger als eine Stunde, nahm sie sich vor. Schließlich hatte man auch noch so was wie ein Privatleben. Sie steuerte den Schiffgraben entlang zum Aegidientorplatz und bog dann rechts ab in den Friedrichswall. Eigentlich schade. Sie hätte wirklich Lust gehabt, wieder mit ihren Eltern und Rüdiger in den Zoo zu gehen. Der Gorillaberg hatte es ihr besonders angetan. Sie konnte sehr lange dort ausharren und den riesigen Affen zusehen, wie sie gemächlich fraßen, im Fell eines Artgenossen nach Flöhen suchten oder mit unergründlichem Blick die Zoobesucher anstarrten und dabei immer traurig guckten. Charlotte fragte sich manchmal, ob diese Tiere glücklich waren, ob sie überhaupt wussten, dass es so was wie Glücklichsein gab. Sie seufzte. Blödsinn, sagte sie sich. Tiere sind zufrieden, wenn sie satt sind und sich fortpflanzen können.

So einfach war das.

Sie parkte am Waterlooplatz und ging die paar Schritte zu Fuß zur KFI 1. Der Himmel hatte sich zugezogen. Es wehte kein Lüftchen. Daraus würde sich ein handfestes Gewitter entwickeln. Fünf Minuten später saß Charlotte an ihrem Schreibtisch und fuhr den Computer hoch.

Bergheim hatte sich zu Fuß Richtung Waterlooplatz aufgemacht. Das war ein strammer Marsch, aber er brauchte die Bewegung und die frische Luft, um nachzudenken. Er hatte nicht die Absicht, sich von irgendjemandem erpressen zu lassen, schon gar nicht von diesem Rotzlöffel – egal, was passierte. Er überlegte, wie er es anfangen sollte, das Ganze Charlotte beizubringen. Sie war – was untreue Männer anging – ein gebranntes Kind. Er war sich nicht sicher, wie sie reagieren würde, wenn er ihr das Foto zeigte. Und dass er es ihr zeigen würde, stand außer Frage.

Er marschierte quer durch die Eilenriede und hatte nach einer guten halben Stunde den Emmichplatz erreicht. Was seine berufliche Laufbahn anbelangte, so wusste er nicht mal, ob es ihn wirklich glücklich machte, was er tat. Natürlich, er war einer von den Guten, das war ein gutes Gefühl, aber er hatte immer Probleme mit dem gehabt, was grausame Menschen anderen antaten.

Schon mehr als einmal hatte er sich gefragt, ob er wirklich so weitermachen wollte, bis zur Pensionierung oder bis ihn einer von den Bösen ins Jenseits beförderte. Da konnte ihm dieser Rotzlöffel also nicht besonders wehtun. Außerdem war es nicht so einfach, einen verdienten Polizisten zu diskreditieren. Da musste sich die Dame schon eine verdammt glaubwürdige Geschichte zu dem Bild einfallen lassen. Ihr gutes Aussehen war ihr größter Fürsprecher. Und dass seine Laufbahn nicht ganz ohne Fehl und Tadel war.

Es lag zwar schon einige Jahre zurück, aber als er in Hildesheim eine Anweisung missachtet und eigenmächtig in das Haus eines unbedarften Bürgers – jedenfalls hatte sein damaliger Chef diesen Menschen so bezeichnet – eingedrungen war, hätte ihm das beinahe ein Disziplinarverfahren eingebracht. Na ja, leider war dieser Mensch bei der Aktion um sein missratenes Leben gekommen. Er hatte ihn in Notwehr erschießen müssen. Nur die Tatsache, dass der Kerl seine Frau seit Monaten im Keller gefangen gehalten und misshandelt hatte und sie halb tot befreit werden konnte, hatte ihn gerettet. Sein Chef hatte es ihm allerdings nie verziehen, dass er recht behalten hatte, also hatte er um seine Versetzung gebeten und war in Hannover bei der KFI 1 gelandet, der Kriminalfachinspektion 1, zuständig für Tötungsdelikte und vermisste Personen.

Er lächelte, wenn er daran dachte, wie ruppig ihm Charlotte anfangs gegenübergetreten war. Aber das Schicksal – oder was auch immer – hatte es so gewollt, dass er auch ihr das Leben retten konnte, und so hatten sie sich gefunden. Er war von Anfang an hingerissen gewesen von dieser Frau. Er marschierte den Friedrichswall entlang Richtung Waterlooplatz und wappnete sich innerlich. Bestimmt war Charlotte im Büro.

Zehn Minuten später saß er seiner Freundin und Kollegin gegenüber, und – er musste es sich eingestehen – er hatte Schiss. Aber hatte er eine Wahl? Nein. Wenn sie dieses Foto von jemand anderem als ihm gezeigt bekam, hatte er keine Chance. Er betrachtete sie, wie sie konzentriert auf ihren Bildschirm starrte. Er liebte einfach alles an ihr. Die dunklen, vollen Haare, die sich bei feuchtem Wetter kringelten – worüber Charlotte sich unbegreiflicherweise immer schrecklich aufregte –, ihre klaren blauen Augen, denen kein Detail entging. Ein paar kleine Falten um die Augen bemerkte er heute zum ersten Mal. Lachfalten. Ja, er wollte unbedingt mit ihr alt werden. Eine gescheiterte Ehe reichte ihm.

»Was starrst du mich so an?«, fragte Charlotte plötzlich. »Gefällt dir etwa nicht, was du siehst?«

Oh doch, dachte er, schwieg aber. Sie sah ihn misstrauisch an.

Endlich fasste er sich ein Herz. »Ich muss dir was zeigen.«

»Ah ja?«

Er kramte sein Handy aus der Hosentasche. »Du weißt doch noch, dass ich gestern Abend eine SMS bekommen habe und noch mal weggefahren bin.«

Charlotte kniff die Augen zusammen. »Jaaa«, sagte sie lauernd.

»Also, die SMS kam von einer jungen Frau, die möglicherweise mit dem Verschwinden von Timon Wegener zu tun hat. Sie hat es sehr dringend gemacht, deswegen bin ich hingefahren.« Er drückte auf seinem Handy herum. »Was ich nicht wusste, war, dass die Dame offenbar mit ein paar zwielichtigen Gestalten unter einer Decke steckt, die mich in eine Falle gelockt haben. Und das«, er legte ihr das Handy hin, »ist dabei rausgekommen.«

Charlotte nahm neugierig das Handy und betrachtete das Bild, auf dem der Mann, den sie liebte, die Brust einer anderen betatschte und sie dabei küsste.

Sie schluckte und sah ihn an.

»Das sieht aber nicht so aus, als würde sie dich vergewaltigen«, sagte sie, um einen ruhigen Ton bemüht.

Er nickte. »Ich weiß, das macht die Sache ja so brenzlig.«

Charlotte lehnte sich zurück. »Was soll ich dazu sagen?«

Er zuckte mit den Schultern. »Entweder du glaubst mir, dass es ein abgekartetes Spiel war, oder eben nicht.«

»Ja, das ist wohl so.« Sie besah sich erneut das Bild, schob ihm dann das Handy wieder zu und musterte ihn mit gerunzelter Stirn. Sie sagte nichts. Bergheim auch nicht. Ihm fiel nichts mehr ein. Charlotte wandte sich wieder ihrem Bildschirm zu. »Kannst du mich jetzt in Ruhe lassen. Du lenkst mich nur ab, und ich will diesen Bericht auf jeden Fall heute noch abhaken.«

Bergheim fragte sich, ob ihm diese Wortwahl etwas sagen sollte. Er zögerte einen Moment und stand auf. An der Tür drehte er sich noch mal um.

»Ich liebe dich, das weißt du.« Dann verließ er das Büro. Als er vor der Tür stand, wusste er nicht, wohin.

Als die Tür hinter Bergheim ins Schloss gefallen war, schob Charlotte die Tastatur weg. Sie hatte keine Lust mehr zu arbeiten. Was sollte sie davon halten? Aber wenn sie ehrlich war, hatte sie immer Angst davor gehabt. Ein Mann, der aussah wie Rüdiger, konnte eben nicht treu sein. Sie hörte die mahnende Stimme ihrer Mutter. »Kind, denke immer dran: Schöne Männer hat man nicht für sich allein.« Normalerweise lächelte Charlotte über solche Plattitüden, aber jetzt ...

Wieso musste ihre Mutter immer recht behalten?

Sie konnte sich unmöglich weiter auf ihren Bericht konzentrieren, hatte aber auch keine Ahnung, was sie jetzt machen sollte. Ihm glauben? Wie gern würde sie das! Aber sie hatte ihre Erfahrungen gemacht, mit Männern, die ihre Hormone nicht unter Kontrolle hatten und ihre Saat unbedingt über eine ganze Herde williger Weiblichkeit verstreuen mussten. Andererseits ... Rüdiger hatte schon immer eine unwiderstehliche Wirkung auf Frauen gehabt, und eigentlich ... eigentlich hatte sie bisher den Eindruck gehabt, dass ihm diese Schwärmerei eher lästig war und er durchaus so etwas wie ein Gewissen hatte.

Sie fuhr den Computer herunter und stand auf. Sie musste mit irgendwem reden. Miriam. Meine Güte, Miriam hatte sie seit dem Leichenfund im Georgengarten völlig vergessen. Aber die hatte bestimmt weder Lust noch Zeit, sich mit dem Liebeskummer ihrer Freundin herumzuschlagen. Sie hatte ein ewig krankes, schreiendes Kleinkind zu Hause und würde bestimmt wieder einschlafen, wenn sie sich mal wieder einen Abend freinahm und bei Charlotte eine oder zwei Flaschen Wein köpfte. Ihre Mutter? Vielleicht sollte sie ihre Mutter anrufen. Aber nein, sie verwarf den Gedanken. Erstens war die mit ihrem Vater im Zoo unterwegs, und zweitens würde sie nur die Hände zum Himmel erheben und sagen: »Kind, hab ich's dir nicht gleich gesagt? Wirklich ein großartiger Mann, aber ...«

Dabei mochten sie Rüdiger. Okay, ihr Vater war etwas zögerlich gewesen, als er Rüdiger zum ersten Mal gesehen hatte. Aber Charlotte argwöhnte, dass das Neid war. Ihr Vater sah nämlich aus wie Pierce Brosnan in alt, und wenn dann plötzlich ein anderer Hirsch in seinem Revier auftauchte ...

Charlotte fragte sich gerade, ob ihre Mutter mit ihrem Vater auch Erfahrungen in dieser Beziehung hatte. Bestimmt war es so, warum sollte sie sonst ihre Töchter immer vor schönen Männern warnen? Wieso hatte sie sich bisher darüber nie Gedanken gemacht? Weil sie sich zu wenig für ihre Eltern interessierte. Das war einfach eine Tatsache. Sie war viel zu sehr mit sich selbst und ihrem Beruf beschäftigt, um sich mit den Problemen anderer zu belasten.

Plötzlich wurde sie wütend. Wieso fühlte sie sich jetzt schuldig? Sie hatte nichts getan. Und vielleicht hatte ihr Rüdiger auch nichts getan. Immerhin hatte er ihr gleich das Foto gezeigt. Würde ein Fremdgeher das tun?

Nein, das passte doch irgendwie nicht. Fremdgeher waren hinterlistige Heuchler, das wusste sie genau. Charlotte beruhigte sich etwas. Es lag an ihr. Sie war zu misstrauisch. Das musste sie in den Griff kriegen. Aber wie ging das? Es war wie mit den Leuten, die Angst vorm Fliegen haben: Man hat immer die Befürchtung, dass, wenn die Angst nachlässt, die Maschine abstürzt. Oder mit den Steinzeitmenschen. Wenn die zu sorglos durch die Gegend gewildert waren und sich sicher gefühlt hatten, hatte sie auch in null Komma nichts ein Säbelzahntiger – oder was immer damals an Fleischfressern rumlief – am Wickel. Wie konnte man bloß sein evolutionäres Erbe überlisten? War sie naiv, wenn sie ihm vertraute? Riskierte sie eine noch größere Enttäuschung? Sie wusste es nicht, aber schließlich, wer wusste das schon? Wenn man mit Menschen zu tun hatte, musste man eben damit rechnen, enttäuscht zu werden. Aber deswegen nichts mit Menschen zu tun haben zu wollen war als Maßnahme wohl doch etwas überzogen. Das war wie ... wie keine Kinder zu kriegen, weil das Leben ihnen zu übel mitspielen könnte.

Charlotte nahm ihre Tasche und verließ das Büro. Sie würde jetzt zu ihrer Freundin fahren und hoffte, dass sie zu Hause war.

ZEHN

Bergheim hatte die Nacht auf dem Sofa im Wohnzimmer verbracht. Nachdem er im Waterloo-Biergarten drei halbe Liter Hasseröder getrunken hatte und zwei Asiatinnen am Nebentisch immer ausgelassener geworden waren, hatte er gezahlt und sich auf den Heimweg gemacht. Charlotte hatte er nicht zu Gesicht bekommen, sie war irgendwann gegen Mitternacht aufgetaucht. Jedenfalls hatte er das aus dem Türenknallen geschlossen. Das Wohnzimmer, wo er auf sie gewartet hatte, hatte sie nicht betreten, und als er zwanzig Minuten später ins Schlafzimmer gehen wollte, um mit ihr zu reden, hatte sie abgeschlossen.

Und heute Morgen war das Schlafzimmer immer noch abgeschlossen gewesen. Also war er unter die Dusche gesprungen und hatte sich die Klamotten von gestern noch mal übergestreift. Dann hatte er Kaffee gekocht und gehofft, der Duft würde sie aus der Reserve locken. Hatte aber auch nicht funktioniert. Also hatte er kurz angeklopft, sich verabschiedet und seinen Sohn zur Schule gefahren.

Jan saß auf dem Beifahrersitz und sah seinen Vater neugierig an.

»Was ist denn nun mit dem, der verschwunden ist?«, fragte er.

Bergheim sagte das nur ungern. »Wir haben leider noch keine Ahnung, wo er ist.«

Er trat unversehens auf die Bremse, weil eine grau getigerte Katze auf die Straße lief. Das Tier konnte sich gerade noch zurück auf den Bürgersteig retten. Hinter Bergheims Wagen allerdings drückte jemand mehrmals auf die Hupe, und im Rückspiegel konnte Bergheim sehen, dass der Typ hinter dem Lenkrad die Fäuste ballte.

»Leck mich«, sagte er halblaut vor sich hin. So einer hatte ihm gerade noch gefehlt. Er warf den Gang rein und seinem Sohn einen Blick zu.

»Sag mal«, sagte er dann, »kennst du diese Marlene Krieger?«

»Marlene?«, wiederholte Jan. »Klar, die kennt jeder!«

»Weißt du, ob Timon Wegener sie näher kannte?«

»Das ist der, der abgehauen ist, oder?«, sagte Jan.

»Ob er wirklich abgehauen ist, wissen wir noch nicht. Ich hoffe es aber. Alle anderen Möglichkeiten wären problematischer.«

»Aber dieser Timon ist doch erst in der Zehnten, oder? Warum sollte sich eine wie Marlene mit dem abgeben?«

Bergheim hielt vor dem Schultor. »Und Anton Sokolow? Kennst du den?«, fragte er dann.

»Oh ja, den kennt auch jeder«, sagte Jan und legte die Hand auf den Türöffner.

»Weißt du irgendwas über ihn?«

»Nein, aber ich kenn keinen, der keinen Schiss vor ihm hätte, außer Marlene vielleicht.« Jan sah seinen Vater neugierig an. »Ermittelt ihr etwa gegen den? Mann, das wär geil, wenn du den einbuchten könntest.«

»Wieso?«

Jan schulterte seine Tasche und öffnete die Tür. »Weil er 'n echtes Arschloch ist. Ich glaub, er lässt sich von ein paar Schülern dafür bezahlen, dass er sie in Ruhe lässt.«

Bergheim zog die Stirn kraus. »Bist du da sicher? Weißt du, wen er bedroht?«

Jan grinste nur. »Keiner würde sich trauen, das zu sagen.«

Bergheim nickte, und gerade als er seinen Sohn aussteigen lassen wollte, sah er eine Person auf den Haupteingang zugehen und stutzte.

»Also, tschüss«, sagte Jan und stieg aus.

»Moment«, hielt Bergheim ihn zurück. »Was hat der Typ mit eurer Schule zu tun?«

Jan wandte den Kopf. »Das ist einer unserer Mathelehrer. Keine Ahnung, wie der drauf ist. Ich hatte noch nie bei dem. Warum? Ermittelt ihr gegen den auch?« Jan schien das Ganze Spaß zu machen.

Bergheim schüttelte den Kopf. »Tschüss«, sagte er, und Jan warf die Tür zu.

Bergheim blieb noch einen Moment im Wagen sitzen, während die Massen der Schüler um sein Auto herumliefen wie eine Welle um einen Schiffsbug.

Er musste mit Charlotte reden. Der Mann, der auf den Haupteingang zugeeilt war und den er bei seinem letzten Besuch in der

Schule auf dem Gang hatte vorbeihuschen sehen, war niemand anders als Andreas Hofholt.

Er warf den Gang rein und steuerte die Polizeidirektion an.

Charlotte saß im Büro und telefonierte mit Bremer. Der war auf dem Rückweg von Cuxhaven im Stau gelandet und würde erst am frühen Nachmittag in Hannover ankommen.

»Wenn's sein muss«, knurrte Charlotte und warf den Hörer auf die Gabel. Dann sah sie durch die Glasscheibe, wie Bergheim das angrenzende Büro betrat und sich an Ostermann wandte, woraufhin die beiden das Büro verließen. Aha, dachte sie, er wollte dem Chef seine Sünden beichten. Charlotte wollte sich gar nicht vorstellen, was für ein Fest das für Ostermann war. Er hatte doch immer gesagt, dass eine Beziehung unter Kollegen nicht gut gehen konnte. Wunderbar, da konnte er sich ja jetzt auf die Schulter klopfen. Sie stand auf und machte sich schleunigst aus dem Staub. Sie hatte sich mit Hohstedt vor der Wohnung von Monika Krugwald und Frank Hölscher in der Hindenburgstraße verabredet.

Auf dem Weg dahin überfuhr sie zwei rote Ampeln und hatte die Befürchtung, obendrein auch noch einmal geblitzt worden zu sein.

Was soll's, sagte sie sich. Ihr Freund befingerte anderer Leute Brüste, und ihre Freundin hielt sie für paranoid. Der Abend bei Miriam war anfangs so verlaufen, wie sie sich das vorgestellt hatte. Miriam hatte sie an der Haustür mit dem quengelnden Dominic auf dem Arm empfangen. Charlotte wäre am liebsten gleich wieder gegangen, aber Lukas, Miriams Mann, hatte sich bereit erklärt, das schreiende Kleinkind eine Stunde spazieren zu fahren, sonst hätte sie mit ihrer Freundin kein einziges Wort wechseln können.

»Diese ewigen Infekte bei dem Kind bringen mich noch mal um«, hatte Miriam gesagt und sich aufs Sofa geworfen. Charlotte hatte sich neben Miriam gesetzt und losgeheult. Und dann hatte sie ihr alles erzählt. Als sie fertig gewesen war, hatte Miriam sie verblüfft angesehen und gefragt: »Und, warum glaubst du ihm nicht?«

Darauf war Charlotte erst mal nichts Sinnvolles eingefallen. Dann hatte sie ihre Freundin an ihre Vergangenheit erinnert. An Thomas, mit dem treuen Hundeblick, der über Monate nicht nur seine Lebensgefährtin Charlotte, sondern auch ihre gemeinsame Nachbarin gevögelt hatte.

Miriam hatte sich die Augen gerieben und gesagt: »Sei nicht so misstrauisch und hör auf, Rüdiger mit diesem Schleimer zu vergleichen. Hast du keine anderen Sorgen?« Charlotte war daraufhin beleidigt aufgestanden. »Wenn du meinst«, hatte sie gemurmelt und aufbrechen wollen. Aber Miriam hatte sie zurückgehalten. »Moment! Du bist hier, und Lukas und Dominic sind nicht hier. Das werden wir nicht ungenutzt lassen und jetzt in aller Ruhe was trinken gehen.« Und das hatten sie dann auch gemacht. Sie waren zum Kronsberg-Hotel gefahren und hatten gegessen und ein Glas Wein getrunken. Am Ende hatte Charlotte sich besser gefühlt und Miriam nach Haus gebracht.

Lukas und der schreiende Dominic hatten die leicht angetrunkene Hausherrin an der Haustür in Empfang genommen.

Puh, dachte Charlotte, als sie jetzt in die Hindenburgstraße einbog, ihre Freundin hatte es auch nicht leicht. Und vielleicht hatte sie recht. Vielleicht sollte sie wirklich nicht so streng mit Rüdiger sein. Er war kein Mann, der log. Andererseits, das hatte sie bei Thomas auch gedacht.

Sie parkte vor dem Haus, in dem die Hölschers wohnten. Hohstedt war noch nicht da. Natürlich. Martin hatte noch nie zu den Ersten gehört, die am Platz waren, wenn es um Arbeit ging. Das machte sie wütend.

»Ich geb dir fünf Minuten«, murmelte sie. »Und weh dir, du bist dann nicht aufgekreuzt.«

Charlotte wollte gerade aussteigen und die Sache allein in Angriff nehmen, als sie Hohstedts BMW aus Richtung Zoo in die Hindenburgstraße einbiegen sah.

Dein Glück, dachte sie und warf die Autotür zu. Hohstedt zuckelte langsam heran und parkte etwa fünfzig Meter von ihrem Wagen entfernt. Er schloss ab und kam, die Hände in den Hosentaschen vergraben, lächelnd auf sie zu. Dir wird dein blödes Grinsen schon noch vergehen, wenn wir hier fertig sind, dachte sich Charlotte und tippte auf ihre Armbanduhr.

»Es ist gleich halb elf. Wir waren um zehn verabredet.« Hohstedt war wie erwartet sofort beleidigt. »Meine Güte, Maren hat gesagt, du bist noch nicht unterwegs, als ich um kurz vor zehn in der KFI angerufen hab.«

»Und«, schnaubte Charlotte, »ist das ein Grund, rumzutrödeln?« Hohstedt stierte sie an, sagte aber nichts mehr. Sie drehte sich um und ging über die Straße. Hohstedt folgte ihr in sicherem Abstand. Charlotte drückte auf die Klingel. Wieso benahm sie sich wie ein keifendes Waschweib? Sie wusste, dass Hohstedt gerade das abbekommen hatte, was sie für Rüdiger reserviert hatte. Sie konnte sich selbst nicht leiden. In diesem Moment ging der Türsummer, und die beiden betraten die hochherrschaftliche Villa, in der Hölscher und Frau residierten.

Frank Hölscher ließ sie ein. Diesmal trug er dunkle Bügelfalten und ein weißes Hemd, wie es sich gehörte. Fehlte bloß noch der schwarze Schlips, dachte Charlotte.

»Sie müssen entschuldigen«, empfing sie Hölscher, »meine Frau fühlt sich nicht wohl, nach diesem Schock. Sie hat sich hingelegt.«

»Das verstehen wir natürlich«, sagte Charlotte, »wir müssen aber trotzdem mit ihr sprechen.«

»Natürlich.« Hölscher räusperte sich. »Ich ... ich werd sie fragen.« Damit schwebte er zum Ende des Flurs, öffnete eine Tür und betrat ein verdunkeltes Zimmer.

Charlotte ging mit Hohstedt, der immer noch beleidigt guckte, ins Wohnzimmer. Sie kannten sich hier ja schon aus.

Es dauerte fast zehn Minuten, bis Hölscher, die Bügelfalte, zurückkam – seine Frau im Schlepptau. Charlotte erschrak, als sie die Frau ansah, die jetzt im dunkelblauen Hausanzug und in Pantoffeln das Wohnzimmer betrat. Monika Krugwald wirkte um Jahre gealtert. Sie war ungeschminkt, ihre Haare standen wirr vom Kopf ab, und ihr Gesicht war aufgedunsen. Sie hatte offensichtlich viel geweint. Ihr Mann hatte den Arm um sie gelegt und führte sie zum Sofa. Sie setzten sich, und sie kramte ein Taschentuch aus ihrer Hosentasche. Charlotte war etwas erstaunt über diese tiefe Trauer. Die Schwestern mussten wohl sehr aneinander gehangen haben.

»Äh«, begann sie, »Frau Krugwald, zunächst möchte ich Ihnen natürlich unser Mitgefühl aussprechen. Wenn ein geliebter Mensch gewaltsam zu Tode kommt, ist der Schock umso größer. Wir müssen Ihnen aber trotzdem ein paar Fragen stellen. Schließlich wollen wir den, der Ihrer Schwester das angetan hat, möglichst schnell erwischen.«

Frau Krugwald nickte und putzte sich die Nase.

»Wann haben Sie Ihre Schwester zum letzten Mal gesehen?«

»Gestern ... vorgestern Nachmittag. Sie war hier.«

»Und wie lange ist sie geblieben?«

Frau Krugwald schlug die Hände vors Gesicht. »Vielleicht eine halbe Stunde.«

»Hat sie gesagt, wo sie hinwollte?«

»Zum Friedhof.«

»Nur zum Friedhof?«

Monika Krugwald antwortete nicht sofort. Dann flüsterte sie. »Das hat sie gesagt.«

Charlotte nickte. »Ihr Schwager hat gesagt, dass sie sich gestritten hatten und dass Ihre Schwester immer grundlos eifersüchtig war. Stimmt das?«

Frau Krugwald schloss die Augen und lehnte sich zurück. »Was fragen Sie mich? Fragen Sie doch Alfons.« Sie sprach so leise, dass sie kaum zu verstehen war.

»Ist Ihre Schwester oft zum Friedhof gefahren?«

»Ich weiß es nicht«, hauchte Frau Krugwald.

»Fällt Ihnen ein Grund ein, warum jemand Ihre Schwester töten wollte?«, fragte Charlotte.

Frau Krugwald knetete ihre Finger. »Nein, es ist mir völlig unerklärlich. Wahrscheinlich war sie nur einfach im falschen Moment am falschen Ort. Es kann nur ein Irrer gewesen sein, oder jemand wollte sie berauben.«

»Ein Raubüberfall ist ziemlich unwahrscheinlich«, sagte Charlotte.

Dann wandte sie sich an Frank Hölscher, der die ganze Zeit stumm neben seiner Frau gesessen hatte.

»Und Sie? Haben Sie vorgestern noch mit Ihrer Schwägerin gesprochen?«

»Nein«, sagte Hölscher bedauernd, »ich war gar nicht da. Ich hatte noch im Büro zu tun. Am Samstagnachmittag hat man wenigstens seine Ruhe.«

Charlotte nickte und erhob sich. »Wo waren Sie beide am Samstagabend zwischen acht und zehn Uhr?«

Frank Hölscher schnappte nach Luft. »Soll das heißen, Sie verdächtigen uns, Monikas Schwester umgebracht zu haben?«

»Ja«, hauchte Monika Krugwald. »Ich war's, ich hab sie umgebracht. Ich hätte mit ihr gehen sollen. Sie wollte immer mit mir zusammen zum Friedhof gehen. Wenn ich mitgegangen wäre, dann würde sie jetzt vielleicht noch leben.«

Alle schauten verdutzt auf Frau Krugwald.

»Da sehen Sie, was dabei rauskommt!«, meckerte die Bügelfalte. »Wir waren Samstagabend hier.« Dabei zeigte er mit dem Zeigefinger auf eine Stelle vor seinen Füßen. »Reicht Ihnen das? Oder soll ich's Ihnen schriftlich geben?«

Charlotte gab Hohstedt ein Zeichen, und die beiden gingen zur Tür.

»Sie hatte diese Frau gesehen«, rief ihnen Frau Krugwald nach.

Charlotte ging zurück ins Wohnzimmer. »Welche Frau?«

»Die tote Frau aus dem Georgengarten«, kam es schwach aus der Sofaecke.

»Wo?«, fragte Charlotte.

»Vor ihrer Wohnung. Sie hatte auf den Bänken vor der Lutherkirche gesessen. Sie und Alfons hätten sich gestritten.«

Charlotte war für den Moment sprachlos. »Hat sie sonst noch was gesagt?«

»Das reicht doch«, sagte Frau Krugwald leise.

Als sie die Haustür hinter sich geschlossen hatten, blieb Charlotte einen Moment stehen, um diese Neuigkeit einzuordnen. Eins war klar, sie mussten diesen Hofholt noch mal gründlich in die Zange nehmen. Aber vorher musste sie noch mit Wedel sprechen, danach war der hochwohlgeborene Dr. Hofholt dran.

»Das ist einfach ungeheuerlich«, sagte sie wütend. »Wieso hat diese blöde Kuh kein Wort gesagt?« Sie merkte, dass Hohstedt sie mit gerunzelter Stirn anstarrte. »Okay, sie ist tot. Aber vielleicht würde sie noch leben, wenn sie den Mund aufgemacht hätte. Jedenfalls holst du mir den Hofholt ins Präsidium. Den werden wir weichklopfen.«

»Jetzt sofort?«, fragte Hohstedt.

»Ja«, sagte Charlotte unwirsch. »Ich fahr zurück zur KFI und spreche mit unserem Chef. Gibt nichts, was ich lieber täte.« Damit sprang sie in ihren Wagen und fuhr los.

Charlottes Gedanken überschlugen sich, als sie den Friedrichswall entlangbrauste. Das brachte Licht in die Sache. Wenn Gesine Hofholt ihren Mann tatsächlich dabei beobachtete hatte, wie er mit der Ermordeten Jutta Frieder gestritten hatte, dann war er ein Hauptverdächtiger. Sie mussten nur endlich rausfinden, welche Verbindung zwischen der Frieder und Hofholt bestanden hatte. Vielleicht hatten die beiden tatsächlich was miteinander gehabt. Auch wenn Charlotte das ziemlich unwahrscheinlich fand. Eine abgehalfterte Frau wie Jutta Frieder, die aus ihrem Leben bisher nichts Rechtes gemacht hatte, und dieser erfolgsverwöhnte Akademiker passten einfach nicht zusammen. Sie bog in die Waterloostraße ein und stellte ihr Auto ab.

Als sie den ZKD betrat, war Ostermann nicht zu sprechen. Er befand sich in einer wichtigen Vernehmung, wurde ihr von Frau Kaiser, der Sekretärin, mitgeteilt. Charlotte ging in ihr Büro, wo sie ihren Posteingang kontrollierte. Nichts, was man nicht ignorieren konnte. Die Uhr zeigte kurz vor zwölf. Sie war schlecht gelaunt und hungrig. Aber vielleicht war sie hauptsächlich deswegen schlecht gelaunt, *weil* sie hungrig war. Sie beschloss, sich in der Markthalle zu stärken und dann Ostermann zu stören, ob ihm das nun gefiel oder nicht. Schließlich war er es, der immer über alles genau Bescheid wissen wollte. Einen Moment zögerte sie und fragte sich, was das wohl für eine wichtige Vernehmung war, bei der ihr Chef anwesend sein wollte. Ob es was mit Bergheims Fall zu tun hatte? Der hatte ein paarmal versucht, sie über Handy zu erreichen. Auch etwas, das man getrost ignorieren konnte, sagte sie sich und machte sich zu Fuß auf Richtung Karmarschstraße. Sie musste nachdenken.

Eine Stunde später betrat Charlotte geläutert und satt die KFI 1. Sie hatte eine Riesenportion Spaghetti carbonara verdrückt – Kohlenhydrate machten eben doch glücklich. Auf dem Gang zu Ostermanns Büro kam ihr Bremer entgegen.

»Aha«, begrüßte sie ihn, »du kommst gerade richtig. Es hat sich was Neues ergeben ...«

Bremer winkte ab. »Weiß schon Bescheid, Martin hat mich angerufen.«

»Tatsächlich?«, sagte Charlotte, die verwundert zur Kenntnis nahm, dass Martin Hohstedt manchmal mitdachte.

»Und noch was, Maren hat gesagt, dass einer der Hochzeitsgäste gesehen hat, wie sich zu später Stunde am Rande des Hockeyfeldes zwei Männer gestritten hätten. Wäre beinah zu einer Schlägerei gekommen.«

»Ach«, sagte Charlotte, »wieso hat das sonst keiner gesehen?«

»Weil es sehr spät war oder sehr früh am Morgen, ganz wie du willst, und der Typ auf dem Heimweg war und vorher noch mal austreten musste.«

»Kannte er die beiden?«

»Den einen nicht, aber der andere war der Trauzeuge.«

»Malinek?«

»Ja, so ähnlich heißt er.«

»Interessant«, sagte Charlotte. »Darum kümmern wir uns später.«

Sie gingen zum Vernehmungsraum, in dem Bergheim saß, zusammen mit einem kaugummikauenden jungen Mann mit hellen, kleinen Augen und einem geschniegelten Mittdreißiger, vor dem eine Aktentasche auf dem Tisch lag, was die Vermutung nahelegte, dass er der Anwalt des Kaugummikauers war, und einem Uniformierten, der neben der Tür stand. Ostermann war nicht da. Bergheim und Charlotte warfen sich einen Blick zu, und Bremer starrte zu dem jungen Mann hinüber.

»'tschuldigung«, sagte Charlotte, schloss die Tür wieder und machte sich auf den Weg zu Ostermanns Büro.

»Moment«, sagte Bremer verwirrt. »Den Typen kenn ich irgendwoher.« Er zog die verwirrte Charlotte in den Nebenraum, und sie betrachteten die Männer im Vernehmungsraum durch die Sichtscheibe.

»Also«, Bremer hackte mit seinem Zeigefinger in Richtung des jungen Mannes, der niemand anders als Sokolow war, »wenn der nicht auf der Hochzeit von dem Hofholt gewesen ist, will ich kein Bulle mehr sein.«

Charlotte blickte verwundert von Bremer zu Sokolow. »Bist du sicher?«

Bremer nickte heftig. »Ich kann mich sogar an die Szene erinnern, wo ich den gesehen habe. War ziemlich am Schluss an der Theke, da hat er sich mit einem betrunkenen Pickelgesicht gestritten. Irgendwer hat sich dann zwischen die beiden gestellt. Ich glaub sogar, es war der Bräutigam.«

Charlotte schwieg und dachte nach. Was hatte das zu bedeuten? Hatte Sokolow etwas mit dem Mord an Jutta Frieder zu tun?

»Komm«, sagte sie zu Bremer. »Such mir die Stelle auf der DVD raus. Ich werd mit Rüdiger reden.« Wenn auch nur ungern, setzte sie in Gedanken hinzu. Aber wenn es um einen Fall ging, musste man seine privaten Empfindlichkeiten zurückstellen.

Sie betrat erneut den Vernehmungsraum und bat Bergheim um ein Gespräch.

Der nickte dem Uniformierten zu und kam dann zu Charlotte auf den Korridor, wo er sie ärgerlich ansah.

Charlotte ignorierte das. Wenn hier jemand Grund hatte, ärgerlich zu sein, dann war sie das ja wohl. Sie räusperte sich. »Also, möglicherweise hat dein Gast unsere Tote im Georgengarten gekannt. Bremer hat ihn identifiziert. Er ist sicher, ihn auf einer der Hochzeits-DVDs gesehen zu haben.«

Bergheim sah sie an. Er schien nicht überrascht. »Das ist mir mittlerweile auch schon klar«, presste er dann hervor, »und ...« Noch bevor Charlotte protestieren konnte, fuhr er fort: »Wenn du ab und zu ans Handy gehen würdest, wüsstest du schon seit heute Morgen, dass es da eine Verbindung geben muss.«

»Ah ja?«, sagte Charlotte schnippisch. »Und wie bist du drauf gekommen?«

»Hofholt junior ist der Mathematiklehrer von diesem Sympathieträger da drin. Und ich glaube, der hat sich seine Arbeitsmethoden bei der Mafia abgeguckt. Irgendwas hat er gegen Hofholt in der Hand.«

Charlotte schwieg und versuchte, all diese Neuigkeiten unter einen Hut zu bringen. Bergheim beobachtete sie und grinste. »Und – falls es dich interessiert – das ist derselbe Typ, der auch so nett war, mir das Foto zu schicken.«

Charlotte zupfte an ihrer Unterlippe. »Seltsam«, sagte sie dann. »Zuerst hat man nicht genug Puzzleteile und dann plötzlich so viele, dass man nicht weiß, wo man anfangen soll mit dem Zusammensetzen.«

»Wie bitte?«, sagte Bergheim.

»Es gibt noch mehr Neuigkeiten«, sagte Charlotte. »Zeit für eine Besprechung.«

Hohstedt hatte Dr. Hofholt in Charlottes Büro verfrachtet, wo er auf das Ende der Besprechung warten musste, nicht ohne seinem Unmut lauthals Gehör zu verschaffen. Allerdings hörte ihm niemand zu.

Inzwischen hatten sich alle in den beiden Fällen ermittelnden Beamten im Besprechungsraum versammelt, das waren Bergheim, Kramer, der Henning Werst vertrat, Maren Vogt, Hohstedt und Bremer. Ostermann hörte mit verkniffenem Gesicht zu, wie Charlotte die Fakten erläuterte.

»Also, wir haben drei tote Frauen: Cornelia Herrmann, die vor knapp zwanzig Jahren von ihrem Mann Walter Herrmann erwürgt wurde. Der Ehemann wurde verurteilt, ist seit einem halben Jahr draußen und hatte nachweislich Kontakt mit unserer zweiten Toten, Jutta Frieder, einer Schulfreundin von Cornelia Herrmann. Beide, Jutta Frieder und Walter Herrmann, wurden auf der Hochzeit von Andreas Hofholt gesehen, wo sie eigentlich nicht hingehörten. Jutta Frieder ist tot und Walter Herrmann verschwunden.«

»Aber Frau Wiegand«, Ostermann legte seine Brille auf den Tisch, »das wissen wir doch schon alles. Was gibt es denn nun Neues?«

Charlotte warf ihrem Chef einen Blick zu, der nichts weniger als das Prädikat »liebenswürdig« verdiente, und fuhr fort.

»Jetzt gibt es die dritte Tote aus der Hochzeitsgesellschaft – nämlich die Mutter des Bräutigams. Und nun …«, Charlotte wies mit dem Finger auf Bergheim, »kommt der verschwundene Timon Wegener ins Spiel, nach dem ihr sucht.«

Ostermann trommelte mit den Fingern auf den Tisch und betrachtete die Deckenlampe.

»Unser Bräutigam ist nämlich gleichzeitig Mathematiklehrer an

Timon Wegeners Schule, und der hat sich kurz vor seinem Verschwinden mit einem älteren Schüler – Anton Sokolow – gestritten, der, wie wir jetzt herausgefunden haben, auch auf der Hochzeit von Andreas Hofholt getanzt hat.«

Charlotte schwieg einen Moment und schaute in die Runde. Alle sahen sie neugierig an, nur Hohstedt beobachtete fasziniert zwei kopulierende Fliegen auf dem Tisch.

Charlotte räusperte sich, und Hohstedt blickte verwirrt auf.

»Also …« Sie zögerte plötzlich. Vielleicht sollte sie es Bergheim überlassen, den anderen von dem Erpressungsversuch zu erzählen. Sie blickte ihn an. »Vielleicht solltest du weitermachen.«

Bergheim zuckte mit den Schultern. Er schien kein Problem damit zu haben. Er berichtete von seiner Begegnung mit Marlene Krieger und ließ sein Handy rumgehen. Keiner sagte etwas, nur Hohstedt konnte sich ein Grinsen nicht verkneifen und zwinkerte seinem Kollegen Bergheim zu. Ostermann gab sich nonchalant. Er faltete die Hände und ließ seine Mitarbeiter wissen, dass er natürlich hinter ihnen stünde, aber er müsse sie selbstverständlich alle zur Vorsicht mahnen.

»Sie sehen ja, was dabei rauskommt, wenn Sie nicht auf der Hut sind.« Dabei warf er Bergheim den Blick eines wohlwollenden Vaters zu, der natürlich Verständnis hat für die Eskapaden seines ungestümen Sohnes, sich aber eine väterliche Warnung nicht verkneifen kann. Charlotte würdigte er keines Blickes.

»Und was will der Typ von dir?«, brachte Bremer sie zum Thema zurück.

»Er will ›in Ruhe gelassen werden‹, das waren seine Worte. Wobei ich noch gar keine Ahnung habe, wobei ich ihn eigentlich gestört habe. Aber das werde ich herausfinden. Bestimmt hat es was mit dem Verschwinden von Timon Wegener zu tun. Und dass er auf der Hochzeit war, legt die Vermutung nahe, dass diese beiden Fälle irgendwie zusammenhängen.« Er lehnte sich zurück, und sein Blick verdunkelte sich. »Leider haben wir bisher nicht die kleinste Spur zum Verbleib von Timon. Allerdings habe ich einen anonymen Anruf erhalten, in dem ich gebeten wurde, mich um die Schwester von Timon Wegener, Tabea, zu kümmern, eine ziemlich anstrengende Vierzehnjährige. Das habe ich getan und sie beschatten lassen.« Bergheim warf Ostermann einen kurzen Blick zu, der besagen sollte: Sehen Sie, ich habe recht behalten.

»Und siehe da, mit wem treibt das Mädel sich rum? Mit unserem Erpresser Anton Sokolow.«

Anerkennendes Nicken in der Runde.

»Außerdem«, ergriff Charlotte jetzt wieder das Wort, »haben wir heute von Monika Krugwald, der Schwester von Gesine Hofholt, erfahren, dass diese Jutta Frieder vor ihrem Haus gesehen haben will und dass ihr Mann – unser Akademiker Dr. Hofholt – sich mit ihr gestritten haben soll. Der hat aber bei der Befragung geleugnet, die Frau jemals, geschweige denn auf der Hochzeit seines Sohnes, gesehen zu haben, was ihn jetzt natürlich zu unserem Hauptverdächtigen macht. Sein Alibi für den Mord an Jutta Frieder war seine Frau, und für den Mord an seiner Frau hat er keins.«

»Puh«, sagte Hohstedt und stützte den Kopf in die Fäuste, »eine Menge Fakten. Da schwirrt einem ja der Schädel, wo soll man denn da einen Zusammenhang finden?«

»Tja«, sagte Ostermann und stand auf. »Das ist jetzt Ihre Aufgabe.« Er blickte in die Runde und schob seinen Stuhl an den Tisch. »Also, Herrschaften, dann machen Sie sich mal an die Arbeit. Sie wissen ja, was zu tun ist.«

In der Tat, dachte Charlotte. Sie fragte sich allerdings, ob ihr Chef auch nur eine vage Vorstellung davon hatte, wie es weitergehen sollte. Sie jedenfalls würde mit Hofholt anfangen, und Bergheim hoffte schon darauf, der Anzeige gegen Sokolow wegen versuchter Erpressung noch eine weitere hinzufügen zu können, welche auch immer. Hauptsache, sie brachten diesen Kerl hinter Gitter.

Sie besprach sich kurz mit Bergheim, der mit Hohstedt zusammen zuerst die Vernehmung von Dr. Hofholt übernehmen sollte. Maren und Bremer konnten sich um Sokolow kümmern und herausfinden, was er mit Tabea Wegener zu tun hatte. Sokolow saß immer noch im Vernehmungsraum – zusammen mit seinem Anwalt. Charlotte versuchte sich gerade vorzustellen, wie die Rechnung dieses Herrn wohl aussehen würde. Aber Geld schien für Sokolow keine Rolle zu spielen. Er musste über diverse Quellen verfügen. Aber sie würden ihn schon kleinkriegen. Bremer war ein stiller, sachlicher Mensch. Verdächtige neigten dazu, ihn zu unterschätzen, und fühlten sich sicher. Aber im Grunde war er ein scharfer Hund, und Maren hatte Ehrgeiz und einen gesunden Zorn. Die beiden waren ein gutes Team.

Sie selbst musste ihren Termin in der Rechtsmedizin wahrnehmen. Sie war schon zu spät, und Dr. Wedel ging mit seiner Zeit ziemlich geizig zu Werke.

Charlotte machte sich auf den Weg zur Karl-Wiechert-Allee in Kleefeld, wo sie eine halbe Stunde zu spät ankam und Wedel, wie erwartet, schon wieder bei der nächsten Obduktion war. Ein fünfundsechzigjähriger Rentner, der sich bei einem Sturz das Genick gebrochen hatte. Es war nur unklar, wieso der völlig gesunde Mann plötzlich die Treppe hinuntergefallen war. Wenn es kein Schlaganfall war, hatte die Verwandtschaft ein Problem an der Backe – so jedenfalls hatte es Wedels Assistentin ausgedrückt.

Aber das war Charlotte egal, sie wollte wissen, wie Gesine Hofholt zu Tode gekommen war. Sie tat Wedel nicht den Gefallen, in den Obduktionssaal zu kommen – dann war er immer besonders detailversessen –, und wartete noch mal zwanzig Minuten vor seinem Büro, wo sie nervös auf und ab ging.

Kurz nach vier kam Wedel den Gang entlangmarschiert und schob seinen beachtlichen Bauch zufrieden vor sich her. Seiner Gewohnheit, nur Schwarz zu tragen, blieb er nach wie vor treu. Charlotte fragte sich, ob er schon versucht hatte, irgendwo schwarze Kittel aufzutreiben. Aber das war wohl unwahrscheinlich. Schwarze Kittel konnte man nicht kochen. Und bei Wedels Arbeit fiel eine Menge ... nun ja, was auch immer an.

Wedel öffnete seine Arme und hieß Charlotte lächelnd willkommen.

»Frau Wiegand«, sagte er, »wie immer eine Augenweide.« Dann hob er drohend den rechten Zeigefinger. »Sie haben mich versetzt.«

»Ja«, sagte Charlotte, »tut mir leid, musste jemanden verhaften«, log sie ein bisschen.

Wedel nickte und schloss sein Büro auf. Die Assistentin mit dem denkwürdigen Namen Schneider hauste nebenan.

Wedel wuchtete sich auf seinen Schreibtischstuhl und wühlte in seinen Unterlagen. Er fand einen Hefter und schob ihn Charlotte hin.

»Das ist der Bericht, und ich muss sagen, die Frau hat Glück gehabt, dass sie irgendjemand um die Ecke gebracht hat. Sie hatte ein beachtliches Mammakarzinom, das bereits in die Lunge und Leber metastasiert hatte.« Dr. Wedel guckte konsterniert. »Ich begreife einfach nicht, wieso Frauen so viel Angst haben, mal ihre Brüste anzufassen.« Er lehnte sich neugierig über den Tisch. »Geht Ihnen das auch so, Frau Wiegand?«

Charlotte wand sich. »Äh, nein«, schnaubte sie dann energisch. »Darum geht's ja wohl hier auch nicht.«

»Nein?«, fragte Dr. Wedel missbilligend. »Ich mach mir wirklich Sorgen um Sie.«

»Können wir jetzt mal zur Sache kommen?«, fragte Charlotte ungehalten.

»Natürlich«, sagte Dr. Wedel gut gelaunt. »Es gibt nichts Spektakuläres zu berichten, außer dass die Frau in nächster Zeit eine ziemlich unerfreuliche Diagnose erhalten hätte beziehungsweise schon erhalten hat.«

Unerfreulich, dachte Charlotte. Wedel hätte sich kaum euphemistischer ausdrücken können.

»Unerfreulich«, sagte sie, »was heißt das genau?«

»Nun, ihre Tage waren gezählt.«

Charlotte runzelte die Stirn. »Sie wollen mir jetzt aber nicht sagen, dass sie sich selbst erschlagen hat?«

Das fand Wedel lustig. »Nein«, sagte er, und sein Bauch wippte beim Lachen auf und ab. »Todesursache war der Blutverlust nach einer massiven Kopfverletzung am Hinterkopf, die durch einen schweren, rundlichen Gegenstand – wahrscheinlich einen Stein – verursacht wurde.«

Wedel lehnte sich einen Moment zurück und wurde ernst. »Sie wurde definitiv erschlagen.«

Charlotte nickte schweigend. »Hat sie jemand ins Grab gestoßen, oder ist sie gefallen?«

Wedel nahm die Brille ab. »Das kann ich beim besten Willen nicht sagen. Am Körper finden sich keinerlei Hämatome oder sonstige Anzeichen von Gewaltanwendung.«

Einen Moment herrschte Schweigen.

»Haben Sie die Mordwaffe?«, fragte Wedel.

Charlotte schüttelte den Kopf und stand auf. »Nein, sind Sie sicher, dass es ein Stein war?«

»Ziemlich«, sagte Wedel. »Sie hat ein verdammt dickes Loch im Kopf. Und eine solche Waffe trägt man ja wohl auf dem Friedhof nicht mit sich herum.«

»Könnte es sein, dass der Täter Blutspritzer abbekommen hat?«, fragte Charlotte.

»Mit Sicherheit, oder er hat die Tatwaffe geworfen, aber dazu gehört schon eine gehörige Portion Treffsicherheit, und die halte ich in einer Stresssituation – und einen Mord kann man ja wohl als solche bezeichnen – für ziemlich unwahrscheinlich«, sagte Dr. Wedel und erhob sich.

»Wenn es ein Stein war, könnte es eine Affekthandlung gewesen sein«, überlegte Charlotte laut. »Steine findet man ja schon mal auf Friedhöfen.«

»Stimmt«, sagte Wedel und öffnete ihr die Tür.

Charlotte nahm den Hefter mit dem Bericht und ging an Wedel vorbei auf den Flur. Dann drehte sie sich noch mal um und wedelte mit dem Bericht.

»Vielen Dank, und … es war mir ein Vergnügen«, sagte sie lächelnd.

»Und mir erst«, sagte Wedel und schloss die Tür.

Bergheim und Hohstedt kümmerten sich derweil um Dr. Hofholt, dem seine Arroganz trotz seiner vorläufigen Festnahme noch nicht abhandengekommen war.

Als die beiden Beamten den Vernehmungsraum betraten, blickte er nur kurz auf. »Wenn Sie glauben, dass ich hier auch nur ein Wort sage, ohne dass mein Anwalt dabei ist, dann irren Sie sich gewaltig.«

Bergheim zog seine Jacke aus und hängte sie über die Stuhllehne. Dann setzte er sich. »Kein Problem«, sagte er dann lächelnd, »dann brauch ich Sie ja nicht zu fragen, ob Sie was trinken wollen.«

Er schlug den Ordner mit dem Bericht auf und las eine Weile schweigend darin. Hohstedt, der neben Bergheim saß und Hofholt schweigend anstarrte, wurde nervös und räusperte sich. Bergheim klappte den Bericht zu und blickte Hofholt mitleidig an.

»Wissen Sie«, sagte er dann und warf einen Blick auf seine Armbanduhr, »eigentlich brauchen Sie auch gar nichts zu sagen. Ich schlage vor, wir nutzen die Zeit, bis Ihr Anwalt kommt, und ich sage Ihnen, wie Sie Ihre Frau umgebracht haben.«

Hofholt schnappte nach Luft. »Das ist ungeheuerlich!«, wetterte er. »Wie können Sie es wagen, solche Anschuldigungen zu erheben! Warum sollte ich meine Frau umbringen? Dafür haben Sie keinerlei Beweis!«

Bergheim grinste. Offenbar wollte Dr. Hofholt doch reden, aber er ignorierte dessen Säbelrasseln. »Wir wissen nämlich, dass Sie gelogen haben. Und Ihre Frau wusste auch, dass Sie gelogen haben.« Bergheim machte eine Pause, klappte dann den Ordner auf, entnahm ihm das Foto von Jutta Frieder und knallte es vor Hofholt auf den Tisch. »Oder wollen Sie immer noch behaupten, die Frau auf diesem Foto nicht zu kennen?«

Hofholt warf einen kurzen Blick darauf, schluckte und schien sich plötzlich an sein Schweigegelöbnis zu erinnern. »Ich sage kein Wort mehr, bis mein Anwalt da ist.«

»Ist mir recht«, sagte Bergheim, »ich war sowieso noch nicht fertig. Sie sind nämlich mit dieser Frau gesehen worden, haben sogar mit ihr gesprochen.«

In diesem Moment klopfte es. Dr. Hofholts Anwalt war angekommen und begehrte Einlass, der ihm auch gewährt wurde. Dr. Traub, ein dynamischer Mittvierziger in Jeans und Anzugjacke, reichte jedem der Anwesenden höflich die Hand, knallte seine Aktentasche auf den Tisch und setzte sich dann mit dezentem Hüsteln neben seinen Arbeitgeber.

»Zuerst wüsste ich gerne, was Sie meinem Mandanten vorwerfen«, sagte er lächelnd.

Bergheim gab Dr. Traubs Ankunft zu Protokoll. »Na, dann passen Sie mal gut auf«, sagte er dann und nahm Hofholt weiter in die Zange. Er tippte wieder auf das Bild. »Also, Sie haben sich mit unserer Toten aus dem Georgengarten gestritten, und Ihre Frau wusste davon. Als wir Ihnen das Foto von der Ermordeten, die unter anderem auch auf der Hochzeit Ihres Sohnes anwesend war, gezeigt haben, haben Sie rundheraus geleugnet, sie zu kennen oder je gesehen zu haben.« Bergheim lehnte sich zurück und sah den Anwalt an. »Da fragen wir uns natürlich: Warum macht Herr Dr. Hofholt das, wenn er doch ein blitzblankes Gewissen hat?«

Dr. Traub blickte seinen Mandanten fragend an. Der machte ein abweisendes Gesicht.

Dr. Traub räusperte sich. »Woher wissen Sie, dass Ihr Zeuge – Sie haben doch einen Zeugen – glaubwürdig ist?«, fragte er.

Diese Frage hatte Bergheim befürchtet. Natürlich hatten Sie nur die Aussage von Frau Krugwald, die ihnen gesagt hatte, was ihre Schwester gesehen hatte. Eine Aussage aus zweiter Hand. Das war Hörensagen und hatte vor Gericht keinen Wert. Deswegen ging er auch nicht darauf ein.

»Außerdem«, Bergheim wurde lauter, »haben Sie für den Mord an Jutta Frieder kein Alibi mehr, denn das war Ihre Frau, die gestern tot auf dem Friedhof Engesohde gefunden wurde, ermordet. Dann haben Sie zugegeben, sich wenige Stunden vor ihrem Tod heftig mit Ihrer Frau gestritten zu haben …« Bergheim wartete auf eine Reaktion, doch Hofholt starrte wortlos zu Boden. Im Raum herrschte einen Moment Stille.

Hohstedt sagte sowieso nichts, er diente hier offensichtlich nur als amtliches Einschüchterungsplacebo, obwohl Bergheim gegen die eine oder andere hilfreiche Bemerkung nichts einzuwenden gehabt hätte. Wie Hohstedt dasaß, wirkte er wie ein Schüler, fehlte nur noch, dass er alles mitschrieb.

»Sie können sich ja wohl denken, dass wir zwei und zwei zusammenzählen können«, sagte Bergheim und wandte sich an Dr. Traub. »Und wenn Ihr Mandant einen anderen Grund für seine Lügengeschichten hat als den, den ich Ihnen gerade vorgeschlagen habe, dann täte er gut daran, den Mund aufzumachen und uns hier zu helfen.« Dabei klopfte er auf den Ordner und wartete auf eine Reaktion.

Die kam dann auch. Dr. Traub räusperte sich. »Kann ich bitte einen Moment allein mit meinem Mandanten reden?«, fragte er.

Bergheim zuckte mit den Schultern. »Von mir aus, wenn Sie ihn dadurch zur Vernunft bringen.« Damit stand er auf und gab Hohstedt ein Zeichen. »Zehn Minuten«, sagte er und schloss die Tür.

Charlotte war unterdessen auf dem Weg zur KFI und machte sich so ihre Gedanken. Sie mussten unbedingt nachprüfen, wer Gesine

Hofholts Hausarzt war, und herausfinden, ob sie etwas von ihrer Krankheit gewusst hatte. Solche Diagnosen führten oft dazu, dass die Kranken sich ihrer Sünden bewusst wurden und unbedingt reinen Tisch machen wollten, bevor sie diese Welt verließen. Charlotte drückte auf die Hupe, als ein paar Jugendliche über die rote Ampel trödelten und sie beinahe einen von den dreien über den Haufen gefahren hätte. Der größere der beiden Jungen zeigte ihr den Mittelfinger und trödelte weiter. Manchmal juckte es Charlotte in den Fingern, und sie würde was drum geben, so einen Rotzlöffel mal so richtig vermöbeln zu können. Sie seufzte. Aber das würde wohl einer ihrer vielen Träume bleiben. So wie ihre Hoffnung, dass irgendwer mal ein Mittel erfinden würde, das es Toten ermöglichte, wenigstens für eine halbe Stunde wiederaufzuerstehen. Dann konnte man die Ermordeten einfach fragen, wer sie um die Ecke gebracht hatte.

Zehn Minuten später eilte Charlotte die Treppe zur KFI 1 hinauf. Auf dem Gang vor dem Vernehmungsraum standen Hohstedt und Bergheim herum. Bergheim drückte Hohstedt gerade das Foto von Jutta Frieder in die Hand, was Hohstedt nicht zu begeistern schien.

»Was liegt an?«, sagte sie und blickte von einem zum anderen. Bergheim allein wollte sie einfach nicht ansprechen, dazu war sie immer noch zu beleidigt.

»Hofholt berät sich gerade mit seinem Anwalt«, sagte Bergheim. »Und ich fürchte, wir werden ihn laufen lassen müssen. Zumindest bis wir einen Zeugen gefunden haben, der bestätigen kann, dass Hofholt mit Jutta Frieder gesprochen hat. Die Aussage von Monika Krugwald allein reicht ja wohl nicht.«

Hohstedt stand da mit hängenden Mundwinkeln und klopfte mit dem Foto auf seine Faust. »Gibt's hier eigentlich auch noch mal was anderes zu tun, als den Leuten Fotos vor die Nase zu halten?«

Niemand antwortete, und er trollte sich.

»Weißt du überhaupt, wo der wohnt?«, rief Bergheim ihm nach.

Hohstedt verlangsamte seinen Schritt, ging dann aber schnell weiter. »Natürlich«, antwortete er und verschwand in Richtung Büro, wo er jetzt wahrscheinlich seinen Computer nach Hofholts Adresse befragen würde.

Bergheim wandte sich schmunzelnd an Charlotte. »Und? Was sagt Wedel?«

»Sie ist erschlagen worden, wahrscheinlich mit einem Stein«, sagte Charlotte. »Die Spusi hat aber nichts dergleichen gefunden. Wahrscheinlich liegt der irgendwo in der Leine. Außerdem war die Frau schwer krank. Sie hatte nicht mehr lange zu leben. Krebs.«

»Oh«, sagte Bergheim und schluckte.

Charlotte räusperte sich. »Ich schlage vor, wir schicken Maren ebenfalls mit dem Foto in die Hahnenstraße. Irgendwer hat die Frieder da mit Sicherheit gesehen. Und Thorsten soll sich an den Computer setzen und diesen Hofholt durchleuchten. Irgendwas ist faul an diesem Menschen. Wäre doch gelacht, wenn wir dem nicht was nachweisen könnten.«

In diesem Moment betraten Thorsten Bremer und Maren den Flur. Bremer wirkte übel gelaunt. »Das ist ja ein ganz Gewiefter. Dem können wir im Moment noch nichts ans Zeug flicken. Die kleine Wegener hängt sich ständig an ihn, sagte er. Könnte er ja nichts für. Hat uns vorgeschlagen, sie selbst zu fragen, was sie an ihm findet. Echt ein Laffe, der Kerl. Und dass er auf der Hochzeit war, heißt ja eigentlich nichts. Immerhin ist er ein Schüler von dem Bräutigam. Und auf der Hochzeit seines Lehrers dürfte man ja wohl mal einen heben, hat er gesagt.«

»Weißt du, ob noch andere Schüler da waren?«, fragte Charlotte.

»Ich weiß nur von dem Ziemer, dem Pickelgesicht«, sagte Bremer. »Das müssen wir Hofholt junior selbst fragen. Unser Herr Sokolow hier ist nicht besonders mitteilsam.«

»Um das Pickelgesicht kümmere ich mich, wenn ich mit seinem Kumpel hier fertig bin«, sagte Bergheim. »Und Maren sollte sich Marlene Krieger noch mal zur Brust nehmen«, fügte er hinzu und sah Charlotte abwartend an.

»Na gut«, sagte die und wich seinem Blick aus. »Dann werden wir die Bagage erst mal wieder laufen lassen. Allerdings werde ich zumindest für diesen Sokolow eine Observierung beantragen. Dem werden wir doch noch irgendwas anhängen können.«

Bergheim sah auf die Uhr. »Ich werd mal wieder reingehen. Vielleicht hat Dr. Hofholt es sich ja anders überlegt und will reden.«

Charlotte wandte sich an Maren, gab ihr das Foto und riet ihr, sich mit Hohstedt abzustimmen, der sei schon unterwegs. Maren nahm das Bild seufzend entgegen.

»Kann ich nicht mal mit jemand anderem zusammenarbeiten?«, fragte sie. »Andauernd muss ich mit Martin losziehen, dabei hab ich nicht das Gefühl, dass der mich mag.«

»Ach herrje«, gluckste Charlotte. »Als ob der irgendjemanden mag.« Dann sah sie Maren ernst an. »Wir brauchen unbedingt jemanden, der Jutta Frieder vor Hofholts Haus gesehen hat. Das ist sehr wichtig. Und sobald ihr einen gefunden habt, protokolliert ihr die Aussage, und du unterhältst dich anschließend mal mit dieser Marlene Krieger. Klar?«

»Ich allein?«, fragte Maren.

»Nein«, sagte Charlotte, »das müsst ihr zu zweit erledigen. Die Frau ist ja anscheinend viel zu gerissen für einen einzelnen Polizisten.«

Maren nickte. »Ich berichte dir dann«, sagte sie und zwinkerte Charlotte zu.

Die lächelte. Maren hatte verstanden und würde ihre Chefin genau über diese Frau informieren.

»Ach ja, wie heißt der Mann, der die Schlägerei beobachtet hat?«, fragte Charlotte.

Maren drehte sich noch mal um. »Treibel, viel konnte er mir nicht sagen, meinte, er hätte nicht mehr ganz klar gucken können, wär ja auch dunkel gewesen.« Maren grinste. »Aber dass einer von beiden der Trauzeuge war, hat er gesehen, hätte sich noch gewundert, dass der sich prügelt.«

»Hat er den anderen beschrieben, oder hat er gehört, worüber gestritten wurde?«

»Weder noch«, sagte Maren nachdenklich, »und wenn du mich fragst, ich weiß nicht, ob das wirklich alles stimmt. Der Typ hat auf mich keinen besonders cleveren Eindruck gemacht.«

Charlotte nickte. »Okay, wir werden uns mit dem Malinek unterhalten.«

Sie fasste Bremer am Arm. »Und du begleitest mich, such schon mal bitte die Adresse von diesem Restaurant raus.«

Damit machte sie sich auf zu Ostermann, um die Observierung

eines Verdächtigen durchzusetzen. Sie hörte ihn schon über die Monstrosität dieser Steuergeldverschwendung lamentieren.

Das »Bei Malinek« an der Podbi glich eher einem Schnellimbiss als einem Restaurant. Es war hell und zweckmäßig eingerichtet, mit lachsfarbenen Kunstlederstühlen und zwei Stehtischchen im Eingangsbereich. Die Spezialität des Hauses war Currywurst mit selbstgekochter Tomatensauce. Der Imbiss war gut besucht, zwei junge Leute, ein Mann und eine Frau, standen hinter dem Tresen und hatten alle Hände voll zu tun.

»Das riecht ja lecker«, sagte Bremer und hielt schnüffelnd die Nase in die Luft.

»Wenn wir hier fertig sind, kannst du ja was bestellen«, sagte Charlotte und wandte sich an die junge Frau. »Wir möchten Herrn Malinek sprechen, es ist wichtig.« Sie hielt der Frau, die gerade ein Bratwürstchen zwischen zwei Brötchenhälften klemmte, ihren Ausweis hin. Die zog die Stirn in Falten und wies auf eine schmale Tür neben der Theke.

»Der ist im Büro, erste Tür links«, sagte sie kurz.

Malinek saß an einem kleinen Schreibtisch, in einem nur wenig größeren Büro, über diverse Papiere gebeugt. Als er Charlotte in der Tür stehen sah, stand er verblüfft auf.

»Was machen Sie denn hier?« fragte er und steckte die Hände in die Taschen.

Charlotte sah sich um und griff nach einem Stuhl, auf dem ein Karton mit Serviettenpackungen stand. Sie stellte den Karton auf den Boden und setzte sich. Bremer stellte sich vor einen Aktenschrank.

Charlotte kam direkt zur Sache. »Herr Malinek, Sie haben uns nicht gesagt, dass Sie sich auf der Hochzeit von Andreas Hofholt mit jemandem geprügelt haben. Wir möchten gern wissen, mit wem und warum.«

Malinek grinste und setzte sich wieder. »Wieso interessiert sich die Polizei für das, was ich tue?«

»Stimmt es?«, fragte Charlotte. Sie hatte weder Zeit noch Lust für Geplänkel.

Malinek klopfte mit seinem Kugelschreiber auf seinen Schreibtisch.

Dann ließ er sich herab zu antworten. »Prügeln wäre übertrieben, wir hatten eine kleine Auseinandersetzung.«
»Wer ist wir?«
Malinek sog scharf die Luft ein. »Jemand, der nicht zur Hochzeitsgesellschaft gehörte. Ich hab ihm gesagt, er soll verschwinden. Er war da anderer Meinung.«
»Wer?«, insistierte Charlotte.
Malinek schüttelte den Kopf. »Da er nicht zu den geladenen Gästen gehörte, kannte ich ihn nicht. Ich weiß nicht, wie er hieß.«
Charlotte legte den Kopf schräg. »Und das sollen wir Ihnen glauben?«
»Wird Ihnen nichts anderes übrig bleiben.«
»Aber wie er aussah, wissen Sie noch?«
Malinek lehnte sich zurück und verschränkte die Arme. »Na ja, in etwa. Es war ja dunkel. Er war noch ziemlich jung.«
»Sonst noch was?«
»Kurze Haare, ungefähr so groß wie ich.« Malinek stand auf. »Und das ist alles, was ich Ihnen sagen kann. Ich möchte Sie jetzt bitten zu gehen. Ich habe noch zu arbeiten.«
Charlotte musterte den Mann ein paar Sekunden lang und stand dann auf.
»Wir sprechen uns noch«, sagte sie.
»Immer wieder gern«, sagte Malinek.
Draußen wollte Bremer sich eine Currywurst bestellen, doch Charlotte zog ihn zur Tür raus. »Bei dem Typen kaufen wir nichts«, schnaubte sie und steuerte zum Wagen.
»Mensch, ich hab Hunger«, meckerte Bremer.
»Kauf dir 'ne Pizza«, sagte Charlotte und warf die Autotür zu. »Hätte nicht übel Lust, ihm die Steuer auf den Hals zu hetzen.«
»Das würde den auch nicht beeindrucken«, sagte Bremer.
Charlotte seufzte. »Ja, wahrscheinlich hast du recht.«

Charlotte brachte Bremer zurück zur KFI. »Nimm dir deinen Computer vor und finde irgendwas über diesen Hofholt und seine Frau. Tu mir den Gefallen«, sagte sie, als sie auf dem Parkplatz standen. »Und außerdem brauchen wir die Telefonliste und ein Bewegungsprofil der beteiligten Personen.«

Bremer hatte bereits die Wagentür geöffnet und blickte Charlotte vorwurfsvoll an. »Und wo bitte soll ich da anfangen? Das geht alles nicht so schnell.«

»Weiß ich«, sagte sie und klopfte ihm auf die Schulter. »Aber ich vertraue dir. Du machst das schon.« Sie wartete, bis Bremer ausgestiegen war, und brauste davon.

Bremer blickte ihr ärgerlich nach. Wo sollte er jetzt seine Pizza herkriegen?

Andreas Hofholt hatte geweint. Seine Frau hatte die Tür geöffnet und Charlotte ins Wohnzimmer geführt. Hofholt saß zusammengesunken auf dem Sofa und knackte mit den Fingergelenken.

»Möchten Sie irgendwas trinken?«, fragte seine Frau eher höflich als freundlich und verließ, nachdem Charlotte dankend verneint hatte, das Zimmer.

Sie wirkte nicht wie eine treu sorgende Ehefrau, eher wie eine verletzte.

Charlotte musterte Andreas Hofholt und versicherte ihm dann, wie leid ihr das Ganze tue. Hofholt nickte schweigend und sah sie dann fragend an.

»Wieso verhören Sie andauernd meinen Vater? Was hat der mit dem Tod meiner Mutter zu tun?«

Charlotte sagte nichts. Sie hatte keine Ahnung, was sie dem Mann antworten sollte. Dass sie seinen Vater verdächtigten, ein Mörder zu sein? Da wollte sie sich aber dann schon ziemlich sicher sein, und das war sie bisher nicht.

»Wir wissen es nicht, es gibt eine Menge Dinge, die wir noch nicht verstehen«, sagte sie.

Hofholt nickte nur.

»Herr Hofholt, kennen Sie Anton Sokolow?« Charlotte beobachtete ihr Gegenüber genau. Er zuckte leicht zusammen, fing sich aber sofort.

»Warum wollen Sie das wissen?«

»Kennen Sie ihn nun?«

Hofholt nickte. »Ja, er ist einer meiner Schüler.«

»Aha, wissen Sie irgendwas über den verschwundenen Timon Wegener?«

Hofholt riss die Augen auf. »Natürlich nicht! Wie kommen Sie darauf? Wenn ich was wüsste, hätte ich das doch gesagt.«

Charlotte nickte. »Laden Sie öfter Ihre Schüler zu Ihren privaten Feiern ein?«

Jetzt stutzte er. »Nein, wieso?«

»Nun, besagter Sokolow und ein gewisser Mark Ziemer waren auf jeden Fall auf Ihrer Hochzeit.«

»Das ...«, Hofholt schluckte, »... die waren nur zufällig da. Für meine Schüler und Kollegen hatte ich noch eine Grillparty geplant ... aber unter diesen Umständen wird wohl nichts daraus.«

»Herr Hofholt«, Charlotte wollte endlich zu einem Ergebnis kommen, »ich frage Sie jetzt noch mal. Wissen Sie irgendwas über die Tote im Georgengarten?«

Hofholt knackte wieder mit den Gelenken, was Charlotte fürchterlich auf die Nerven ging. Kein Wunder, dass die Ehefrau das Weite suchte.

Dann brach der Mann plötzlich in Tränen aus. »Sie ... sie hat solche Andeutungen gemacht ...«

»Was für Andeutungen?«, fragte Charlotte ungeduldig.

»Na ... dass alles ans Licht kommen würde.«

»Was?«

Hofholt sah sie misstrauisch an. »Das weiß ich nicht. Sie hat es mir ja nicht gesagt!«, schrie er dann und schluchzte. »Wieso lassen Sie mich nicht einfach in Ruhe? Meine Mutter ist tot, und Sie verhören andauernd meinen Vater, als ob er ein Verbrecher wäre. Was soll das?«

Charlotte zögerte. »Wussten Sie eigentlich, dass Ihre Mutter schwer krank war?«

Hofholt sah sie verblüfft an. »Nein, wieso denn? Davon wüssten wir doch. Was reden Sie denn da?«

»Sie hatte Krebs – im Endstadium.«

Hofholt wich zurück. »Das ... das glaube ich Ihnen nicht. Woher ...« Dann überlegte er einen Moment und schwieg.

»Wer war der Hausarzt Ihrer Mutter?«

»Das weiß ich nicht, fragen Sie meinen Vater.«

»Wissen Sie überhaupt irgendwas?«, fragte Charlotte. »Zum Beispiel, dass Ihre Mutter Ihren Vater mit der Ermordeten zusammen gesehen hatte?«

Hofholt sprang auf und hielt sich die Ohren zu. »Hören Sie endlich auf und gehen Sie! Ich will nichts mehr hören!«

Charlotte stand auf. »Na gut«, sagte sie, »aber wir sind noch nicht am Ende.«

In diesem Moment öffnete Frau Hofholt die Tür und schaute missbilligend auf ihren Mann. Offensichtlich hatte sie ihn von dieser Seite noch nicht kennengelernt.

Charlotte ging an ihr vorbei zur Tür. Dann wandte sie sich noch mal um. »Ich erwarte Sie morgen früh um neun Uhr in der Direktion. Da werden wir uns weiter unterhalten.« Sie verließ die Wohnung mit der Gewissheit, dass mit diesem Mann etwas nicht stimmte. Er wusste etwas, aber er wollte auf keinen Fall, dass es ans Licht kam. Aber sie würde dahinterkommen, das schwor sie sich. Sie wollte sich gerade auf den Weg Richtung Lister Meile machen, als die Tür hinter ihr geöffnet wurde und Hofholt hinter ihr stand.

»Hören Sie«, sagte er, »können wir uns nicht irgendwo hinsetzen. Ich möchte Ihnen etwas sagen.«

»Klar«, sagte Charlotte und lächelte. »Wohin Sie wollen.«

Sie gingen in Pepe's Mexican Bar an der Friesenstraße, setzten sich an einen der wenigen freien Tische und bestellten jeder ein Bier.

Charlotte wartete geduldig, bis Hofholt so weit war, sich zu öffnen.

Er starrte auf den Tisch und drehte wie in einem inneren Kampf sein Bierglas. Er nahm einen Schluck und sah sie dann an. »Was ich Ihnen jetzt sage, kann mich alles kosten, was ich mir bisher aufgebaut habe.«

Charlotte schwieg. Was sollte sie sagen?

»Dieser ... Anton Sokolow.« Hofholt schloss die Augen, seine Kiefermuskeln arbeiteten. »Ich ... ich hab vor einiger Zeit eine ... Dummheit gemacht.«

Charlotte stellte die Ellbogen auf den Tisch, legte das Kinn in die Hände und wartete.

Hofholt nahm einen Schluck Bier und sah Charlotte an.

»Das Mädchen heißt Marlene.«

»Marlene Krieger«, sagte Charlotte.

Hofholt sah erstaunt auf. »Sie kennen sie?«

Charlotte nahm einen Schluck Bier. Sie hatte das Gefühl, genau zu wissen, worum es hier ging. Mein Gott, Männer waren solche Schafe!

»Erzählen Sie schon«, sagte sie.

Hofholt nahm seufzend Anlauf. »Also, Marlene war damals noch nicht mal volljährig. Aber ausgefuchst ... das kann ich Ihnen sagen.« Er nickte und stierte in sein Bierglas. »Haben Sie eigentlich eine Ahnung, wie schwer es manchmal für einen Lehrer ist ... wenn sich diese jungen Dinger im Sommer halb nackt vor einem rumfläzen? Man weiß schon gar nicht mehr, wohin man gucken soll!«

»Ja«, sagte Charlotte. »Sie können einem echt leidtun.« Sie hatte es schon immer gewusst. Männer und ihr evolutionäres Erbe. Wie die Paviane im Dschungel. Hauptsache, vögeln, egal wen! Aber vielleicht war sie jetzt einfach nur ungerecht.

»Sie hatten also ein Schäferstündchen mit Marlene Krieger ...«, nahm Charlotte das Gespräch wieder auf.

»Ja, sie hat mich angerufen, was von einem Notfall gefaselt, und ich bin hin. Als ich dann vor ihrer Tür stand, hatte sie ein Nachthemd an! Und was für eins! Sie hätte es auch gleich weglassen können ...!« Hofholt griff nach dem Bier und trank. »Jedenfalls waren ihre Eltern nicht da und ... da ist es eben passiert, und dieser verflixte Sokolow hat ein Foto gemacht ...« Er schluckte. »Wenn meine Frau dieses Foto zu sehen kriegt oder die Schulbehörde ... Dann kann ich gleich meine Scheidungspapiere abholen und meine Kündigung auch. Und wenn das die einzigen Folgen bleiben, hab ich immer noch Glück gehabt.« Er schwieg eine Weile, über sich selbst erstaunt. »Ich weiß immer noch nicht, wie mir das passieren konnte.«

Charlotte ersparte ihnen beiden die Geschichte mit den Pavianen und nickte stattdessen verständnisvoll. »Wir werden natürlich versuchen, Ihre Angaben vertraulich zu behandeln. Bis jetzt sehe ich keinen Grund, warum Ihre Frau von unserer Unterhaltung erfahren sollte.«

»Ja, von Ihnen vielleicht nicht, aber diese Bande erpresst mich natürlich.«

»Und«, wollte Charlotte wissen, »was wollen sie von Ihnen?«

Hofholt drehte an seinem Bier. »Gute Noten natürlich.« Er nahm einen Schluck. »Jedenfalls war das am Anfang so. Das ist zwar machbar, aber auch nicht immer leicht zu bewerkstelligen, wenn Sie es mit Leuten zu tun haben, die eine binomische Formel nicht von einer Gleichung mit zwei Unbekannten unterscheiden können. Aber die Dinge haben sich geändert. Sie wollen Geld. Deswegen …«

»Deswegen was?«, fragte Charlotte.

»Deswegen würde ich mir wünschen, dass irgendwer dieser Bande endlich das Handwerk legt.« Hofholt blickte versonnen zum Eingang, wo gerade ein junger Kerl grüßend die Hand in seine Richtung hob und gleichzeitig einen ebenso fragenden wie süffisanten Blick auf Charlotte warf.

»Warum sind Sie nicht gleich zur Polizei gegangen?«

Hofholt blickte sie erstaunt an. »Was glauben Sie? Ich hatte natürlich gedacht, dass das Ganze ein Ende haben würde, wenn diese Schüler die Schule verlassen, aber …«

»Was, aber?«

»Es geht weiter. Sie sind auf der Hochzeit aufgetaucht.« Er sah Charlotte an. »Sie glauben ja wohl nicht, dass ich die eingeladen hätte. Nee, die haben sich selbst eingeladen, und dann hat dieser Scheißkerl doch tatsächlich Geld von mir verlangt!«

»Welcher Scheißkerl? Ziemer oder Sokolow?«

»Ach, die gehören doch alle zusammen. Aber es war Sokolow. Er ist der Raffinierte. Ziemer ist eher der Mann fürs Grobe.«

»Wie viel haben sie verlangt?«

Hofholt gluckste. »Fünfzigtausend! Stellen Sie sich das vor: fünfzigtausend! Könnte ich sowieso nicht bezahlen. Alle denken immer, weil mein Großvater reich war, hab ich Geld. Was keiner weiß, ist, dass mein Großvater alles andere als reich war, als er starb. Er hatte sich total verschuldet. Na gut, meine Mutter und Tante Monika hat er gut versorgt, aber davon hab ich nichts. Ich muss für mein Geld arbeiten.«

Charlotte kniff die Augen zusammen. »Laufen da noch andere Dinge an Ihrer Schule, von denen wir wissen sollten?«

»Diese Bande terrorisiert die jüngeren Schüler schon seit Langem, aber keiner traut sich, was zu sagen.«

»Was meinen Sie damit?«

»Na, sie pressen ihnen Geld ab oder ihre Handys oder sonst was.« Hofholt leerte sein Glas und sah Charlotte bittend an. »Glauben Sie mir, das Einzige, was ich mir habe zuschulden kommen lassen, war ein einziger Moment der Schwäche dieser ... dieser Sirene gegenüber.«

»Klar«, sagte Charlotte und leerte ebenfalls ihr Glas. »Übrigens, wissen Sie, mit wem Ihr Trauzeuge sich auf Ihrer Hochzeit geprügelt hat?«

Hofholt riss erstaunt die Augen auf. »Bernd hat sich geprügelt? Mit wem?«

»Das frage ich Sie.«

Hofholt schüttelt den Kopf. »Davon wusste ich nichts.«

»Er sagte, es war ein Gast, der nicht eingeladen war.«

»Tatsächlich?« Hofholt dachte nach.

»Weiß Herr Malinek von dieser Erpressung?«, fragte Charlotte. »Könnte es sein, dass es bei dem Streit darum ging?«

Hofholt nickte bedächtig. »Ja, ich hab ihm davon erzählt. Ich kenne ihn schon, solange ich denken kann. Er war mein Pate und ... weiß irgendwie immer Rat. Ganz anders als ... mein Vater.«

»Und«, fragte Charlotte, »wusste er Rat?«

»Nein«, sagte Hofholt.

Charlotte stand auf und sah ihn an. »Ich werde sehen, was sich machen lässt. Wenn es geht, werde ich Sie raushalten. Aber versprechen kann ich nichts.«

Damit verabschiedete sie sich und ging. Im Hinausgehen warf sie dem grinsenden Schüler noch einen herausfordernden Blick zu. Sie fragte sich, ob dieser Malinek vielleicht noch andere Gründe hatte, sich mit Sokolow zu prügeln. Vielleicht wurde er ja selbst erpresst. Sie konnte sich nicht vorstellen, dass die Erpressung seines Patenjungen wirklich der einzige Grund für Malinek war, sich mit Sokolow anzulegen. Da musste noch was anderes sein, sonst fing sie am Ende noch an, den Kerl zu mögen.

Sie trat auf die Straße hinaus und sog die Luft ein. Es dämmerte bereits. Die Luft war kühl und klar. Sie beschloss, noch ein bisschen die Meile entlangzuschlendern. Ihr Auto würde sie in der Friesenstraße stehen lassen, die Gretchenstraße war ja gleich um die Ecke. Und wenn sie zu Hause war, würde sie sich Bergheim vorknöpfen.

Männer waren ja solche Schafe! Zwar nicht so harmlos, aber mindestens so dämlich.

Als Charlotte am Abend gegen halb elf nach Hause kam, wartete Bergheim auf dem Sofa vor dem Fernseher auf sie und zappte sich durch die Programme. Er hatte sich Sorgen gemacht, aber sie hatte ihr Handy ausgeschaltet. Als sie die Tür öffnete, legte er die Fernbedienung auf den Couchtisch und wartete. Er hörte, wie sie ins Bad ging und wenig später das Wasser rauschte. Im Fernsehen verdrosch 007 gerade einen von den Bösen. Am liebsten hätte Bergheim mit ihm getauscht und sich diesen verdammten Sokolow mitsamt seiner Marlene mal vorgeknöpft, anstatt hier nutzlos herumzusitzen und darauf zu warten, dass seine Freundin ihm Absolution erteilte. Nach zehn Minuten betrat Charlotte – in ihrem roten Kimono sah sie aus wie eine strafende Göttin – das Wohnzimmer und schloss die Tür ab. Eine Weile musterte sie ihn, und er hatte keine Ahnung, wie er diesen Blick deuten sollte. Dann kam sie auf ihn zu, setzte sich vor ihn auf den Couchtisch und hielt seinen Blick fest.

»Ich mag es nicht, wenn du in anderen Revieren wilderst. Verstanden?«, raunte sie und schob ihre Hand unter sein T-Shirt.

»Verstanden«, sagte er und wollte sie in die Arme nehmen und küssen, aber sie funkelte ihn an.

»Und fass mich jetzt ja nicht an, klar?«

»Klar«, sagte Bergheim.

Dann schwieg er und überließ sich ihr – obwohl er es langsam satthatte, sich von Frauen überrumpeln zu lassen.

ELF

Charlotte und Bergheim waren unterwegs zum Waterlooplatz. Vorher mussten sie Jan noch zur Schule bringen. Charlotte hatte den Verdacht, dass der Bengel es genoss, jeden Morgen kutschiert zu werden, aber sie hatte keine Lust, Bergheim das mitzuteilen. Vielleicht kam er ja von selbst drauf.

Das Wetter war durchwachsen. Es war immer noch schwülwarm, doch der Himmel war bedeckt. In der Nacht hatte es geblitzt und gedonnert, aber es war kein Regen gefallen.

Charlotte rieb sich die Stirn. Sie war müde, ihre Versöhnung letzte Nacht hatte lange gedauert. Aber es hatte ihr gefallen. Es war nicht zu verachten, wenn Männer ein schlechtes Gewissen hatten.

Sie versuchte, sich auf den Fall zu konzentrieren. Irgendwas Wichtiges war gesagt worden und schwirrte ihr im Kopf herum. Sie hatte es nur nicht gleich als wichtig erkannt. Aber sie würde schon drauf kommen. Im Geiste rekapitulierte sie das Gespräch, und dann schnippte sie mit dem Finger.

»Gesine Hofholt war doch eine vermögende Frau?«

»Ja, und meinst du, das hat was mit unserem Fall zu tun?«

»Das weiß ich nicht. Noch nicht. Aber vielleicht hat Thorsten etwas gefunden, oder sie hat ein Testament gemacht. Was, wenn Gesine Hofholt wegen ihres Geldes erschlagen wurde? Und zwar von ihrem Mann?«

Bergheim zweifelte. »Herr Dr. Hofholt macht mir keinen bedürftigen Eindruck. Immerhin waren die beiden fast dreißig Jahre miteinander verheiratet.«

»Ja«, sagte Charlotte, »kommt dir das nicht komisch vor?«

»Schon, irgendwie passte die Frau nicht zu ihm. War ein ziemliches Heimchen. Ob er sie wegen des Geldes geheiratet hat?«

»Davon kannst du ausgehen. Und nebenbei hat er sich woanders amüsiert. Seine Frau war bestimmt nicht ohne Grund eifersüchtig.«

Charlotte stieß einen tiefen Seufzer aus. »Weißt du, ich habe das Gefühl, dass uns der Zusammenhang verloren geht. Wer hat Jutta Frieder ermordet? Was hatte sie mit dem Hofholt zu tun? Hatte sie überhaupt was mit ihm zu tun? Und wieso finden wir diesen Herrmann nicht? Wo hält er sich versteckt? Wie viele Mörder suchen wir eigentlich, einen oder drei?«

»Zwei wären auch möglich«, sagte Bergheim und lenkte den Wagen in die Waterloostraße. »Vielleicht ist alles ganz einfach. Herrmann hat vor zwanzig Jahren seine Frau umgebracht und dafür gesessen. Dann nimmt er Kontakt mit ihrer alten Freundin auf, warum auch immer, ist ja nicht verboten. Kurz darauf wird die alte Freundin ebenfalls ermordet – liegt nahe, dass es derselbe Mann war, zumal er sie besucht hat und obendrein abgehauen ist. Herrmann und Frieder sind gemeinsam auf einer Hochzeit gewesen, auf der sie nichts zu suchen hatten, ebenso wie Sokolow und Ziemer, die den Bräutigam erpressen. Keine zwei Wochen später wird die Mutter des Bräutigams erschlagen. Dass sie todkrank war, hat mit ihrem Tod wahrscheinlich gar nichts zu tun.«

Charlotte hatte aufmerksam zugehört. »Irgendwie führen alle Wege zu dieser Hochzeit. Das ist doch seltsam, findest du nicht?«

Bergheim nickte. »Wenn du mich fragst, stecken die Frieder, Herrmann, Sokolow und Ziemer unter einer Decke. Die ziehen da ein groß angelegtes Erpresserspiel ab. Wahrscheinlich hängt Marlene Krieger auch mit drin, aber dazu fehlen uns noch Anhaltspunkte. Und Erpresser leben gefährlich. Also musste die Frieder dran glauben.« Bergheim überlegte einen Moment. »Wer weiß, vielleicht war sie nicht die Letzte, die sterben musste.«

Charlotte zog ihre Jacke enger um die Schultern. »Du meinst, sie sind an den Falschen geraten und dieser Jemand schafft sich seine Erpresser vom Hals? Da hätten wir bisher drei Kandidaten. Dich und die beiden Hofholts.«

Bergheims Mundwinkel zuckten. »Entweder das, oder einer aus der Bande reduziert seine Mitverschwörer.«

»Wäre möglich. Und wer bietet sich da an?«

»Sokolow und Herrmann«, sagte Bergheim. »Eventuell auch Ziemer, aber der ist nicht clever genug. Eignet sich höchstens zum ausführenden Organ.« Bergheim parkte, zog den Schlüssel und legte den Arm auf Charlottes Sitzlehne.

»Und wie passt Gesine Hofholts Tod da rein?«, fragte die zweifelnd.

»Gar nicht, die hat jemand ganz anders auf dem Gewissen oder ihr Mann.«

Charlotte beobachtete versonnen einen älteren Herrn, der mit dem Unterarm die Haube seines Audis polierte. Merkwürdig, dachte sie, was den Menschen alles wichtig war.

»Hey«, sagte Bergheim und strich eine dunkle Strähne aus ihrem Gesicht. »Du hast wieder diesen Weltschmerzblick. Lass das.«

Charlotte sah ihn an und lächelte. »Okay.« Dann wurde sie ernst. »Irgendwas stimmt mit dieser Hochzeit nicht. Da ist etwas vorgefallen. Zwei Mordopfer, die beide auf derselben Hochzeit waren, und beide haben eine Verbindung zu Alfons Hofholt. Das ist doch kein Zufall.«

»Unwahrscheinlich, aber nicht unmöglich.«

Fünf Minuten später betraten die beiden ihr Büro, wo Maren bereits auf sie wartete. »Wir haben eine Zeugin!«, sagte sie triumphierend.

»Habt ihr die Aussage?«, fragte Charlotte.

»Klar. Und weißt du, wer es war? Gestern Abend bin ich noch mal in die Kneipe in der Hahnenstraße gegangen und hab die Bedienung gefragt. Und sie kannte unsere Tote tatsächlich. Hat ein- oder zweimal bei ihr im Café gesessen, hat sie gesagt, sich stundenlang an einer Cola hochgezogen und nebenbei aus einer Schnapsflasche, aus ihrer Handtasche, getrunken. Hat bestimmt nicht viel Geld gehabt, meinte sie. Aber das Beste kommt noch. Irgendwann ist Hofholt ins Café gekommen, und die beiden sind aneinandergeraten.«

»Wusste sie auch, warum?«

»Nein, sie hat nur gesehen, dass Hofholt sie weggeschubst hat. Sie wär beinah über einen Tisch gefallen. Sie hätte sich noch gewundert, dass der Hofholt sich so rüpelig verhält – wär sonst eigentlich ein netter Gast. Aber sie hätte nichts gesagt, erstens ist er Stammgast, und zweitens ist er Doktor an der Uni.« Maren grinste. »Brauchst mich gar nicht so anzugucken. Genau so hat sie's gesagt.«

»Na gut«, sagte Charlotte, »und was hast du bei dieser Marlene Krieger rausgefunden?«

»Also, das ist eine ganz Ausgekochte.« Maren schien die schöne Marlene nicht zu mögen. »Sitzt da wie die Unschuld vom Lande und hat eine Ausstrahlung wie … wie hieß noch diese Frau, die alle Männer um den Finger gewickelt hat?«

»Circe?«, fragte Charlotte.

»Kann sein«, antwortete Maren, »jedenfalls hat Martin angefangen zu sabbern, als er sie gesehen hat.«

Charlotte kicherte. Sie musste diese Frau aus dem Verkehr ziehen, bevor sie den ganzen männlichen Polizeiapparat lahmlegte. »Können wir sie irgendwie festnageln? Was meinst du?«

Maren verneinte skeptisch. »Weshalb? Weil die Kerle ihr nicht widerstehen können? Und wegen Erpressung müsste sie erst mal jemand anzeigen. Außerdem haben wir keinen Beweis dafür, dass sie mit diesem Sokolow gemeinsame Sache macht. Es sei denn, dieser Hofholt outet sich oder einer von der Bande redet.«

»Genau«, sagte Charlotte, »und darum werden wir uns kümmern.«

Im Besprechungsraum waren alle versammelt, außer Ostermann, worüber Charlotte froh war. Als Erstes sollte Thorsten berichten. Der schien nur darauf gewartet zu haben, ein paar Neuigkeiten loszuwerden.

Er rückte sich ein wenig auf seinem Stuhl zurecht und legte dann gewichtig seinen Hefter auf den Tisch.

»Also, die Telefonuntersuchungen hab ich angeleiert, aber die dauern noch, und bei dem, was ich bisher an Informationen habe, war nichts Interessantes dabei. Aber …«, er räusperte sich. »Ich habe mir die Geldbewegungen auf Gesine Hofholts Konto angesehen. Sie hat richtig Geld auf der hohen Kante gehabt. Eine Viertelmillion in Depots und einhunderttausend in Festgeldkonten. Da bekommt man zwar im Moment nicht so viel Zinsen, aber dafür kann man schnell an das Geld ran. Und von diesen Konten ist in den letzten drei Jahren kontinuierlich Geld auf ein Girokonto von Dr. Alfons Hofholt, das offenbar eigens dafür eingerichtet wurde, überwiesen worden. Ansonsten hatten die Eheleute ein gemeinsames Girokonto, von dem auch beide regelmäßig kleinere Summen abgehoben haben.«

»Und?«, fragte Charlotte. »Was ist mit dem Geld passiert?«

»Tja, es wurde von Alfons Hofholt bar abgehoben. Manchmal mehrere tausend Euro. Insgesamt hat Hofholt seine Frau in den letzten zehn Jahren um etwas mehr als hundertachtzigtausend Euro erleichtert.«

Dieser Mitteilung folgte sekundenlanges Schweigen. Bergheim sprach als Erster. »Tja, was hat er wohl damit gemacht?«

»Also entweder hat er tatsächlich eine teure Geliebte, oder ...«, Charlotte warf Bergheim einen Blick zu, »... er wird erpresst.«

»Na ja, vielleicht hat er sonst was damit gemacht ...«, sagte Maren. »Vielleicht ist er ein Spieler?«

Charlotte schürzte die Lippen. »Wäre möglich.« Sie sah Maren an. »Nimm eins von den Hochzeitsfotos und frag mal im Spielkasino nach, ob er dort öfter zu Gast ist. Trotzdem sollten wir das mit der Erpressung nicht aus den Augen verlieren. Fragt sich nur, womit er erpresst worden ist.«

»Also, an kompromittierende Fotos ist ja offensichtlich leicht dranzukommen«, meldete sich Hohstedt grinsend zu Wort und handelte sich damit einen gelangweilten Blick von Charlotte ein.

»Die Frage ist doch«, sagte sie dann, »was hat das alles mit der toten Jutta Frieder zu tun? Hat es überhaupt was mit ihr zu tun?« Sie dachte einen Moment nach. »Kann es sein, dass sie mit Sokolow unter einer Decke steckte? Vielleicht ist sie zu gierig geworden, und dann hat er kurzen Prozess gemacht.«

Maren seufzte. »In diesem Fall, oder vielleicht sollten wir besser sagen, in diesen Fällen, ist ja wohl nichts mehr ausgeschlossen. Es wird echt langsam ganz schön kompliziert.« Und damit sprach sie allen anderen aus der Seele.

Charlotte trommelte mit den Fingern auf den Tisch.

»Wisst ihr mittlerweile, ob jemand von der Hochzeitsgesellschaft Herrmann gekannt hat?«

»Bis jetzt keiner«, sagte Maren.

»Hab auch nichts anderes erwartet. Aber egal, wir werden Hofholt vorläufig festnehmen. Ich beschaffe einen Durchsuchungsbefehl für seine Wohnung, und ihr schafft die ganze marode Bande hierher. Wäre doch gelacht, wenn wir diese Babys nicht knacken.«

Charlotte legte den Hörer auf und schob sich ihre letzte Schokoladenreserve in den Mund, als Maren die Tür zu ihrem Büro öffnete. »Ja?«, fragte sie kauend.

Maren sah sie bedeutungsvoll an. »Ich finde, ihr solltet euch anhören, was die junge Frau hier zu sagen hat.« Damit schob sie ein dunkelhaariges, schüchternes Mädchen von vielleicht zwanzig Jahren in den Raum, die mit beiden Händen die Hannoversche Allgemeine an die Brust drückte.

Charlotte und Bergheim, der gerade in die Hahnenstraße aufbrechen wollte, warfen sich einen Blick zu.

»Kommen Sie«, sagte Bergheim und schob der jungen Frau einen Stuhl zu. »Setzen Sie sich.« Er nickte Maren zu, die geräuschlos hinaustrat und die Tür schloss.

Charlotte saß der jungen Frau gegenüber und streckte ihr lächelnd über dem Schreibtisch die Hand entgegen. »Mein Name ist Charlotte Wiegand, das ist mein Kollege Rüdiger Bergheim.« Dabei wies sie auf Bergheim, der neben dem Fenster stand.

Die Frau machte einen nervösen Eindruck auf Charlotte, und sie lächelte ihr ermutigend zu. Wo hatte sie bloß diese Augen schon mal gesehen?

Die Frau schluckte. »Mein Name ist Lisa Grosser.« Sie sprach so leise, dass Charlotte Mühe hatte, sie zu verstehen. Bergheim kam geräuschlos näher.

»Ja, Frau Grosser, was wollten Sie uns mitteilen?«, fragte Charlotte, die immer stärker das Gefühl hatte, diese Frau schon mal gesehen zu haben.

Frau Grosser richtete sich in ihrem Stuhl auf und räusperte sich. Es kam Charlotte so vor, als wolle sie sich Mut machen.

»Ich bin die Tochter von dem, den Sie suchen.« Damit legte sie die Zeitung mit dem Fahndungsbild von Walter Herrmann auf den Tisch. »Ich bin bei meinen Großeltern aufgewachsen. Grosser war der Mädchenname meiner Mutter.«

»Ja?« Charlotte rief sich blitzschnell in Erinnerung, dass dieses Mädchen Zeugin des Mordes an ihrer Mutter gewesen war und für lange Zeit nicht gesprochen hatte. Sie schien das Trauma aber gut verarbeitet zu haben.

»Also«, Frau Grosser tippte mit dem Zeigefinger auf das Bild ihres Vaters, »wenn das mein Vater ist, dann ist er nicht der Mörder meiner Mutter.«

Dieser Aussage folgte sekundenlanges Schweigen. Dann hatte

Charlotte sich gefangen. »Äh, könnten Sie uns das etwas genauer erklären?«

Die junge Frau hob die Schultern. »Na ja, ich bin mir ziemlich sicher, dass dieser Mann nicht der war, den ich damals bei meiner Mutter gesehen habe.«

Charlotte warf Bergheim einen ratlosen Blick zu.

»Und ... darf ich fragen, wieso Ihnen das erst nach zwanzig Jahren auffällt?«

Frau Grosser senkte den Blick. »Mir haben immer alle gesagt, dass mein Vater meine Mutter getötet hat. Also hab ich natürlich gedacht, dass derjenige, den ich damals gesehen habe, mein Vater war.«

Bergheim stellte sich hinter Charlotte und stemmte seine Hände auf ihre Stuhllehne. »Wollen Sie damit sagen, Sie haben in all den Jahren nie ein Foto von Ihrem Vater gesehen?«

Frau Grosser nickte schüchtern.

»Ja«, Charlotte faltete ungläubig die Hände und legte sie auf den Tisch, »wie ist denn das möglich?«

»Das waren meine Großeltern. Sie haben meinen Vater immer gehasst. Wollten nicht über ihn sprechen und haben alle Fotos von ihm vernichtet.«

»Aber«, Charlotte versuchte es andersherum, »man hat Ihren Vater verurteilt. Der Fall wurde – den Akten zufolge – gründlich untersucht, und er wurde für schuldig befunden.«

Frau Grosser nickte. »Ich weiß. Das heißt ... ich weiß eigentlich gar nichts, nur das bisschen, das meine Großeltern mir erzählt haben.«

»Und was haben Ihnen Ihre Großeltern erzählt?«, fragte Bergheim.

»Dass mein Vater ein schlechter Mensch war, der meine Mutter geschlagen und getötet hat und uns damit alle ins Unglück gestürzt hat. Dass ich ihn am besten ganz vergessen soll und sie nicht mehr über ihn reden wollen.«

Charlotte und Bergheim warteten auf zusätzliche Erklärungen, die aber offenbar nicht kommen würden. Frau Grosser sah die beiden erwartungsvoll an.

»Ist das wirklich alles?«, fragte Charlotte dann mit ungläubigem Staunen.

»Ja«, sagte Frau Grosser.

»Aber ... sind Sie nicht psychologisch betreut worden?«, fragte Bergheim.

»Oh ja«, sagte Frau Grosser, »fast mein ganzes Leben lang. Bis meine Psychologin vor zwei Jahren starb.«

»Hat Ihre Therapeutin nicht mit Ihnen über Ihren Vater gesprochen?«

»Natürlich, aber ich hatte bis vor zwei Tagen keine Ahnung, wie er ausgesehen hat. Das heißt, dass er so«, damit zeigte sie nochmals auf das Bild in der Zeitung, »ausgesehen hat.«

»Hm, Sie wissen aber, dass der Mann, den Sie vor zwanzig Jahren —«

»Siebzehn, es ist siebzehn Jahre her«, unterbrach sie Frau Grosser.

»Okay, vor siebzehn Jahren neben Ihrer toten Mutter gesehen haben, nicht der Mann auf diesem Bild ist. Was macht Sie so sicher? Immerhin waren Sie kaum vier Jahre alt.«

Lisa Grosser sah Charlotte einen Augenblick prüfend an.

»Ich bin mir sicher, dass es nicht dieses Gesicht war, das ich damals gesehen habe«, sagte sie dann.

»Und? Welches Gesicht haben Sie gesehen?« Charlotte war mehr als misstrauisch.

Lisa Grosser wand sich. »Das ... das kann ich nicht genau sagen. Es war eben nichts Besonderes daran. Nicht wie bei diesem Mann. Die Augen sind hell und stehen auffällig schräg. So hat der Mann damals nicht ausgesehen.«

Charlotte runzelte die Stirn. »Ich bitte Sie, Frau Grosser, Sie glauben doch nicht im Ernst, dass sich eine Vierjährige an so was erinnert.«

Lisa Grosser wandte den Blick ab und schluckte. Dann blickte sie Charlotte mit feuchten Augen an. »Ich habe bis vor zwei Tagen geglaubt, ich hätte damals in die Augen meines Vaters gesehen, und muss jetzt erfahren, dass das womöglich ein Irrtum war. Haben Sie eine Vorstellung davon, was es heißt, mit so einer Geschichte leben zu müssen? Dass der eigene Vater die Mutter ermordet hat? Haben Sie eine Ahnung, wie oft ich geträumt habe, es wäre alles nicht wahr und ich würde mit meinem Vater, der ein ganz toller Hecht ist, am Wochenende in den Zoo gehen, so wie alle anderen das mit ihren Vätern ganz selbstverständlich auch tun?« Sie schluckte. »Stattdessen hatte ich eine depressive Großmutter, einen Großvater, der ewig fremdging, und einen Mörder, der im Gefängnis saß, zum Vater. Glauben Sie mir, wenn es auch nur den Hauch einer Chance gibt, dass das alles eine Lüge war, dann werde ich der Sache nachgehen.«

Charlotte musterte Lisa Grosser einen Moment. Die junge Frau wirkte zwar etwas schüchtern, aber keineswegs gestört. Sie schien genau zu wissen, was sie sagte, und war obendrein entschlossen, der Sache auf den Grund zu gehen.

»Wissen Ihre Großeltern, dass Sie hier sind?«, fragte Charlotte dann.

»Meine Großmutter ist seit zwei Jahren tot, und mein Großvater lebt mit seiner neuen Freundin abwechselnd in Hannover und in Spanien.«

»Was machen Sie beruflich?«

»Ich studiere Lehramt an der Leibniz-Uni.«

»Aha«, sagte Charlotte und stand auf. »Kommen Sie, ein Kollege wird Ihre Aussage protokollieren. Danach sehen wir weiter.«

Sie führte Lisa Grosser in Bremers Büro und bat sie, dem Kollegen alles noch mal genau zu schildern. Bremer, der in seine Computerrecherche vertieft war, blickte erstaunt auf und wollte protestieren.

»Du bist mit der Akte Herrmann am besten vertraut. Du solltest dich mit Frau Grosser unterhalten und ihre Aussage protokollieren.« Sie schloss die Tür und stieß hart die Luft aus. Dann ging sie zurück in ihr Büro, wo Bergheim grübelnd am Schreibtisch saß.

»Was sagst du dazu?«, platzte sie heraus, kaum dass sie die Tür hinter sich geschlossen hatte.

»Tja, wenn das stimmt, können wir von vorn anfangen und uns obendrein noch mal einen siebzehn Jahre alten Mordfall vornehmen.«

Charlotte nickte schweigend und ließ sich auf ihren Stuhl fallen.

»Was machen wir jetzt?«, fragte sie und blickte an die Decke.

»Einer wird es Ostermann sagen müssen.«

»Oh Gott, ja, machst du das? Der arme Mann war doch schon

halb in den Urlaub entfleucht und nun das!«, sagte Charlotte mit einigem Sarkasmus und zupfte gedankenverloren an ihrer Unterlippe.

»Kannst du dir vorstellen, dass eine Frau sich daran erinnern kann, was sie vor fast zwanzig Jahren als drei- oder vierjähriges Mädchen gesehen hat?«

»Ich habe keine Ahnung«, sagte Bergheim, »was ist deine früheste Kindheitserinnerung, und wie alt warst du da?«

»Liebe Güte, da müsste ich in mich gehen und scharf nachdenken, und dann würde wahrscheinlich immer noch nichts dabei rauskommen.«

»Vielleicht sollten wir uns mit einem Psychologen unterhalten?«

»Ja«, sagte Charlotte, »das werden wir. Und dann sehen wir weiter.«

Zwei Stunden später befand sich die KFI 1 in Aufruhr. Marlene Krieger, Mark Ziemer und Alfons Hofholt befanden sich in Befragungen, aber Anton Sokolow war unauffindbar. Der Beamte, der ihn observiert hatte, hatte ihn an der Schule verloren. Offenbar hatte Sokolow den Braten gerochen und sich aus einem der Fenster in den Klassenräumen im Erdgeschoss aus dem Staub gemacht. Sein Kumpel Ziemer saß Charlotte im Vernehmungsraum gegenüber und konnte sich ein herablassendes Grinsen einfach nicht verkneifen.

»Es liegt bereits eine Anzeige wegen Erpressung gegen Sie vor«, log Charlotte und sah ihm fest in die kleinen Augen. Dann lächelte sie und legte das Foto von Jutta Frieder auf den Tisch. »Da wir ja nun wissen, dass Sie kein Unschuldsengel sind, können wir uns doch mal fragen, was Sie mit dieser Frau zu tun hatten.«

»Wer hat mich angezeigt?«, schnappte Ziemer. »Und mit der da hab ich gar nichts zu tun. Hab die Frau in meinem Leben noch nicht gesehen. Außerdem dürfen Sie mich hier nicht festhalten. Mein Vater hat schon einen Anwalt eingeschaltet – den besten –, falls es Sie interessiert. Wenn Sie mich jetzt einfach wieder gehen lassen, ersparen Sie sich eine Menge Schwierigkeiten.«

Charlotte musterte Ziemer, seine narbigen Wangen und die kleinen grauen Augen, die unruhig zwinkerten. Unter seinem linken

Mundwinkel blühte ein überreifer Pickel. Sie fragte sich, ob dieser Junge jemals Erfolg bei einem Mädchen gehabt hatte oder haben würde. Aber das sollte sie jetzt nicht interessieren. Wenn sie anfing, Mitleid mit diesem Jungen zu haben, würde sie ihn kaum zum Reden bringen. Und das wollte sie. Sie kannte diesen Typ, der sich für stark und unverwundbar hielt, aber bei einem offensichtlich überlegenen Gegner sofort kampflos den Schwanz einzog.

Charlotte lehnte sich zurück, ohne ihr Gegenüber aus den Augen zu lassen.

»Wenn Sie behaupten, die Frau noch nie gesehen zu haben, gibt es zwei Möglichkeiten. Entweder Sie haben ein miserables Gedächtnis, oder Sie lügen.« Dann schnellte sie vor. »Und wollen Sie wissen, was ich glaube? Ich glaube, Sie lügen, und ich glaube, dass Sie einen verdammt guten Grund haben zu lügen.«

Ziemers rechtes Auge zwinkerte. »Wieso sollte ich lügen? Ich kenne die Alte nicht.«

»Dann ...«, Charlotte sprach sehr langsam, »können Sie mir sicher auch erklären, warum Sie mit dieser Frau zusammen auf der Hochzeit Ihres Lehrers Andreas Hofholt gesehen wurden.«

Das Zwinkern wurde jetzt heftiger. »Das ... das kann nicht sein. Wer sagt das?«

Charlotte hatte nicht die Absicht, dem Jungen das zu verraten, ganz davon abgesehen, dass sie Bremers Aussage in dieser Beziehung ein bisschen frei interpretierte.

»Diese Frau wurde ermordet, und zwar nachdem man sie mit Ihnen zusammen auf der Hochzeit gesehen hatte.«

»Sie ... Sie spinnen ja wohl!«, schrie Ziemer. »Als ob ich diese besoffene Kuh ...« Er merkte zu spät, dass er sich verplappert hatte, und schwieg.

Aber Charlotte gönnte ihm keine Pause. »Ja ...«, insistierte sie, »woher wissen Sie denn, dass sie betrunken war, wenn Sie sie noch nie gesehen haben?«

Ziemer zog den Kopf zwischen die Schultern.

Meine Güte, dachte Charlotte, wie hatte der Hofholt diesen Jungen bloß bis in die Abiturklasse gemogelt. Es war Zeit für den Todesstoß.

»Wir werden jeden einzelnen Gast auf dieser Hochzeit befragen, und glauben Sie mir, wir werden einen finden, der uns eine schöne Geschichte erzählen kann, in der Sie und diese Frau die Hauptrolle spielen. Und dann brauchen Sie wirklich einen guten Anwalt. Mord ist kein Kavaliersdelikt.« Sie wollte aufstehen, aber Ziemers Kopf ruckte hoch.

»Mord!«, rief er. »Sie können mir doch keinen Mord in die Schuhe schieben. Nur weil ich die Alte genagelt habe. Es war Anton. Fragen Sie Anton, der hat die ganze Zeit mit ihr rumgemacht. Ich hab doch nichts mit dem Mord an dieser blöden Kuh zu tun!«

Charlotte fand, der Junge benutzte den Ausdruck »Kuh« eindeutig zu oft für eine Frau, die offensichtlich gut genug war, um sie zu »nageln«, wie er sich ausdrückte.

»Was hatte Sokolow mit der Frau zu tun?«, fragte sie unwirsch.

»Weiß ich doch nicht!« schrie Ziemer. »Sie hat ihn vollgequatscht und wollte bei ihm landen.«

»Und, ist sie bei ihm gelandet?«

Ziemer sackte in sich zusammen. »Fragen Sie doch Anton.«

»Was hat sie zu ihm gesagt?«

»Das weiß ich doch nicht, Mensch.« Ziemer schien sich wieder etwas sicherer zu fühlen, jetzt, wo sein Kumpel in der Schusslinie war. »Muss auf jeden Fall interessant gewesen sein. Irgendwie so was hat Anton gesagt und dass er sich noch mal darum kümmern wollte.«

Charlotte nickte. »Was wissen Sie über Timon Wegener?«

Ziemer blickte auf und schwieg eine Weile. »Fragen Sie Anton«, sagte er dann.

»Ich frage Sie!« Charlotte schlug mit der Hand auf den Tisch, sodass Ziemer zusammenzuckte.

»Mein Gott, Anton wollte sich an Timons kleine Schwester ranmachen, da ist der Kleine durchgedreht und wollte sich mit ihm anlegen! Was kann ich dafür, wenn der so blöd ist! Anton hat ihm jedenfalls gezeigt, was Sache ist.«

»Und«, fragte Charlotte, »wie hat er das genau gemacht? Hat er ihn umgelegt und irgendwo verscharrt, oder was?«

Ziemer wäre beinah aufgesprungen. »Was?«, schrie er, beruhigte sich dann aber und runzelte die Stirn. Auf diesen Gedanken schien er noch nicht gekommen zu sein. Als er eine Weile nachgedacht hatte – Charlotte hatte den Eindruck, dass er daran nicht gewöhnt war –, fühlte er sich wieder stark. »Quatsch, als ob Anton sich mit so was aufhalten würde.«

Charlotte stand auf. »Sie können gehen, aber Sie bleiben erreichbar. Haben Sie das verstanden?«

»Wie jetzt ...«, sagte Ziemer verblüfft, »erst wollen Sie mir einen Mord anhängen, und jetzt kann ich gehen? Was läuft denn hier?«

Charlotte ließ ihn sitzen und fragte sich, wann er wohl dahinterkommen würde, dass sie rein gar nichts gegen ihn in der Hand gehabt hatte.

Nur eins war klar, mit diesem Sokolow war irgendwas oberfaul.

Am Nachmittag gegen drei betraten Charlotte und Bergheim das Kinderkrankenhaus auf der Bult am Bischofsholer Damm, wo Professor Dr. Wiedemann die Kinderpsychiatrie leitete.

Dr. Wiedemanns Erscheinung stand in direktem Gegensatz dazu, wie man sich einen Kinderpsychologen vorstellt. Mit seinen fast zwei Metern Körperlänge, dem dunklen Haarschopf und den funkelnden braunen Augen hätte Charlotte als traumatisiertes Kind bei seinem Anblick wahrscheinlich Reißaus genommen. Sein Lächeln allerdings relativierte diesen Eindruck sofort. In seiner weißen Jeans und dem ebenso weißen Hemd wirkte er geradezu wie eine überlebensgroße, rettende Märchenfigur.

Er begrüßte Charlotte und Bergheim mit einem festen Händedruck und führte sie in ein lichtdurchflutetes, geräumiges Büro.

»Setzen Sie sich doch«, sagte er und wies freundlich auf eine mit hellgrünem Himmel aus Organzastoff überdachte Sitzecke, deren helles Ecksofa mit unzähligen Kuscheltieren übersät war.

Charlotte und Bergheim ließen sich in die weichen Polster sinken, und Dr. Wiedemann ließ sich ihnen gegenüber auf einem Stuhl nieder.

»Wie kann ich Ihnen denn nun helfen?«, strahlte er in Charlottes Richtung.

Die legte ihre Ellbogen auf die Oberschenkel – sie fühlte sich in dieser Stellung irgendwie sicherer, als so durch und durch entspannt halb in den Polstern zu liegen –, schilderte ihm den Fall Grosser und schloss dann mit der Frage: »Glauben Sie, dass man dem Gedächtnis eines vierjährigen Mädchens trauen kann?«

Professor Wiedemann nickte bedächtig mit dem Kopf. »Tja, das ist so eine Frage, die man nur mit ›Jein‹ beantworten kann.«

»Wie meinen Sie das?«, fragt Bergheim, der ebenfalls mit dem Plüsch zu kämpfen hatte.

»Na ja, einerseits verfügen Kinder in diesem Alter durchaus über ein autobiografisches oder episodisches Gedächtnis, andererseits spielt einem die Erinnerung – und das ist nicht nur bei Kindern so – auch oft einen Streich. Das heißt«, fuhr er fort und schlug die langen Beine übereinander, »dass Kinder ihre Erinnerungen unwissentlich oft ihren Phantasien und Träumen anpassen. Und in Stresssituationen, wie es ja bei diesem Kind der Fall war, trifft das in besonderem Maße zu. Andererseits ...«

»Sie meinen also, dass diese Erinnerungen nicht unbedingt zuverlässig sind?«

Professor Wiedemann schüttelte den Kopf. »Das meine ich nicht. Nicht unbedingt. Manchmal ist es durchaus so, dass reale Erinnerungen – mitunter nach Jahren – wieder ins Bewusstsein gelangen. Die Evolution hat das so vorgesehen, wissen Sie, damit das Gehirn sich an bestimmte Gefahrenmomente erinnert und sich solchen Situationen nicht noch einmal aussetzt. Andererseits hat es schon Fälle gegeben, in denen Opfer von Gewalt einen Täter beschreiben, der nachweislich unschuldig war, nur weil sie ihn kurz vor der Gewalttat irgendwo gesehen haben. Beispielsweise im Fernseher, während einer Livesendung. Es gibt da einen dokumentierten Fall. Der Mann, der damals beschuldigt worden war, hatte also ein wasserdichtes Alibi.« Weidemann grinste. »So nennen Sie das doch wohl?«

Charlotte nickte.

»Faszinierend«, sagte Bergheim, »wie beurteilen Sie also konkret die Aussage dieser Frau? Ist sie glaubwürdig?«

Professor Wiedemann zuckte die Achseln. »Kann sein, kann nicht sein. Dazu müsste ich vielleicht mit ihr reden. Aber dabei läuft man wieder Gefahr, den Menschen gewisse Erinnerungen zu suggerieren, die gar nicht der Realität entsprechen ...« Professor Wiedemann lächelte beinahe entschuldigend. »Sie sehen, es ist eine sehr komplexe Thematik.«

»Es besteht aber die Möglichkeit, dass die junge Frau mit ihrer Vermutung recht hat?«, fragte Charlotte.

»Natürlich«, sagte Professor Wiedemann.

Charlotte dachte einen Moment nach. »Glauben Sie, dass uns eine Gegenüberstellung weiterbringt?«

»Das wäre einen Versuch wert«, sagte Wiedemann und sah diskret auf seine Armbanduhr.

Charlotte seufzte. »Können Sie uns sonst in dieser Sache noch Hinweise geben? Wenn ich Sie richtig verstanden habe, ist es möglich, dass das kleine Mädchen damals tatsächlich einen anderen Mann gesehen hat, und genauso ist es möglich, dass sie sich irrt und sich die Erinnerung nach ihren Wünschen zurechtbiegt?«

Professor Wiedemann nickte. »So ungefähr. Allerdings ist sie sich dessen dann nicht bewusst. Sie glaubt tatsächlich an das, was sie sagt.«

Bergheim schlug sich auf die Schenkel und stand mit einem Ruck auf. »Ja, dann ...«

Charlotte quälte sich ebenfalls aus den Polstern. Professor Wiedemann bot ihnen noch von den Gummibärchen an, die in einem Glas auf dem Tisch standen, und führte sie dann zum Ausgang.

»Na klasse«, sagte Bergheim, als sie draußen in der Sonne standen. »Jetzt wissen wir, dass alles oder nichts möglich ist. Wie soll's jetzt weitergehen?«

»Jetzt«, sagte Charlotte, »müssen wir endlich diesen Herrmann zu fassen kriegen. Ich hab da auch schon eine Idee.«

Bergheim arrangierte ein Treffen mit Lisa Grosser, um das weitere Vorgehen mit ihr zu besprechen. Charlotte hatte nämlich die Idee, Walter Herrmann zu ködern.

Die drei saßen sich wie gehabt in Charlottes und Bergheims Büro gegenüber. Lisa Grosser guckte skeptisch, aber nicht abgeneigt.

»Ich weiß nicht recht«, sagte sie zögernd, »ich komme mir vor wie ein Lockvogel. Wer sagt mir eigentlich, dass Sie meinen Vater nicht einfach nur einsperren wollen und mich dazu benutzen? Am Ende hängen Sie ihm auch noch den Mord an dieser Frau aus dem Georgengarten an.«

Charlotte seufzte. »Natürlich müssen wir Ihren Vater erst mal festsetzen. Immerhin hat er gegen seine Bewährungsauflagen verstoßen. Aber haben Sie eine bessere Idee, wie sich Ihr Vater rehabilitieren will, wenn er verschwunden bleibt? Das ist doch keine Lösung.«

Lisa Grosser nickte verhalten. »Vielleicht will er sich ja gar nicht rehabilitieren. Er hat die Strafe abgesessen, kann ihm doch eigentlich alles egal sein. Was hat er schließlich davon, wenn Sie ihn noch mal verurteilen?«

»Frau Grosser«, mischte sich Bergheim ein, »wenn Ihr Vater nun tatsächlich was mit dem Mord an dieser Frau zu tun hat, würden Sie dann wollen, dass er frei herumläuft und womöglich noch jemandem etwas antut?«

Die junge Frau schluckte und dachte eine Weile nach.

»Hören Sie«, sagte Charlotte, »früher oder später erwischen wir ihn sowieso, und es ist für ihn auf jeden Fall besser, sich bei der Polizei zu melden. Wenn er nichts verbrochen hat, kann er uns aber womöglich helfen, diese ganze Sache aufzuklären, und«, Charlotte lehnte sich zurück, »wer weiß, damit vielleicht einen weiteren Mord verhindern.«

Lisa Grosser schien noch nicht restlos überzeugt. »Es ist ja nicht mal sicher, dass er mich sehen will. Immerhin ist das alles fast zwanzig Jahre her. Vielleicht nimmt er mir auch übel, dass ich ihn nie besucht habe.«

»Das ist alles möglich«, sagte Charlotte, »aber was haben Sie zu verlieren?«

Sie wolle darüber nachdenken, sagte das junge Mädchen, und sich wieder melden.

»Glaubst du wirklich, dass das was bringt?«, fragte Bergheim, als Lisa Grosser gegangen war.

»Keine Ahnung«, sagte Charlotte, »aber schaden kann es ja wohl auch nicht.«

In diesem Punkt irrte Charlotte, aber das wusste sie noch nicht.

Als Charlotte und Bergheim am Abend erschöpft die Wohnung betraten, hörten sie Stimmen. Verdutzt blickten sie sich an und gingen zur Küche, wo sich ihnen ein interessanter Anblick bot.

Am Tisch stand Jan, der sich gerade ein Nutellabrot schmierte, wobei Vivian ihn gebannt beobachtete. Als Bergheim die beiden begrüßte, huschte ein Lächeln über ihr schmales Gesicht. »Hallo«, hauchte sie.

»Hey«, sagte Jan und biss herzhaft in sein überladenes Brot.

»Willst du deinem Gast nichts anbieten?«, fragte Charlotte.

»Sie will nicht«, sagte Jan mit vollem Mund, und Vivians heftiges Kopfschütteln bestätigte das.

»Okay«, sagte Charlotte und drängte sich an Bergheim vorbei. »Wenn ihr nichts dagegen habt, koche ich schnell was.«

Jan erwiderte etwas, das sich wie »owow« anhörte, und winkte seine Freundin mit hinaus. Vivian folgte ihm eilig.

»Oh Mann«, sagte Bergheim, kaum dass die beiden in Jans Zimmer verschwunden waren, »man könnte glatt meinen, sie hat Angst vorm Essen.«

»Ja, vielleicht kann man das so ausdrücken«, sagte Charlotte und öffnete den Kühlschrank. »Was hältst du von Pasta mit Tomatensauce?«

»Vollkorn?«, fragte Bergheim misstrauisch.

»Natürlich«, sagte Charlotte.

Bergheim seufzte. »Besser als nichts. Ich geh dann mal duschen.«

»Moment«, sagte Charlotte und sammelte die verschmierten Messer vom Tisch. »Vorher musst du noch das Tagewerk deines Sohnes beenden und diese Messer spülen.«

Gegen elf lagen beide satt und erschöpft im Bett. Charlotte sinnierte über die Pubertät im Allgemeinen und Jan und Vivian im Besonderen.

»Sie hat zehn Minuten gebraucht, um zwei Bissen Pasta zu essen«, murmelte sie dann und ergriff Bergheims Hand. »Hab noch nie jemanden so langsam kauen sehen. Als ob sie sich zum Schlucken zwingen müsste.«

Bergheim brummte irgendwas, das sich wie Zustimmung anhörte.

»Und dein Sohn schaufelt, als hätte er Angst, jemand würde ihm den Teller wegnehmen, bevor er fertig ist.«

»Hm.«

»Sie scheint ihn echt zu mögen.«

Keine Antwort.

»Vielleicht tut der Junge ihr gut.« Sie kniff ihn in die Seite. »Meinst du nicht auch?«

»Jaa«, knurrte Bergheim.

Charlotte seufzte. »Du hörst überhaupt nicht zu.«

»Hm?«

Sie lächelte und drückte ihm einen Kuss auf die Stirn. »Gute Nacht, mein Held.«

Dann löschte sie das Licht. Ihr Held schnarchte bereits.

ZWÖLF

Als die beiden am nächsten Morgen die Wohnung verlassen wollten, erreichte sie die Nachricht, dass man Sokolow gefunden hatte. Ein Jogger hatte ihn halb tot aus der Leine in Herrenhausen gezogen.
»Lebt er?«, fragte Bergheim ins Handy, und Charlotte blieb in der Tür stehen.
»Was ist mit der KTU? Irgendwelche Spuren?«
»Alles klar«, sagte Bergheim nach einer Weile und legte auf.
»Er liegt in der MHH im Koma«, sagte er zu Charlotte. »Irgendjemand hat ihm den Schädel eingeschlagen. Er lag bewusstlos halb im Wasser und wäre beinahe ertrunken, ist aber an der Böschung hängen geblieben. Da hat ihn heute Morgen um halb sechs ein Jogger gefunden. Die KTU läuft, aber sie haben nicht viel gefunden.«
Charlotte stieß einen Pfiff aus. »Lieber Himmel, mit wem hat der sich angelegt?«
»Mit einem seiner Opfer, würde ich sagen.«
Sie machten sich auf den Weg zur KFI 1.

Charlotte wollte sich gerade einen Kaffee eingießen, als die Tür zu ihrem Büro geöffnet wurde. Als sie sah, wer sie da besuchte, blieb sie einen Moment verblüfft stehen.
»Jan«, sagte sie dann und stellte die Kanne wieder hin, »dein Vater ist gerade in einer wichtigen Besprechung.« Dann sah sie auf die Uhr. Kurz vor zwölf. »Ist die Schule schon aus?«
Jan schüttelte den Kopf, und dann trat Vivian Schleich schüchtern hinter ihn. Ihre Storchenbeine steckten in schwarzen Leggings, darüber trug sie eine lila-weiß karierte Bluse, die zu Charlottes Erleichterung die nicht vorhandenen Pobacken bedeckte. Wie ein weibliches Becken ohne ein gesundes Hinterteil aussehen mochte, wollte sie sich lieber nicht vorstellen. Beim Anblick dieser personifizierten Unterernährung schrillten sofort Charlottes Alarmglocken, und sie bot Vivian eilig einen Stuhl an. Sie blickte Jan, der sie um Haupteslänge überragte, fragend an. Der schob Vivian mit einer Hand Richtung Stuhl, die andere hatte er in seiner Jeans vergraben.

»Ich glaube, Vivian hat euch was zu sagen.«

Charlotte setzte sich auf ihren Stuhl. »Ja?«

Vivian klemmte ihre Hände zwischen die knochigen Knie und zögerte. Charlotte wartete, während Jan ein bisschen genervt die Zimmerdecke untersuchte.

»Nun sag schon«, raunte er dann, »hab nicht ewig Zeit.«

Vivian schluckte und sprach so leise, dass Charlotte Mühe hatte, sie zu verstehen. »Also, es geht um den Anton«, die riesigen dunklen Augen starrten Charlotte an, »der ist doch verschwunden, oder?«

Charlotte nickte. »Das war er. Mittlerweile liegt er im Krankenhaus im Koma.«

Vivian riss ihre großen Augen auf. »Was ist denn mit ihm passiert?«

»Das wissen wir noch nicht genau.«

»Wird er ... ich meine, wacht er wieder auf?« Vivian machte nicht den Eindruck, als ob sie Sokolow heftig betrauern würde, wenn er nicht wieder aufwachte.

»Auch das wissen wir noch nicht. Er ist ziemlich schwer verletzt.«

Vivan schien plötzlich zu wachsen. »Also«, sie biss sich auf die Lippen, »es ... es gibt da einen Schrebergarten, wo genau der ist, weiß ich nicht ... also, da treffen sie sich immer.«

»Wer trifft sich dort?«, fragte Charlotte sanft. Als in diesem Moment das Telefon klingelte, nahm sie kurz den Hörer hoch und legte sofort wieder auf.

»Wer trifft sich dort?«, wiederholte sie die Frage und verfluchte den Anrufer, wer immer es gewesen sein mochte.

»Na, Anton und Mark und ... noch andere.«

Jan stöhnte. »Mein Gott, nun sag schon endlich.« Dann blickte er Charlotte an. »Damit wir hier nicht ewig rumstehen, ich hab nämlich noch 'ne AG. Sie haben Vivian K.-o.-Tropfen verpasst, sind mit ihr in diesen Schrebergarten gefahren und haben sonst was mit ihr angestellt.« Er tippte Vivian in den Rücken. »Stimmt doch, oder?«

Vivian zog den Kopf zwischen die Schultern, blickte auf ihre Fußspitzen und nickte.

Charlotte schluckte und hätte das Kind am liebsten umarmt, hatte aber Angst, dass das Mädchen dann in Tränen ausbrechen würde, und das wollte sie unbedingt verhindern.

»Wann ist das gewesen?«

Vivian – die Hände immer noch zwischen die Knie geklemmt – starrte unentschlossen zu Boden. »Letztes Jahr im April, an meinem vierzehnten Geburtstag.« Ihre Stimme zitterte.

»Das ist ein sehr wertvoller Hinweis für uns, Vivian. Hast du irgendjemandem davon erzählt?«, fragte Charlotte und wunderte sich nicht, als das Mädchen den Kopf schüttelte. »Er ... er hat gesagt, wenn ich's erzähle, dann stellt er die Fotos, die er gemacht hat, ins Internet ... und ...« In diesem Moment wurde die Tür aufgerissen, und Hohstedt trampelte herein. »Also ...« Weiter kam er nicht, denn er blickte verwirrt zuerst auf Jan und Vivian und dann auf Charlotte, die ihn warnend ansah.

»Egal, was es ist, es kann warten. Lass uns bitte allein«, sagte Charlotte mit drohendem Unterton, den Hohstedt richtig interpretierte, woraufhin er rückwärts das Büro seiner Vorgesetzten verließ und leise die Tür von außen schloss.

Charlotte wandte sich Vivian zu. »Hast du die Fotos gesehen?«

Sie nickte.

»Bist du öfter in diesem Schrebergarten gewesen?«

Erneutes Nicken.

»Wie oft?«

»Dreimal.«

»Und Anton und Mark waren immer dabei?«

Das Mädchen schluckte. »Nur Anton und ...«

»Jemand anders?«

Jetzt zitterte Vivian.

Charlotte schob ihren Stuhl neben Vivians, setzte sich neben sie und nahm vorsichtig ihre Hände. »Ganz ruhig, wir haben Zeit, und dir passiert nichts«, sagte sie, während Jan, der inzwischen an der Tür lehnte, interessiert das Gespräch verfolgte.

»Also ... die beiden anderen Male waren andere Männer da ... die waren schon ziemlich alt, und ...« Sie stockte.

»Ja«, forschte Charlotte, »was war mit den älteren Männern?«

»Also, sie musste mit ihnen«, Jan mischte sich wieder ein, »du weißt schon ...«

Charlotte hob die Brauen. »Stimmt das?«, fragte sie Vivian.

Die nickte wieder.

So war das also. Dieser Sokolow war nicht nur ein Erpresser, sondern auch ein Zuhälter, der obendrein Pädophile bediente. Schien ein lohnendes Geschäft zu sein.

»Wie lange geht das schon?«, hakte sie dann nach.

»Bis ich krank wurde, letztes Jahr in den Sommerferien. Und danach hat es aufgehört.«

Aha, dachte Charlotte. Danach wurde sie magersüchtig und war für die Freier nicht mehr so interessant wie ein gesundes Küken. Auch eine Möglichkeit, sich zu wehren.

»Weißt du, wem der Schrebergarten gehört?«

Vivian zuckte mit den Schultern. »Ich hab Anton nur einmal sagen hören, dass er noch Ordnung machen muss, weil sein Vater morgens immer den Garten macht.«

»Okay«, sagte Charlotte, »den finden wir. Weißt du noch von anderen Mädchen, denen das Gleiche wie dir passiert ist?«

Endlich sah Vivian Charlotte an. »Ja, aber die haben alle Angst. Ich darf die nicht verraten.«

Charlotte nickte. »Das macht nichts. Deine Aussage reicht, um ihn festzunageln, wenn er überlebt. Ich werde jetzt eine Beamtin aus der KFI 2 hierherbitten. Sollen wir deine Mutter anrufen?«

Noch bevor Charlotte die Frage ausgesprochen hatte, sprang Vivian auf.

»Nein, meine Mutter darf davon nichts wissen!«, rief sie panisch.

»Schon gut«, beschwichtigte Charlotte sie schnell, »kein Problem. Soll Jan dableiben?«

Nicken. »Ja, das wär mir lieber.«

Charlotte warf ihrem Stiefsohn einen fragenden Blick zu. Der nickte gut gelaunt. »Dann brauch ich aber 'ne Entschuldigung ... wegen der AG«, sagte er frohlockend.

Wenige Minuten später hatte Charlotte eine Psychologin aus der KFI 2 aufgetrieben und eine Beamtin, die Vivians Aussage aufnehmen sollte.

Bergheim, der eben aus dem Vernehmungsraum kam, in dem Alfons Hofholt eine halbe Stunde schweigend vor sich hingestarrt hatte, blickte verwirrt auf seinen Sohn und dessen Begleitung.

»Hey, Vatter«, sagte Jan, hob lässig die Hand zum Gruße und grinste dabei von einem Ohr zum anderen. Begleitet wurden die beiden von der Psychologin, die ihre Zeugin in ihr Büro dirigierte.

»Ich erklär's dir später«, vertröstete Charlotte Bergheim und sah sich nach Hohstedt um, der nicht an seinem Schreibtisch saß und sich, nach Auskunft einer Beamtin, in die Kantine begeben hatte. Sie rief ihn an und orderte ihn in ihr Büro.

»Was war so wichtig?«, fragte sie unwirsch, kaum dass er das Büro betreten hatte. Er hob abwehrend die Hände. »Gar nichts, wollte nur sagen, dass die Vernehmung von dieser Krieger nichts ergeben hat.«

»Na großartig, dann setzt du dich jetzt mit Schliemann von der KFI 2 zusammen an den Computer und versuchst rauszufinden, ob es irgendwo eine Internetseite gibt, wo dieser Sokolow Minderjährige für Sexspielchen anbietet.«

»Wie bitte?«, stotterte Hohstedt.

Charlotte versuchte seufzend eine Erklärung. »Das Mädchen, in dessen Zeugenaussage du vorhin getrampelt bist, erstattet gerade Anzeige wegen Vergewaltigung und Zwang zur Prostitution gegen Sokolow und Ziemer. Dabei war von Fotos die Rede. Und jetzt beeil dich.«

Hohstedt stand noch zwei Sekunden verdattert in der Tür, dann verschwand er.

Charlotte ging zu Maren, die an ihrem Schreibtisch saß und in der Akte Timon Wegener blätterte.

»Die Eltern von diesem Sokolow haben irgendwo einen Schrebergarten, finde raus, wo der ist, und besorg dir den Schlüssel. Sobald du die Adresse und den Schlüssel hast, meldest du dich bei mir. Alles klar?«

»Klar«, sagte Maren, klickte noch mal mit ihrer Maustaste und stand auf.

Charlotte machte sich auf den Weg, um die Haftbefehle für Sokolow und Ziemer und die Durchsuchungsbefehle für Sokolows Wohnung und den Schrebergarten zu besorgen. Dann würde sie mit Rüdiger und zwei Beamten von der Technik die Wohnung von diesem Kerl auf den Kopf stellen, und wenn sie dort nichts fanden, würden sie in dem Schrebergarten was finden. DNA-Spuren von Vivian Schleich würden reichen.

Bergheim, Charlotte und Kramer und Dscikonsky von der Technik stiegen die Treppe zu Sokolows Wohnung hinauf. Bergheim nahm den Ersatzschlüssel, den die beiden sich beim Vermieter besorgt hatten, und öffnete die Tür.

Sie sahen sich in der engen Wohnung um, öffneten Schubladen und durchsuchten den Küchenschrank, während Kramer und Dscikonsky sich um Fingerabdrücke kümmerten und das Bett untersuchten.

»Möchte wissen, wo er seinen Computer gelassen hat«, sagte Charlotte.

»Schau dir das an«, sagte Bergheim, der sich gerade durch eine Schublade mit Autozeitschriften gequält hatte, während Charlotte in den Taschen einer zerbeulten Jogginghose wühlte. »Hier hat jemand eine Adresse in der Osterstraße an den Rand einer Zeitung gekritzelt.«

Charlotte sah sich die ziemlich ungelenke Handschrift an.

»Wir sollten feststellen, wer da wohnt«, sagte sie und rief die Telefonauskunft an, die aber keinen Eintrag zu der Adresse hatte. Also würde sie Bremer darauf ansetzen. Der würde das schon rausfinden. Er brauchte eine Viertelstunde, bis er Charlotte melden konnte, dass ein gewisser Alfons Hofholt auf die fragliche Wohnung eine Anzahlung von hunderttausend Euro geleistet hatte.

»Du bist ein Schatz«, sagte Charlotte.

»Sag ich doch«, brummte Bremer, »und noch was.«

Charlotte hörte ihn grinsen. »Gesine Hofholt hatte eine Lebensversicherung in Höhe von hunderttausend Euro, und weißt du, wer der Begünstigte ist?«

»Ihr Mann«, sagte Charlotte atemlos.

»Stimmt, aber es geht noch weiter. Anscheinend hatte sie vor, die Begünstigung von ihrem Mann auf ihren Sohn zu übertragen. Ein entsprechender Briefentwurf ist in ihrem Computer abgespeichert, aber bei der Versicherung liegt nichts vor.«

Charlotte stieß einen Pfiff aus. »Erinnere mich daran, dass du was gut hast bei mir«, sagte sie.

»Jaaa«, sagte Bremer und legte auf.

Charlotte hatte gerade genug Zeit, Bergheim aufzuklären, bevor ihr Handy klingelte. Maren meldete sich. »Also, dieser Schrebergarten ist in der List«, sagte sie. »Den Schlüssel hab ich.«

»Gut«, sagte Charlotte, »nimm Martin mit und ruf Kruse an. Der soll euch noch zwei Leute von der Technik mitgeben. Dann schaut ihr euch den Garten mal an. Rüdiger und ich gehen inzwischen zu einer Wohnung in der Osterstraße, auf die ein Alfons Hofholt eine Anzahlung geleistet hat.«

»Unser Alfons Hofholt?«, fragte Maren.

»Wenn es nicht zwei von denen mit derselben Adresse in der Nordstadt gibt, dann ja«, sagte Charlotte und drückte das Gespräch weg.

Bergheim telefonierte bereits mit Kruse, der mit drei Beamten die Hofholt'sche Wohnung in der Nordstadt auf den Kopf stellte.

»Habt ihr einen Wohnungsschlüssel gefunden, der nicht zur Wohnungstür passt?«, fragte er.

»Keine Ahnung, wir haben zwei Schlüsselbunde mit tausend Schlüsseln. Müssen wir noch durchprobieren. Willst du eins?«

»Wir kommen vorbei und holen es ab«, sagte Bergheim, und zwei Minuten später waren sie unterwegs in die Nordstadt.

Die Osterstraße lag mitten in der City, und Hofholts Wohnung war eins von zehn Apartments in einer mehrstöckigen Wohnanlage mit Tiefgarage.

Bergheim musste einige Schlüssel durchtesten, bevor er endlich den passenden fand. Als sie die Wohnung betraten, waren sie verblüfft. Sie bestand aus einem vielleicht sechzehn Quadratmeter großen Zimmer mit Küchenzeile und einem angrenzenden winzigen Bad. Die Einrichtung war karg und unpersönlich. Ein großes Bett, ein zweitüriger Schrank und ein Flachbildfernseher, der an der Wand montiert war, bildeten das ganze Interieur. Im Schrank hing ein dunkles Jackett, im Hutfach lag ein Regenschirm. Im Bett schien jemand vor nicht allzu langer Zeit geschlafen zu haben. Die Küche wirkte unbenutzt. Im Kühlschrank standen je eine Flasche Wasser und Saft und ein paar Dosen Krombacher Bier. Im Badezimmerschrank immerhin befand sich ein Becher mit Zahnbürste und einer Tube Zahnpasta. Der Seifenspender am Waschbecken war zur Hälfte gefüllt. Auch das Badezimmer schien längere Zeit nicht benutzt worden zu sein.

Bergheim und Charlotte sahen sich um. »Was denkst du, wenn du so was siehst?«, fragte Charlotte, während Bergheim die Bettdecke zurückwarf.

»Ein Liebesnest?«

»Genau«, sagte Charlotte.

»Dafür ist das Bett ziemlich sauber«, sagte Bergheim.

»Aber wieso hat sich Sokolow diese Adresse notiert?«, fragte Charlotte. »Ob er seine Freier auch hierherschickt?«

»Möglich«, sagte Bergheim. »Dann gibt's hier sicherlich eine Menge Spuren.«

»Du sagst es.« Charlotte zückte ihr Handy, um Dscikonsky mit einem der Kollegen herzubeordern. Langsam gingen ihnen die Kriminaltechniker aus.

Sie warteten, bis die Kollegen eintrafen, und fuhren dann zurück zur Direktion.

Unterwegs telefonierte Charlotte mit Maren, die immer noch mit zwei Leuten der Spurensicherung Sokolows Schrebergarten untersuchte.

»Das ist hier so eine kleine Laube, nicht besonders gemütlich, aber der Garten ist tipptopp«, sagte Maren gerade. »Sonst kann ich nicht viel sagen. Es gibt auf jeden Fall eine Million Fingerabdrücke und jede Menge Spermaspuren. Wird wohl 'ne Weile dauern, das alles auszuwerten.«

»Wir sind ja Kummer gewohnt«, sagte Charlotte. »Wenn ihr da fertig seid, machst du Feierabend. Morgen früh um acht ist Besprechung«, sagte Charlotte.

»Um acht?«, fragte Maren ungläubig.

»Genau, also schlaf schön«, sagte Charlotte und beendete das Gespräch.

In der KFI 1 sprach sie zunächst mit Martin Hohstedt und Schliemann, die emsig im Internet nach verdächtigen Fotos suchten, aber bis jetzt nicht fündig geworden waren. Ebenso hatte Bremer, der die Telefonlisten kontrollierte, noch nichts Auffälliges herausgefunden. Von Sokolow gab es ebenfalls keine Neuigkeiten. Charlotte schickte alle nach Hause, mit dem Hinweis auf die Besprechung am nächsten Morgen um acht. Hohstedt wollte zwar protestieren, klappte aber den Mund nach einem Blick in Charlottes Gesicht wieder zu.

Es war schon spät, als Bergheim und Charlotte endlich erschöpft die Wohnung in der Gretchenstraße betraten. Bergheim ging schnurstracks zum Zimmer seines Sohnes, der natürlich noch über seinem Notebook hing. Charlotte stellte sich hinter ihn.

Jan sah kurz auf. »Ja, was ist?«

Bergheim wusste nicht so recht, wie er anfangen sollte. Charlotte übernahm das für ihn. Sie trat ins Zimmer und merkte, wie unter ihrem Fuß irgendwas zerbrach. Aber das war jetzt unwichtig.

»Jan, wir wollten dir nur danken, dass du mit Vivian zur Direktion gekommen bist.«

Der Junge grinste. »Geht klar.« Dann wandte er sich wieder seinem Bildschirm zu.

»Äh.« Charlotte hatte gehofft, mehr zu erfahren. Freiwillig schien Jan aber nicht mit der Sprache rausrücken zu wollen. »Wie ... was hat sie denn zu dir gesagt?«, fragte sie dann.

Jan sah sie an. »Was meinst du?«

»Na«, Bergheim trat ebenfalls ins Zimmer, »wieso hat sie es dir erzählt?«

Jan zuckte mit den Schultern. »Weiß ich doch nicht, frag sie selber.«

Bergheim und Charlotte sahen sich an. Es war wohl zwecklos weiterzubohren. Jan war auch schon wieder mit seinem Bildschirm beschäftigt.

»Na, dann gute Nacht«, sagten beide und wandten sich zur Tür.

»Was ist mit der Entschuldigung?«, fragte Jan.

Bergheim wandte sich um. »Kriegst du.«

»Okay, bis morgen.«

Er schloss verdrossen die Tür.

DREIZEHN

Der Donnerstagmorgen empfing sie mit einer guten und einer schlechten Neuigkeit. Die schlechte war, dass Mark Ziemer verschwunden war, dafür – und das war die gute Nachricht – war Timon Wegener wiederaufgetaucht.

Am frühen Morgen gegen sechs Uhr hatte er in der Küche gesessen und auf seine Mutter gewartet, die immer um diese Zeit aufstand und das Frühstück für die Familie vorbereitete. Bei seinem Anblick hätte die Frau fast einen Herzinfarkt bekommen.

Bergheim vernahm die Nachricht mit Freude und einer guten Portion Zorn. Er beschloss, die Besprechung ausfallen zu lassen, und fuhr direkt zum Lister Kirchweg, um sich den Bengel mal vorzuknöpfen. Anscheinend hatte er sich die sechs Tage bei seinem Freund Eric Bach verborgen gehalten. Und Bergheim hätte gern gewusst, ob sich der Junge im Klaren darüber war, was es kostete, eine Hundertschaft Polizisten loszuschicken und die Eilenriede durchzukämmen. Ganz davon abgesehen machte er sich Vorwürfe, weil er sich damals in der Wohnung seines Freundes nicht ein bisschen umgesehen hatte. Vielleicht hätte er den Jungen gefunden. Aber andererseits, er hatte weder einen Grund noch das Recht gehabt, das zu tun.

Als Bergheim die Wohnung der Wegeners betrat, wurde er von den dankbaren, sich überschwänglich entschuldigenden Eltern empfangen und ins Wohnzimmer gebeten, wo Timon mit seiner Schwester Tabea auf ihn wartete.

Bergheim begrüßte die beiden, setzte sich dann und begutachtete die beiden Jugendlichen eine Weile schweigend.

Timon war ein hochgewachsener Junge mit halblangem, nach vorn gekämmtem Haar. Er hatte große, kluge Augen, die Bergheim vorsichtig musterten. Er wirkte erwachsener als auf dem Foto, das Bergheim von den Eltern bekommen hatte, und irgendwas schien ihn nervös zu machen. Tabea saß zusammengesunken in einem der Sessel und spielte mit ihren Haaren. Sie wirkte weniger kratzbürstig als bei seinem letzten Besuch. Vater und Mutter Wegener setzten sich zu ihrem Sohn auf das Sofa.

»Vielleicht erklärst du mir mal, warum du abgehauen bist?«, begann Bergheim das Gespräch.

Der Junge schluckte. »Ich, ich hatte Angst vor Anton Sokolow. Er hat mich bedroht.«

»Tatsächlich? Und jetzt hast du keine Angst mehr?«

»Nein«, sagte Timon, »Eric hat gesagt, er liegt im Krankenhaus. Das stimmt doch, oder?«

»Allerdings«, sagte Bergheim. »Wie hat er dich bedroht?«

»Na ja, er ... er hat einem immer Geld abgeknöpft, und sein Kumpel Mark hat jeden verprügelt, der nicht gezahlt hat.«

»Und deshalb bist du untergetaucht?«

Timon nickte.

»Warum bist du nicht zur Polizei gegangen?«

»Weil«, der Junge zögerte, »was hätte das gebracht?«

»Genau das, was es jetzt bringt. Wir können uns um den Kerl kümmern.«

»Ja, ja«, jetzt mischte sich Frau Wegener ein. »So was kennt man ja, da zeigt man die Leute an, und irgendwann nach etlichen Monaten werden sie dann vor Gericht gestellt und müssen vielleicht ein paar Sozialhilfestunden leisten. Bis dahin kann so ein Kerl mit unserem Sohn doch wer weiß was anstellen.«

Frau Wegener blickte erschrocken auf ihre Hände. Offenbar hatte sie mehr gesagt, als sie wollte.

Bergheim sagte nichts. Was auch? Bis zu einem gewissen Grad hatte die Frau recht. Trotzdem hatte er das Gefühl, dass hier irgendwas nicht stimmte. Er musterte Timon, der seinem Blick auswich. Dann stand er auf.

»Darf ich dich bitten mitzukommen, damit wir deine Aussage protokollieren können?«

Timon Wegener stand wider Erwarten auf und nickte eifrig. »Ja, ich will eine Anzeige machen.«

Bergheim war einigermaßen verblüfft über diese Bereitwilligkeit.

»Möchten Sie mitkommen?«, fragte er die Eltern.

»Nein«, sagte Timon hastig, »also dazu bin ich ja wohl alt genug, oder?«

Die Eltern zuckten mit den Schultern und ließen ihren Sohn ziehen.

Bergheim und der Junge waren kaum im Wagen, als es aus Timon herausprudelte.

»Sie müssen wissen, dass es um meine Schwester geht. Ich weiß, dass Anton sich an einige Klassenkameradinnen rangemacht hat und dass er Fotos von ihnen macht. Und als er es bei Tabea versucht hat, habe ich mich mit ihm angelegt, aber er hat mich nur ausgelacht.«

Bergheim hielt vor einer roten Ampel an der Ecke Podbi/Lister Kirchweg.

»Also warst du das, der mich angerufen hat?«, fragte er.

Timon sah Bergheim von der Seite an. »Ist das strafbar?«

»Nein, aber du hättest uns eine Menge Arbeit und dem Steuerzahler einen Haufen Geld sparen können, wenn du einfach zur Polizei gegangen wärst!«

»Ich weiß«, sagte Timon kleinlaut. »Aber er hat gesagt, dass er Bilder von Tabea hat, und wenn ich ihn nicht in Ruhe lasse ...«

»Schon gut«, sagte Bergheim. »Und was sagt deine Schwester?«

»Ach, Tabea«, sagte Timon unwirsch, »die ist so naiv! Hat doch wirklich gedacht, der Anton wär in sie verknallt. Ich hab versucht, sie von ihm fernzuhalten, aber sie hat natürlich nicht auf mich gehört. Kleine Schwestern hören nie auf einen.«

Bergheim grinste, aber er konnte das nicht bestätigen, weil er keine kleine Schwester hatte. Er hatte überhaupt keine Geschwister, was ihn nicht besonders glücklich machte.

»Aber«, fuhr Timon fort, »jetzt hat sie's anscheinend gerafft. Hat mir vorhin gesagt, dass ich recht hatte und sie den Kerl hasst. Ha, auf einmal!«

Bergheim warf den Gang rein und gab Gas.

»Jedenfalls will sie nicht, dass meine Eltern davon erfahren. Auf keinen Fall!«

Er blickte Bergheim misstrauisch von der Seite an. »Versprechen Sie mir das?«

Bergheim verzog den Mund. »Das kann ich nicht, sie ist minderjährig. Aber wir brauchen ihre Aussage.«

»Dann weiß ich nicht.«

»Hilft es, wenn ich dir sage, dass wir bereits eine Anzeige gegen ihn haben und einen Haftbefehl, der ihn garantiert sofort hinter Gitter bringt, wenn er denn überlebt?«

»Echt?« Timon strahlte. »Das ist geil. Genau so hatt ich es geplant. Ich hau ab, und dann werden die Bullen irgendwann bei Anton landen und nachforschen.«

»Tatsächlich?« Bergheim staunte, dass der Junge mit dieser Strategie wirklich erfolgreich gewesen war.

»Und das hast du zusammen mit deinem Freund ausgeheckt?«

»Ja, der hat mir immer alles erzählt.«

Bergheim nickte anerkennend. »Echt clever«, sagte er. »Und was machen wir jetzt mit deiner Schwester?«

Timon zog gewissenhaft eine Haarsträhne nach der anderen nach vorn und verteilte sie auf seiner Wange. »Ach, der wird ja wohl nichts anderes übrig bleiben, als zu reden, wenn ich schon alles erzähle. Und wenn Sie schon eine Anzeige haben ...«

In der KFI 1 herrschte emsiges Treiben. Ziemer war zur Fahndung ausgeschrieben worden, und Charlotte und Maren hatten Hofholt in der Mangel. Der machte, ebenso wie sein Anwalt, einen müden, resignierten Eindruck. Gesine Hofholts Gynäkologe hatte mittlerweile bestätigt, dass Frau Hofholt von ihrer Krankheit gewusst hatte, sich aber nicht hatte behandeln lassen wollen. Niemand sollte davon erfahren, das war ihr ausdrücklicher Wunsch gewesen. Sie schien sich mit ihrem Tod arrangiert zu haben.

Charlotte blätterte eine Weile schweigend in ihrem Bericht.

»Also«, begann sie dann, »Herr Dr. Hofholt, Sie haben ziemlich schlechte Karten, wenn Sie mich fragen. Dass Sie mit der Ermordeten Jutta Frieder aneinandergeraten sind, ist bezeugt, und für die Tatzeit haben Sie kein Alibi. Dass Sie mit Ihrer ermordeten Frau aneinandergeraten sind, haben Sie selber zugegeben, und für diese Tatzeit haben Sie ebenfalls kein Alibi.« Sie blickte auf, um Hofholt die Chance zu geben, sich dazu zu äußern, was er nicht tat.

»Und jetzt«, fuhr sie fort, »hätte ich gerne von Ihnen gewusst, warum Sie Ihrer Frau hundertachtzigtausend Euro gestohlen haben.«

Das schien Hofholt nicht erwartet zu haben. Er warf zuerst seinem Anwalt einen unsicheren Blick zu und starrte dann Charlotte an.

»Was sagen Sie da?«, flüsterte er.

»Sie haben mich schon verstanden«, sagte Charlotte und wartete.

Hofholt sog geräuschvoll die Luft ein, sagte aber nichts.

Charlotte lehnte sich zurück und warf ihren Kuli auf den Tisch.

»Also, ich habe jetzt keine Lust mehr auf dieses Theater. Wenn Sie nicht ein paar sehr überzeugende Argumente für Ihre Unschuld haben, beende ich diese Sitzung, und Sie verbringen erst mal eine Nacht auf Staatskosten. Nur um Sie schon mal auf den Geschmack zu bringen.« Charlotte stand auf. »Wenn Sie mich fragen, dann sitzen Sie schwer in der Klemme. Das Einzige, was Ihnen helfen kann, ist, hier endlich die Wahrheit zu sagen. Ich gebe Ihnen beiden fünfzehn Minuten.« Bevor sie mit Maren hinausging, sah sie, wie Hofholt nervös die Hände knetete. Gut, er rang mit sich. Vielleicht hatte sie ihn endlich weichgeklopft.

Die beiden brauchten fast eine halbe Stunde, dann bat Dr. Traube Charlotte hinein. »Mein Klient möchte eine Aussage machen«, sagte er und wies auf Dr. Hofholt, der mit mürrischer Miene auf den Tisch starrte. Die Idee mit der Aussage schien nicht von ihm zu sein.

Charlotte und Maren setzten sich und warteten.

Er räusperte sich und sprach dann ins Mikrofon. »Ich möchte zunächst in aller Form meinen Protest zum Ausdruck bringen, dass ich aufgrund polizeilicher Willkür gezwungen bin, hier in dieser Weise über meine Privatangelegenheiten zu sprechen, die niemanden etwas angehen. Auch nicht die Polizei. Schließlich bin ich ein unbescholtener Bürger!« Dabei sah er Charlotte wütend an.

Die grinste gelangweilt. Natürlich, unbescholtene Bürger waren sie alle, bevor sie sich entschlossen, die Seiten zu wechseln. Sie ließ ihn reden.

»Ich möchte betonen, dass der Vorwurf, ich habe meine Frau bestohlen, völlig aus der Luft gegriffen ist. Und selbstverständlich habe ich mit ihrem Tod nichts, aber auch gar nichts zu tun. So eine Annahme ist völlig absurd, und ich prüfe eine Klage wegen Rufschädigung.«

Charlotte war drauf und dran, die Sitzung abzubrechen. Der Mann wiederholte sich ständig. Hofholt schien ihre Ungeduld zu bemerken und kam nun zum interessanteren Teil.

»Was die Anzahlung auf die Wohnung in der Osterstraße betrifft, so ist das eine reine Geldanlage, und davon hat meine Frau wirklich nichts verstanden. Dass sie die Lebensversicherung auf meinen Sohn übertragen wollte, war mir ebenso wenig bekannt wie ihre Krankheit.«

Charlotte stand auf. »Ich glaube, das führt uns nicht weiter«, sagte sie und machte Anstalten, den Raum zu verlassen. Doch Hofholt fuhr unbeirrt fort.

»Was den Tod dieser schrecklichen Person anbelangt, die auf der Hochzeit meines Sohnes uneingeladen aufgetaucht war, ebenso wie ein paar andere zwielichtige Gestalten, so kann ich dazu nur sagen, dass ich sie nie vorher gesehen habe. Warum sie auf der Hochzeit war und weshalb sie mir aufgelauert hat, dafür habe ich keine Erklärung. Sie hat aber versucht, mich zu erpressen ...«

Charlotte setzte sich wieder. Hofholt, der sich in der allgemeinen Aufmerksamkeit sonnte, räusperte sich und fuhr fort.

»Allerdings war die Frau völlig betrunken und redete in Rätseln. Sie hat behauptet, sie wisse alles und würde ihr Wissen weitergeben. Wenn sie schweigen solle, würde mich das was kosten.« An dieser Stelle machte Hofholt eine gewichtige Pause. »Nun weiß ich, dass mein Sohn seit einiger Zeit Schwierigkeiten mit ein paar Schülern hat. Schüler, die ebenfalls uneingeladen auf der Hochzeit meines Sohnes getrunken und gefeiert haben, was sie sich nur deshalb erlauben konnten, weil sie meinen Sohn erpressen, der einmal dumm genug war, sich mit einer minderjährigen Schülerin einzulassen.«

Charlotte und Maren tauschten erstaunt einen Blick. Dass Hofholt seinen Sohn so offen ans Messer liefern würde, hätten sie nicht gedacht.

»Und nun wollte diese Person offensichtlich auch etwas von dem Kuchen, was natürlich völlig ausgeschlossen war. Und das habe ich ihr dann auch unmissverständlich mitgeteilt.« Hofholt warf Charlotte einen provozierenden Blick zu. »Wenn Sie einen Mörder suchen, sollten Sie sich mal um Anton Sokolow kümmern. Der hatte sich nämlich eine Menge mit ihrem Mordopfer zu erzählen, genauso wie dieser Junge mit der unreinen Haut. Der ist ziemlich lange mit dieser Frau im Georgengarten ›unterwegs‹ gewesen.« Hofholt machte Gänsefüßchen in die Luft und verschränkte dann die Arme vor der Brust. »So«, sagte er abschließend. »Das ist alles, was ich Ihnen zu sagen habe.«

Er nickte seinem Anwalt zu und klappte dann den Mund zu.

Dr. Traube hatte den Hinweis verstanden und meldete sich zu Wort.

»Wenn Sie also keine stichhaltigeren Beweise gegen meinen Mandanten vorlegen können als das, was Sie haben, können Sie ihn nicht länger festhalten.«

Charlotte ließ sich nicht aus der Ruhe bringen und ignorierte den Anwalt.

»Herr Dr. Hofholt, Sie haben jetzt lange und ausführlich über die Missetaten Ihres Sohnes und anderer Leute geplaudert, uns aber rein gar nichts Neues erzählt. Mich würde interessieren, warum sich Anton Sokolow Ihre Adresse notiert hat und vor allem warum Sie uns belogen haben, als wir Ihnen das Foto der Ermordeten vorgelegt haben.«

»Wer bringt sich schon freiwillig selbst in die Bredouille. Sie sehen ja, was ich davon habe. Irgendwer ermordet meine Frau, mein Sohn wird erpresst, und was passiert? *Ich* werde hier drangsaliert, während Mörder und Erpresser frei herumlaufen.«

»Was ist mit der Adresse?«

Hofholt zuckte mit den Schultern. »Was weiß ich, warum der Kerl die notiert hat!«, sagte er dann laut, schien aber mit dieser Erklärung selbst nicht ganz zufrieden zu sein. Er wirkte irgendwie beunruhigt.

Charlotte musterte ihn einen Augenblick. Dann stand sie auf. »Sie können einstweilen nach Hause gehen, aber Sie halten sich zur Verfügung.«

Damit verließ sie, gefolgt von Maren, den Raum.

In ihrem Büro griff sie wütend zur Kaffeekanne. »So ein Unschuldsengel«, murmelte sie und goss sich etwas zu heftig von dem Kaffee ein, sodass ein Schwall auf die Fliesen platschte. Maren, die eben hereingekommen war, trat erschrocken zur Seite. »Meine Güte, den kannst du aber nicht leiden, was?«

Charlotte setzte sich, nahm einen Schluck Kaffee und verzog den Mund.

»Gott, ist der wieder bitter, wer hat den gekocht?«

»Keine Ahnung«, sagte Maren und setzte sich. »Was ist jetzt mit dem Hofholt? Glaubst du ihm?«

Charlotte stellte die Tasse hin und schüttelte den Kopf. »Mag sein, dass er die eine oder andere Wahrheit gesagt hat, aber was die Wohnung anbelangt, lügt er. Aber im Moment können wir ihm nichts nachweisen. Wir müssen auf die Ergebnisse der DNA-Analysen aus seiner ›Geldanlage‹, wie er seine Wohnung nennt, warten. Die Nachbarn haben jedenfalls keine Ahnung, wer da wohnt. Scheint doch was dran zu sein an der Anonymität der Großstadt.«

In diesem Moment betrat Bergheim das Büro.

»Nanu«, sagte er, »nichts zu tun?«

»Hör bloß auf«, erwiderte Charlotte und nahm tapfer einen Schluck von dem bitteren Kaffee. »Menschenskind, kann hier mal einer vernünftigen Kaffee kochen?«

»Wieso trinkst du ihn, wenn du ihn nicht magst?«, fragte Bergheim und setzte sich an seinen Schreibtisch.

»So eine Frage können nur Männer stellen«, murmelte Charlotte und stellte die Tasse ab.

Bergheim warf Maren einen Blick zu, der besagte, dass die Teamleitung heute wohl schlechte Laune habe, und warf seinen Computer an.

»Also, ich habe mich gerade mit unserem Ausreißer unterhalten. Er will seine Schwester zu einer Anzeige gegen Sokolow überreden.«

»Wie«, sagte Maren, »hat er die auch …«

»Scheint so.« Bergheim stand auf. »Ist noch was von dem bitteren Kaffee da?«, fragte er grinsend und griff nach einem Becher. »Vielleicht klärt ihr mich auf, was ihr heute Morgen besprochen habt.«

»Keine Neuigkeiten«, sagte Charlotte, »alle machen weiter wie gehabt. Ostermann bringt seine Urlaubspläne in Erinnerung und fleht um göttlichen Beistand, weil seine Beamten nicht in der Lage sind, diese teuflischen Morde aufzuklären. Und nun kommt noch der Überfall auf Sokolow dazu.«

»Was glaubt ihr?«, fragte Maren. »Ob der Ziemer was mit diesem Überfall zu tun hat?«

»Das hab ich mich auch schon gefragt«, sagte Charlotte. »Entweder die beiden haben sich in die Haare gekriegt – wäre ja nichts Außergewöhnliches unter Erpressern –, oder Ziemer ist abgehauen, weil er Angst hat, der Nächste zu sein.«

»Oder er will sich einfach der Verhaftung entziehen«, sagte Maren.

»Oder das«, sagte Charlotte.

»Hat Frau Grosser sich übrigens gemeldet?«, fragte Bergheim.

»Nein.«

»Also, wie geht's weiter?«

Charlotte stand auf, stellte ihren Kaffeebecher auf das Tablett und stemmte die Fäuste in die Hüften. »Das will ich dir sagen, ich gehe jetzt heim, werde mich für den Rest des Tages als Putzfrau betätigen und möchte dabei nicht gestört werden. Es sei denn, jemand beabsichtigt, mir beim Wischen zu helfen.«

Ihr Blick heftete sich auf Bergheim, der intensiv auf seinen Bildschirm stierte.

»Dazu hat, wie ich sehe, niemand die Absicht. Ich melde mich für den Rest des Tages ab.« Damit rauschte sie hinaus und warf heftig die Tür hinter sich zu.

Bergheim stieß einen Pfiff aus.

»Hui, Glück gehabt. Was ist denn heute Morgen vorgefallen?«, fragte er Maren.

Die zuckte mit den Schultern. »Nur das übliche Geplänkel mit Ostermann.«

»Merkwürdig, seit wann nimmt sie sich das so zu Herzen?«

»Ach«, sagte Maren, »es ist nicht Ostermann. Es ist der Fall.«

»Tja«, seufzte Bergheim, »dann ist wohl heute Papierkram angesagt, was?«

»Sieht so aus«, sagte Maren.

Sie hatten ja keine Ahnung, wie wenig der Tag mit Papierkram zu tun haben würde.

Charlotte traktierte unterdessen ihren Peugeot und brauste Richtung List.

Sie hasste es, wenn sie nichts weiter tun konnte, als auf Ergebnisse der KTU zu warten, und obendrein das Gefühl hatte, etwas Wichtiges zu übersehen.

Und dann spielte ihr Chef sich auf, als wäre sie komplett unfähig. Zu dumm, dass sie ihm in der Vergangenheit bisher immer das Gegenteil hatte beweisen können. Sie konnte nur hoffen, dass irgendwas sie in nächster Zukunft erleuchten oder die KTU sie weiterbringen würde.

In ihrer Wohnung angekommen, verließ sie plötzlich die Lust auf häusliche Tätigkeiten, obwohl die gähnende Leere in ihrem Kleiderschrank die Höhe des Wäscheberges im Waschkeller erahnen ließ.

Die Küche sah ebenfalls ziemlich mitgenommen aus. Das obligatorische Nutellamesser auf dem Tisch und die Geschirrreste vom Abendessen in der Spüle. Vielleicht sollte sie auf Rüdiger hören und sich endlich eine Hilfe nehmen, obwohl sie den Verdacht hatte, dass Rüdiger damit hauptsächlich seinen eigenen Anteil an der Hausarbeit reduzieren wollte.

Na ja, dachte Charlotte, Zeit für eine anständige Tasse Kaffee. Sie öffnete den Küchenschrank, nahm sich eins von den Kaffeepads und warf die Maschine an.

Dazu würde sie sich ein Toastbrot mit Honig gönnen und nicht an die mahnenden Worte ihrer Schwester Andrea denken, die als Heilpraktikerin praktizierte und nicht müde wurde, sie vor diesen Unmengen leerer Kohlenhydrate zu warnen. Charlotte ging ins Wohnzimmer, ignorierte die herumliegenden Zeitungen, Bücher und Kleidungsstücke, die Rüdiger so gern an Ort und Stelle, wo er sie auszog, am Boden liegen ließ, und öffnete die Balkontür. Es war nicht übermäßig warm, helle Wolken bedeckten den Himmel.

Bergheim und Maren waren zum Lister Kirchweg gefahren, um sich in Ruhe mit Tabea Wegener zu unterhalten.

Mutter Wegener öffnete mit einem Lächeln, das sofort erstarb, als sie Bergheim erkannte. »Gibt es ein Problem? Müssen wir den Polizeieinsatz bezahlen?«

Bergheim schüttelte den Kopf. »Nein«, er stellte Maren vor, »wir möchten uns gern noch mal mit Ihrer Tochter unterhalten, falls das möglich ist.«

»Was wollen Sie denn bloß noch von Tabea? Sie ist doch nicht in Gefahr, oder …?«

»Nein, es könnte nur sein, dass sie etwas gesehen oder gehört hat, das uns bei unseren Ermittlungen weiterhelfen könnte. Könnten wir vielleicht reinkommen?«

»Oh, ja, natürlich.« Frau Wegener ließ die beiden eintreten. »Tabea ist heute schon früh nach Haus gekommen, es ging ihr nicht gut. Sie ist in ihrem Zimmer. Soll ich sie holen?«

»Wissen Sie ...« Bergheim wusste nicht recht, wie er Frau Wegener aus diesem Gespräch heraushalten konnte. Er war fest davon überzeugt, dass das Mädchen keine Silbe verraten würde, wenn die Mutter dabei war. »Wären Sie einverstanden, wenn meine Kollegin und ich uns eine Weile allein mit ihr unterhalten würden?«

»Aber warum denn? Sie hat doch nichts verbrochen, oder?«

»Absolut nicht. Es ist nur manchmal so, dass junge Mädchen ...« Er blickte hilfesuchend zu Maren, die sich erbarmte.

»Manche Dinge wollen Jugendliche einfach nicht vor den Eltern besprechen, und möglicherweise könnte eine Aussage Ihrer Tochter dabei helfen, Sokolow und Ziemer für lange Zeit hinter Gitter zu bringen. Die beiden haben nämlich allerhand auf dem Kerbholz, wie es scheint. Wir befragen eine Menge Schüler, müssen Sie wissen.«

In diesem Punkt war Maren nicht ganz bei der Wahrheit geblieben, aber was machte das schon.

»Ach so, ja, natürlich. Dann kommen Sie einfach mal mit.«

Frau Wegener führte sie einen dunklen Flur entlang und klopfte dann an eine Tür, vor der ein »Bitte nicht stören«-Schild hing. Auf ihr Klopfen kam keine Antwort. Die Mutter drückte die Klinke hinab, aber es war abgeschlossen.

»Tabea!«, rief sie. »Nun mach schon auf! Hier sind zwei Polizisten, die mit dir reden wollen.«

Keine Antwort. Frau Wegener klopfte jetzt heftiger und rüttelte an der Klinke, während Maren und Bergheim sich einen besorgten Blick zuwarfen.

»Ich verstehe das gar nicht«, sagte Frau Wegener. »Sonst schreit sie immer gleich, wenn einer was von ihr will.«

»Haben Sie einen zweiten Schlüssel für die Tür?«

»Nein, warum denn auch?«, sagte Frau Wegener verwirrt.

Bergheim schob die Frau kurzerhand zur Seite und versetzte dem Schloss einen kräftigen Tritt, sodass die Verriegelung barst und die Tür aufsprang.

Tabea lag bäuchlings auf dem Bett und rührte sich nicht. Bergheim drehte sie um. Sie atmete nicht. Maren telefonierte bereits, als Bergheim mit der Reanimation begann. Frau Wegener rannte schreiend in der Wohnung herum, während Maren versuchte, herauszubekommen, wie sie Tabeas Vater erreichen konnte.

Tabea hatte ihr Leben dem Umstand zu verdanken, dass Bergheim sie reanimieren konnte und der Rettungswagen nur zehn Minuten brauchte, um vor Ort zu sein. Das Mädchen wurde zum Kinderkrankenhaus auf der Bult gefahren. Maren hatte unterdessen festgestellt, dass sich Tabea eine ganze Packung Dolomo Schmerztabletten aus dem väterlichen Vorrat einverleibt hatte, woraufhin sofort eine Magenentleerung eingeleitet worden war.

Charlotte war eifrig damit beschäftigt, ihre Wohnung zu wischen. Dabei ließ sie sich den ganzen Fall noch mal durch den Kopf gehen. Manchmal kam sie auf diese Weise zu neuen Erkenntnissen. Sie hatte bereits die zweite Maschine im Trockner verstaut, das Wohnzimmer aufgeräumt und die Küche gewienert, aber ihr Gehirn hatte bisher standhaft den Dienst verweigert. Sie fischte gerade eine zwei Tage alte Ausgabe der Hannoverschen Allgemeinen unter dem Sofa hervor, als ihr Blick auf die Familienanzeigen fiel. Sie stutzte. Was wäre, wenn …? Das Klingeln ihres Handys unterbrach ihre mentale Wanderung. Wütend ließ sie den Schrubber fallen, ging in die Diele und fischte ihr Handy vom Garderobentisch.

»Ich hatte doch gesagt, keine Unterbrechungen«, zeterte sie, nachdem sie Marens Nummer erkannt hatte.

»Tabea Wegener hat versucht, sich umzubringen«, sagte Maren ruhig, aber bestimmt.

Das brachte Charlotte zunächst zum Schweigen. »Verdammt«, sagte sie dann. »Wie geht es ihr?«

»Nicht gut, aber dank Rüdiger lebt sie.«

»Tatsächlich?« Charlotte schluckte. Sie fühlte sich mies. »Wo liegt sie?«

»Auf der Bult.«

»Okay«, sagte Charlotte kleinlaut, »ich mach mich sofort auf den Weg.«

»Du kannst da im Moment gar nichts tun. Sie ist nicht vernehmungsfähig«, sagte Maren.

»Egal«, sagte Charlotte, »dann sprech ich mit den Eltern.«

Doch Charlotte sollte nicht im Kinderkrankenhaus auf der Bult ankommen, denn auf dem Weg dorthin erreichte sie erneut ein Anruf, diesmal von Bremer.

»Kramer hat rausgefunden, dass Ziemers Eltern ein Haus am Steinhuder Meer haben. Ein Kollege aus Steinhude ist dort vorbeigegangen und hat gesagt, dass das Haus gerade bewohnt ist. Die Ziemers sind aber in Hannover.«

»Okay«, sagte Charlotte. »Besprich dich mit den Kollegen in Steinhude, wir brauchen dort ein Sondereinsatzkommando. Ich bin in zehn Minuten in der KFI, und sag Martin, es gibt Arbeit. Er wollte doch unbedingt Action. Kann er haben.«

»Den hab ich schon mobilisiert, wartet unten.«

»Also, bis gleich.« Charlotte drückte das Gespräch weg und wendete den Wagen.

Bis zum Steinhuder Meer waren es etwa fünfzig Kilometer in westlicher Richtung. Hohstedt schaffte sie in knapp dreißig Minuten.

Das Ferienhaus der Ziemers war eins von sechs schmalen Holzhäusern mit spitzen Dächern und lag nicht weit von Steinhude entfernt in einem kleinen, bewaldeten Gebiet, nahe am Wasser.

Der Einsatzwagen des SEK stand unauffällig etwa hundert Meter von den sechs Reihenhäusern entfernt am Wegesrand. Hohstedt parkte mit dem BMW-Dienstwagen direkt dahinter. Noch war alles ruhig, obwohl ein Beamter in Zivil ein paar Spaziergängern den Zutritt zum Strandweg versperrte. Die beiden, ein älteres Ehepaar, reckten neugierig die Hälse, drehten dann aber ab, entfernten sich etwa fünfzig Meter und blieben dann stehen, um den weiteren Verlauf dieser Aktion zu verfolgen.

»Glaubst du, dass er bewaffnet ist?«, fragte Charlotte Bremer.

»Möglicherweise.«

Charlotte überlegte einen Augenblick. »Warte einen Moment.« Sie stieg aus und besprach sich mit dem Einsatzleiter, einem Hünen von fast zwei Metern Körperlänge mit ruhigen, besonnenen Augen.

Charlotte kam zurück und öffnete die Wagentür.

»Wir drei gehen zuerst rein. Die anderen bleiben in Bereitschaft.«

Hohstedts Hand tätschelte seine Waffe, während Bremer den Mund verzog.

Es war Nachmittag, das Wetter war recht kühl, aber ruhig, wie der Wellengang auf dem Steinhuder Meer. Wenige Boote dümpelten am Kai, ein paar Jollen segelten auf dem Meer. Ein ganz normaler Wochentag.

Die drei Beamten schauten sich das unbewohnte Randgebäude genau an. Jedes der Häuser verfügte über eine Terrasse. Das Haus der Ziemers lag mittig. Charlotte bedeutete Hohstedt, sich am Hinterausgang zu postieren. Dann ging sie mit Bremer zur Vordertür und klingelte. Erwartungsgemäß öffnete niemand, allerdings sah Charlotte deutlich, wie sich ein Schatten vom Badezimmerfenster entfernte.

»Herr Ziemer, wir wissen, dass Sie da sind, machen Sie keine Schwierigkeiten und kommen Sie raus.«

In diesem Moment klirrte Glas, und Hohstedt schrie irgendwas, das sich wie »Stehen bleiben!« anhörte. Bremer und Charlotte spurteten um die Ecke, gleichzeitig mit den Beamten des SEK. Ziemer rannte in den Wald, gefolgt von Hohstedt, der sich fluchend die Seite hielt. Anscheinend hatte Ziemer ihn einfach umgerannt. Binnen zwei Minuten hatte die Jagd ein Ende, und einer der SEK-Beamten, der Hohstedt überholt hatte, warf sich auf Ziemer und überwältigte ihn.

Der schrie wie angestochen. »Scheiße, lass mich los! Du brichst mir den Arm, du Arsch!«

Der Beamte legte ihm Handschellen an und zog ihn mit einem Ruck auf die Beine.

Charlotte und Bremer kamen jetzt keuchend den leichten Hügel hinauf. Hohstedt saß am Fuße einer Kiefer und fasste sich in die linke Nierengegend.

Ziemer schrie immer noch. »Der hat mir den Arm gebrochen! Ich zeig Sie an!«

Der Beamte hielt ihn fest. »Geben Sie endlich Ruhe, Mann! Oder wollen Sie, dass ich Ihnen eine verpasse?«

Das schien Ziemer nicht zu wollen, denn er beruhigte sich etwas, spuckte aber dennoch dem Beamten vor die Füße.

»Na, wunderbar«, keuchte Charlotte, »bringen Sie ihn einfach zum Wagen.«

»Brauchen Sie einen Krankenwagen?«, fragte der Hüne mit einem kritischen Blick auf Hohstedt, der sich mittlerweile erhoben hatte, aber immer noch gekrümmt an der Kiefer stand.
Charlotte schüttelte den Kopf. »Ich glaube nicht.«
Die Prozession begab sich langsam Richtung Einsatzwagen.
»Was ist passiert?«, fragte Charlotte den angeschlagenen Hohstedt.
»Dieser Scheißkerl hat mir mit einem Paddel in die Nieren geschlagen. Verdammt!«
»Meinst du, du schaffst es zurück?«
»Ja«, knurrte Hohstedt und warf Ziemer einen feindseligen Blick zu, den dieser spöttisch erwiderte.
Die Beamten verfrachteten Ziemer in einen Streifenwagen und machten sich auf den Weg nach Hannover.
Charlotte bedankte sich bei den Kollegen, und die Versammlung löste sich langsam auf. Aus den zwei Zaungästen waren mittlerweile einige Dutzend geworden.

Es war kurz nach acht, als Charlotte und Bergheim endlich nach Hause kamen.
Sie waren beide noch mal im Krankenhaus vorbeigefahren. Tabea war zwar noch immer nicht ansprechbar, aber ihr Zustand hatte sich stabilisiert. Charlotte forderte eine Beamtin an, die vor ihrem Zimmer Stellung beziehen sollte. Für alle Fälle.
Ziemer saß in Untersuchungshaft. Charlotte wollte die Ergebnisse der KTU abwarten, die für den nächsten Morgen angekündigt waren. Dann würden sie sich den Kerl vornehmen. Bis dahin sollte er schmoren.
Bergheim steuerte sofort das Wohnzimmersofa an, stolperte unterwegs über den Schrubber, den Charlotte an Ort und Stelle hatte fallen lassen, und hätte beinahe den Wischeimer umgeworfen.
»Verdammt, was ist das?«, fluchte er und rettete sich aufs Sofa.
»Reinigungswerkzeuge«, rief Charlotte aus der Küche.
Bergheim knurrte.
Charlotte warf zwei Tiefkühlpizzas in den Backofen und goss sich ein Bier ein. Die Flasche nahm sie mit, für Bergheim. Dann ließ sie sich neben ihn aufs Sofa fallen. Dort saßen beide eine Weile schweigend und tranken.

»Wollten wir nicht mal nach Italien fahren und Urlaub machen?«, fragte Bergheim.

Charlotte nickte wortlos und trank einen Schluck.

»Und, warum machen wir das nie?«, fuhr Bergheim fort.

Charlotte schloss die Augen. »Ich weiß es nicht. Sag's mir.«

»Was ist mit Tabea passiert?« Jan, die Hände in den Hosentaschen, stand in der Tür und blickte die beiden neugierig an.

Bergheim richtete sich auf. »Was meinst du?«

»Stimmt das, dass sie Tabletten geschluckt hat?«

»Wer sagt das?«

»Vivian.«

»Was weiß Vivian darüber?«, fragte Bergheim.

»Sie kennen sich halt. Tabeas Bruder hat es ihr am Telefon gesagt.«

Bergheim lehnte sich zurück. »Ja, es stimmt. Hast du eine Ahnung, warum?«

»Vivian meint, Tabea wäre mit Anton befreundet.«

»Ist das der Grund?«

»Scheint so.«

»Weiß Vivian sonst noch irgendwas?« Bergheim trank sein Bier aus und stand auf.

Jan zuckte mit den Schultern. »Nein, sie wollte ja von mir was wissen.«

»Und deswegen quetschst du mich jetzt aus?« Bergheim knöpfte sein Hemd auf und ging Richtung Bad.

»Stimmt es, dass du ihr das Leben gerettet hast?«, rief Jan hinter seinem Vater her.

»Keine Ahnung«, sagte Bergheim, warf sein Hemd auf den Boden und schloss die Badezimmertür hinter sich.

Jan drehte sich nach Charlotte um. »Wonach riecht es hier?«

»Nach Pizza«, murmelte Charlotte. Sie war so müde, dass sie vergaß, ihr Glas festzuhalten, und die Hälfte von ihrem Bier auf die Jeans verschüttete. Sie fuhr hoch. »Mist«, sagte sie und stellte das Glas auf den Tisch.

»Was für Pizza?«, fragte Jan.

»Vier Käse«, sagte Charlotte und stand auf.

Jan verdrehte die Augen. »Ich mag doch keinen Käse.«

»Ich weiß«, sagte Charlotte.

VIERZEHN

Um halb elf am nächsten Morgen hatten sie die Ergebnisse der KTU und die ersten Auswertungen von Sokolows und Ziemers Computer, die sie in dem Haus am Steinhuder Meer beschlagnahmt hatten.

Tabea Wegener hatte die Nacht gut überstanden und war auf dem Weg der Besserung. Charlotte und Bergheim waren im Krankenhaus auf der Bult vorbeigefahren. Aber das Mädchen weigerte sich, mit ihnen zu sprechen.

Nun saßen die beiden einem finster dreinblickenden Ziemer und seinem grüblerischen Anwalt gegenüber.

»Tja, Herr Ziemer, Ihre Zukunftsaussichten würde ich nicht gerade als rosig bezeichnen. Was da alles zusammenkommt.« Charlotte schüttelte den Kopf, während Ziemer schweigend seine Fingernägel betrachtete. »Vergewaltigung, Erpressung, Zuhälterei, Körperverletzung, Mord. Und dann möchten wir auch gern von Ihnen wissen, was Sie mit Ihrem alten Kumpel Sokolow angestellt haben. Haben Sie sich um die Beute gestritten?«

Ziemer hielt einen Moment in seiner Fingerbetrachtung inne und warf Charlotte einen drohenden Blick zu. »Quatsch«, sagte er. Dann schien er sich zu besinnen und grinste. Er hatte sich wohl vorgenommen, sich nicht provozieren zu lassen.

»Das Einzige, was Ihnen vielleicht noch ein paar Monate Haft ersparen könnte, wäre ein umfassendes Geständnis.« Sie blickte den Anwalt an. »Haben Sie Ihrem Klienten das klargemacht? Wenn nicht, sollten Sie das schleunigst nachholen.«

Der Anwalt räusperte sich. »Ich hoffe, Sie haben Beweise für Ihre Anschuldigungen, sonst marschieren wir beide sofort hier raus.«

Jetzt war Charlotte an der Reihe zu lächeln. »Wir haben eine Anzeige wegen Erpressung und eine wegen Vergewaltigung und Zuhälterei – dabei handelt es sich um eine Fünfzehnjährige.« Hier machte Charlotte eine vielsagende Pause.

»Eine Anzeige ist noch lange kein Beweis«, sagte der Anwalt, aber Charlotte fuhr unbeirrt fort. »Die Bilder, die wir bis jetzt auf dem

Computer Ihres Mandanten gefunden haben, sind Beweis genug. Und wir sind mit der Auswertung noch nicht mal fertig.«

Ziemer knabberte an seinen Fingernägeln. Das sollte wohl gelangweilt wirken, aber Charlotte konnte sehen, wie seine Kiefermuskeln unter der pickligen Haut arbeiteten. So kalt, wie er es sie glauben machen wollte, schien ihn das Ganze wohl doch nicht zu lassen.

Bremer kam herein und übergab Charlotte einen Ordner. Sie warf einen kurzen Blick hinein und lächelte.

»Eine weitere Anzeige. Vom Vater eines Schülers, den Ihr Mandant bedroht hat.«

Ziemer saß mit verschränkten Armen wie ein trotziger Junge da und starrte an Charlotte vorbei an die Wand.

»Aber das Schlimmste kommt ja noch, nicht wahr, Herr Ziemer?« Sie versuchte es auf die milde Tour. »Erklären Sie mir doch mal, warum Sie auf der Hochzeit Ihres Lehrers so lange mit der ermordeten Frau aus dem Georgengarten unterwegs waren.«

Der Anwalt warf seinem Mandanten einen Blick zu. Offensichtlich wollte er ihn dazu bewegen, endlich den Mund aufzumachen, aber der stellte sich stur.

»Herr Ziemer, wir haben Zeugen, die Sie mit der Frau zusammen gesehen haben, es liegen mehrere Anzeigen gegen Sie vor, und Sie haben kein Alibi für die Tatzeit. Und außerdem«, Charlotte wartete einen Moment, »haben wir die DNA von Jutta Frieder in dem Schrebergarten gefunden. Was hatten Sie mit der Frau zu tun?«

Ziemer schien langsam weichzukochen. »Hören Sie endlich auf damit!«, schnauzte er. »Ich hab die Alte einmal genagelt, das war's. Außerdem war die doch nicht ganz dicht ...«

Wenn sie mit dir in die Kiste gestiegen ist, bestimmt nicht, schoss es Charlotte durch den Kopf.

»... hat wahrscheinlich ihr Hirn versoffen. Ständig hat sie davon geredet, dass der Hofholt Dreck am Stecken hat und dass er damit nicht durchkommen würde.«

»Was meinte sie damit?«

»Ja, das hab ich versucht rauszukriegen, aber ...« Ziemer tippte sich mit dem Finger an die Stirn. »Hat sie mir nicht verraten. Hat nur gesagt, dass ihr Leben sich jetzt ändern würde.«

»Welchen Hofholt meinte sie?«

»Keine Ahnung. Fragen Sie Sokolow, der weiß Bescheid«, sagte er dann mit einem hämischen Grinsen.

Charlotte seufzte. »Was wissen Sie sonst von der Frau?«

»Gar nichts«, sagte Ziemer und verschränkte wieder die Arme vor der Brust.

Charlotte musterte ihn. Sie hatte das Gefühl, dass sie hier nicht weiterkommen würde. Entweder Ziemer wusste tatsächlich nicht, worüber Jutta Frieder gesprochen hatte, oder er wollte es aus irgendeinem Grund nicht sagen.

»Was wissen Sie von der Wohnung in der Osterstraße?«, lenkte sie ab.

Ziemer warf ihr einen schnellen Blick zu, stellte sich aber dann dumm.

Charlotte öffnete, ohne den Blick von Ziemer zu wenden, den Ordner, der vor ihr lag, und schob ihm ein Foto hin.

»Dieses Bild haben wir auf Ihrem Computer gefunden. Es wurde in der besagten Wohnung aufgenommen. Was spielt sich hier ab?«

Ziemer warf einen Blick auf das Foto. »Na, das ist ja wohl klar, oder? Wofür brauchen Sie mich noch?«

»Wer hat dieses Foto geschossen? Sie oder Sokolow?«

»Anton, ich fotografier so was nicht.« Er wandte sich kurz an seinen Anwalt. »Ist Fotografieren neuerdings strafbar?«

Der Anwalt schien seinen Mandanten nicht besonders zu mögen, aber immerhin schüttelte er den Kopf.

»Wer ist der Mann?« Charlotte zeigte auf einen nackten Mann, der sich einem apathisch daliegenden Mädchen auf dem Bett in der Wohnung in der Osterstraße näherte. Das Mädchen schien Tabea Wegener zu sein. Der Mann trug eine Maske.

»Woher soll ich das wissen? Warum fragen Sie nicht Anton?«

Plötzlich hatte Charlotte keine Lust mehr. Abrupt stand sie auf, gab die Unterbrechung der Vernehmung zu Protokoll und ließ Ziemer abführen.

»Schaff mir sofort diesen Hofholt her«, schnauzte sie Bremer an, der gerade in der Schusslinie stand. Der eilte sofort zum nächsten Telefon.

Charlotte stürmte in ihr Büro, an Hohstedt und Maren vorbei, die sich einen verblüfften Blick zuwarfen. Sie griff zum Hörer und rief Stefan Schliemann von der KFI 2 an. Da er nichts Neues aus dem Internet zu berichten hatte, bekam auch er eine Portion von Charlottes schlechter Laune zugeteilt.

Sie warf den Hörer auf die Gabel und versuchte sich zu beruhigen. Was waren das bloß für Arschlöcher, die sich an kleinen Mädchen vergriffen? Sie wusste nicht, auf wen sie wütender war. Auf die Anbieter solcher »Ware« oder die Käufer, ohne die dieser ganze ekelhafte Markt gar nicht existieren würde.

Jemand öffnete vorsichtig ihre Tür. Es war Bremer.

»Ist Hofholt hier?«, fragte sie barsch.

»Auf dem Weg«, sagte Bremer und machte sich gleich wieder aus dem Staub.

Es dauerte noch fast zwanzig Minuten, bis ein zeternder Alfons Hofholt in Charlottes Büro geführt wurde.

»Was fällt Ihnen ein? Das ist Rufmord! Was wollen Sie schon wieder von mir? Ich werde Sie verklagen, wegen Amtsmissbrauch ...«

Charlotte hörte nicht hin und deutete auf den Stuhl vor ihrem Schreibtisch.

»Setzen«, sagte sie, woraufhin Hofholt verdutzt in seiner Tirade innehielt. Dann legte sie das Foto auf den Tisch. »Sind Sie das?«, fragte sie. »Ihre Wohnung ist es jedenfalls.«

Hofholt stierte auf das Foto, nahm es in die Hand und sank auf den Stuhl.

»Ich sage kein Wort mehr«, murmelte er dann, und das tat er dann auch nicht mehr.

»Verdammt!«, fluchte Charlotte, nachdem Hofholt abgeführt war. »Wie sollen wir das entwirren, wenn keiner von diesen Armleuchtern den Mund aufmacht!«

Bremer zog sich an die Wand zurück und räusperte sich. »Ähm, es gibt eine neue Entwicklung. Diese Frau Masterson hat angerufen. Ihr Mann ist verschwunden. Rüdiger ist hin.«

Charlotte ließ sich in ihren Stuhl fallen und betrachtete gedankenverloren das Foto.

»Wie identifiziert man einen nackten Mann mit Maske?«

»Äh, an der Stimme?«, sagte Bremer.
»Das wäre eine Möglichkeit.«
»Oder an besonderen Kennzeichen?«
»Genau«, sagte Charlotte, »besondere Kennzeichen.« Sie stand auf. »Du und Stefan, ihr wertet weiter die Fotos aus, und sobald ihr ein bekanntes Gesicht findet, will ich das sofort wissen. Ich fahre noch mal zum Krankenhaus. Wäre doch gelacht, wenn ich nicht irgendjemanden zum Reden bringe!«

Rüdiger Bergheim stand im Wohnzimmer der Mastersons und versuchte die Frau, die nervös von einer Zimmerecke zur anderen wanderte, zu beruhigen.
»Wissen Sie, er hatte sich so verändert. Ich glaube manchmal, er war depressiv, hatte in den letzten Monaten kein Interesse mehr am Leben. Ja, ich weiß«, unterbrach sie Bergheim, der zu einer Erwiderung ansetzte, »Sie glauben, er ist einfach abgehauen, aber das glaube ich nicht. Dann hätte er doch was mitgenommen, aber außer der Jeans und dem hellblauen Hemd, das er gestern getragen hat, fehlt kein einziges Kleidungsstück.«
»Wann haben Sie Ihren Mann zum letzten Mal gesehen?«
»Gestern gegen halb sechs, bevor ich zu der Dienstbesprechung gefahren bin.«
»Und als Sie zurückkamen, war Ihr Mann nicht da?«
»Nein, ich hab ja zuerst geglaubt, er wäre bei seinem Kollegen, einem Grafiker – der ist gehbehindert, und Wolfgang besucht ihn häufig, aber dort ist er nicht gewesen. Ich hab überall angerufen. Kein Mensch hat ihn gestern gesehen oder weiß, wo er ist.«
Bergheim erhob sich. Wie sollte er der Frau klarmachen, dass er im Moment nichts tun konnte. Wenn die KFI 1 sich um jeden Mann, der nachts nicht nach Hause kam, kümmern wollte, müssten sie personaltechnisch gewaltig aufstocken. Ganz abgesehen davon tauchten die Kerle in den meisten Fällen nach ein paar Tagen reumütig wieder auf. Vielleicht hatte er einfach eine Nacht bei seiner Geliebten verbracht. Und genau danach fragte er Annegret Masterson jetzt.
Die sah ihn mitleidig an. »Wenn Wolfgang eine Geliebte hätte, dann wüsste ich das. So was merkt eine Frau, und außerdem ist mein Mann kein Schauspieler, der würde sich verraten.«

Bergheim war sich da nicht so sicher. »Wie erklären Sie sich dann seine Wesensveränderung?«

»Ich glaube, Wolfgang braucht einfach mehr Anerkennung im Beruf. Er ist eigentlich Künstler. Er schreibt, wissen Sie. Aber statt seiner geliebten Lyrik schreibt er Werbetexte. Das muss einen Mann ja frustrieren.«

Bergheim seufzte. Lyrik!

»Ich nehme an, Sie haben versucht, ihn über Handy zu erreichen«, sagte er dann.

»Natürlich, es ist immer ausgestellt.«

»Anzunehmen«, brummte Bergheim, notierte sich die Nummer und wandte sich dann zum Gehen.

»Warten Sie«, sagte Frau Masterson und rieb sich nervös die Hände. »Ich weiß ja nicht, ob das was mit seinem Verschwinden zu tun hat. Ich weiß nicht mal, ob ich Ihnen das überhaupt sagen soll, aber ... Wolfgang und Alfons hatten einen furchtbaren Streit.«

»Tatsächlich?«, sagte Bergheim, jetzt doch interessiert. »Worum ging es?«

»Ja, das ist es ja, ich habe keine Ahnung. Ich habe wirklich versucht rauszufinden, was da vorgefallen ist, aber Wolfgang wollte es mir nicht sagen. Und dann sind alle diese ... Schrecklichkeiten passiert. Diese Frau im Georgengarten, und dann meine Schwägerin ...« Frau Masterson ergriff Bergheims Arm. »Ich habe Angst, verstehen Sie das? Wer weiß, was hier noch alles passiert! Am Ende wird Wolfgang auch noch ermordet von diesem Wahnsinnigen! Es muss doch ein Wahnsinniger sein, der so was tut.«

Bergheim nickte. »Irgendwie schon«, stimmte er ihr zu. Dann fiel ihm noch etwas ein. »Wussten Sie, dass Ihr Bruder in der Innenstadt eine Wohnung gekauft hat?«

Frau Masterson riss erstaunt die Augen auf. »Alfons? Nein, wo hat er denn das Geld her? Gesine hat doch alles für ihren Liebling Andreas gehortet.«

»Führte Ihr Bruder eine glückliche Ehe?«

Frau Masterson wurde misstrauisch. »Er hat Gesine bestimmt nicht umgebracht, falls es das ist, was Sie wissen wollen. Er kann ein ziemlich arroganter Pinsel sein, aber seine Frau umzubringen – dazu wäre er nicht in der Lage.«

»Hat er seine Frau geliebt?«

Frau Masterson zuckte mit den Schultern. »Das weiß ich wirklich nicht. Ich habe mich allerdings damals über seine Wahl gewundert. Er hat normalerweise einen – sagen wir – mondäneren Geschmack.«

Bergheim nickte und verabschiedete sich.

Charlotte ging im Krankenhaus auf der Bult vor Tabeas Zimmer auf und ab. Sie hatte sich mit dem Arzt unterhalten, der ihr natürlich keine Auskünfte geben wollte, stattdessen aber bei Tabeas Mutter ein gutes Wort für Charlotte einlegen wollte. Charlotte hoffte, einen Moment allein mit der Tochter reden zu können.

Frau Wegener beäugte Charlotte misstrauisch, als sie auf den Gang trat.

Charlotte bat sie in ein kleines Büro, das ihr der Arzt großzügig zur Verfügung gestellt hatte. Die beiden setzten sich auf die zwei Besucherstühle, und Charlotte lächelte Frau Wegener ermutigend zu. Sie wusste nicht recht, ob das Nervenkostüm der Frau stark genug war für die bevorstehende Eröffnung, dass man ihre vierzehnjährige Tochter wohl zur Prostitution gezwungen hatte.

»Frau Wegener«, begann sie, »hat Tabea Ihnen gesagt, warum sie versucht hat, sich umzubringen?«

»Nein«, erwiderte Frau Wegener. Sie beugte sich vor. »Können Sie es mir sagen?«

Charlotte nickte. »Wir sind uns sicher, dass Ihre Tochter erpresst wurde.«

Frau Wegener horchte auf. »Erpresst? Ja womit denn, um Gottes willen?«

»Man hat ihr K.-o.-Tropfen verabreicht, kompromittierende Fotos geschossen und gedroht, sie zu veröffentlichen.«

»Aber ... aber sie hat doch gar kein Geld.« Noch bevor Frau Wegener zu Ende gesprochen hatte, ging ihr ein Licht auf. Sie warf die Hand vor den Mund. »Mein Gott ... doch nicht?«

Charlotte nickte und kramte das Foto aus ihrer Jackentasche.

»Kennen Sie diesen Mann?«

Frau Wegener nahm das Foto zögernd entgegen, ohne die Hand vom Mund zu nehmen. Sie betrachtete es genau. »Das kann doch nicht wahr sein«, murmelte sie und starrte Charlotte ungläubig an. »Tabea ...«

»Frau Wegener, haben Sie eine Ahnung, wer der Mann auf dem Foto ist?«

»Nein! Dieses Schwein!«, schrie sie und brach in Tränen aus.

Charlotte ergriff ihre Hand und gab der Frau etwas Zeit, sich zu fassen.

Die ließ das Foto auf ihre Knie sinken und schluchzte hemmungslos.

»Frau Wegener.« Charlotte tätschelte ihre Hand. »Jetzt wird ja alles gut. Wir wissen, wer der Erpresser war. Er sitzt bereits.«

Frau Wegener sah auf, nickte und beruhigte sich ein bisschen.

»Wir brauchen natürlich eine Aussage von Ihrer Tochter. Ein anderes Mädchen hat bereits Anzeige erstattet. Das Problem ist, dass Ihre Tochter sich schämt und nicht will, dass Sie oder sonst wer etwas von der Sache erfahren. Verstehen Sie?«

Die Frau nickte. »Und ... was sollen wir jetzt machen? Wenn mein Mann dieses Foto zu sehen kriegt, dann ...«

»Deshalb wollte ich ja zuerst mit Ihnen reden«, sagte Charlotte sanft. »Sie können Ihrem Mann später alles erklären. Es ist aber wichtig, dass ich allein mit Ihrer Tochter spreche. Schließlich wollen wir wissen, wer dieser Mann ist und ob es noch andere gab. Aber wenn Sie dabei sind, wird sie vielleicht nicht reden.«

»Aber sie will nicht mit der Polizei sprechen«, sagte Frau Wegener und putzte sich umständlich die Nase.

»Lassen Sie mich einen Moment zu ihr. Es ist wichtig, dass sie redet, auch für ihre Zukunft, glauben Sie mir.«

»Ich weiß.« Frau Wegener nickte. »Versuchen Sie es und bringen Sie diesen Kerl hinter Gitter!«

»Worauf Sie sich verlassen können«, sagte Charlotte und stand auf.

Eine blasse, hohläugige Tabea Wegener blickte Charlotte genauso misstrauisch entgegen wie vorher ihre Mutter, die jetzt vor der Tür wartete.

Charlotte schob den Stuhl ans Bett und setzte sich.

»Um es kurz zu machen«, begann sie, »ich brauche deine Hilfe.«

Tabea hob zweifelnd die Brauen. »Wozu?«

»Ich weiß, was dir passiert ist, und du bist nicht die Einzige, der es passiert ist.« Sie beugte sich vor und sprach leise weiter. »Anton Sokolow liegt schwer verletzt im Koma, und Mark Ziemer ist verhaftet worden. Wir haben bereits eine Anzeige gegen ihn.«

»Ich weiß«, sagte Tabea, »aber was nützt das. Irgendwann kommt er wieder raus.«

»Irgendwann ja«, sagte Charlotte, »und wenn er wieder rauskommt, sollte er wissen, dass du keine Angst davor hast, ihn anzuzeigen.«

Tabea spielte mit ihrem Handy und wich Charlottes Blick aus.

»Du musst wissen, dass Menschen wie Sokolow und Ziemer sich schwache Opfer suchen. Solche, bei denen sie wenig oder keine Gegenwehr zu erwarten haben. Das wäre für sie eine Komplikation. Und Komplikationen können diese Typen weniger als alles andere gebrauchen. Sie brauchen Menschen, die Angst vor ihnen haben.«

Tabea legte ihr Handy weg und sah Charlotte aufmerksam an. »Sie wissen ja nicht, was das für einer ist. Bis vor Kurzem wusste ich's auch nicht. Ich fand ihn sogar toll. Aber jetzt ... der kann mich für alle Zeiten fertigmachen, wenn er will.«

»Du meinst die Fotos«, sagte Charlotte, »sein Computer ist beschlagnahmt, ebenso wie sein Handy und alles andere, was auch nur im Entferntesten interessant für uns ist.«

Tabea riss die Augen auf. »Heißt das ... heißt das, Sie haben die alle gesehen?«

»Nicht alle, aber ...«, sie zog erneut das Foto aus ihrer Tasche, »es würde uns brennend interessieren, wer der Mann auf diesem Bild ist.«

Tabea schluckte, sah sich das Bild kurz an, warf es dann weg und fing an zu weinen. Charlotte setzte sich zu ihr aufs Bett. »Du wirst noch eine ganze Weile brauchen, um das alles zu verarbeiten. Aber du brauchst unbedingt Hilfe, und die bekommst du auch. Du darfst das Ganze nur nicht totschweigen. Glaub mir, das würde dir dein Leben kaputtmachen.«

»Aber«, Tabea schluchzte, »wenn meine Eltern ...« Sie sprach nicht weiter und warf sich auf die andere Seite.

»Deine Mutter hat es bereits gesehen und hofft, dass du diesen Kerl entlarven kannst.«

Tabea drehte sich um und starrte Charlotte entsetzt an. »Wirklich?«

»Natürlich. Soll ich sie reinbitten? Sie wartet draußen.«

Tabea zog die Decke bis ans Kinn. »Nein!«

»Okay, kannst du mir sagen, wer der Mann auf dem Foto ist?«

Tabea zupfte an der Decke. »Nein, er ... er hatte immer diese Maske auf und hat nur geflüstert.«

»Würdest du ihn eventuell an der Stimme wiedererkennen?«

»Ich weiß nicht, er hat ja nicht viel gesagt und dann nur geflüstert.«

»Kannst du dich an irgendwas Besonderes erinnern, vielleicht ein Muttermal oder so was?«

Tabea dachte nach. »Nein«, sagte sie langsam, »es war dann auch ziemlich dunkel.«

»Okay«, sagte Charlotte, »kannst du mir sonst irgendwas sagen? Warst du oft in dieser Wohnung?«

»In der Wohnung nur einmal. Sonst waren wir immer in dieser Gartenlaube.«

»Und war es immer derselbe Mann?«

Tabea zog die Schultern hoch und nickte.

»Wann wart ihr in der Wohnung?«, fragte Charlotte.

»Ich weiß nicht, ist schon ein paar Wochen her.«

»Wer war sonst noch da?«

»Nur Anton und Mark.«

Charlotte nickte. »Möchtest du zu den beiden eine Aussage machen?«

Tabea knüllte die Bettdecke zusammen und zog sie dann glatt. Ihre Hände waren so weiß und zart.

»Anton ... hat mir Fotos gezeigt, von dem, was in der Laube passiert ist.« Sie zog wieder die Bettdecke hoch. »Aber ich kann mich nicht daran erinnern.«

Charlotte nahm Tabeas Hände und drückte sie. »Kann ich eine Beamtin vorbeischicken, die deine Anzeige aufnimmt?«

Tabea nickte.

»Das ist gut«, sagte Charlotte lächelnd, »und jetzt holen wir deine Mutter rein.«

Charlotte ging hinaus, um kurz mit der Mutter zu sprechen.

»Tabea will aussagen. Das ist gut, auch für sie selbst«, sagte sie der ängstlich dreinblickenden Frau. »Ich werde eine Beamtin vorbeischicken, die ihre Aussage zu Protokoll nimmt.« Sie berührte sacht Frau Wegeners Arm. »Am besten, Sie lassen sich einen Trauma-Spezialisten empfehlen.«

Frau Wegener nickte und beeilte sich dann, zu ihrer Tochter zu kommen. Charlotte sah ihr nach. Das sah gut aus. Tabea würde es schaffen. Trotzdem. Charlotte war furchtbar wütend.

FÜNFZEHN

Charlotte erwachte um halb acht. Sie hatte am Abend vergessen, das Rollo zu schließen, sodass die Sonne ungehindert ins Zimmer scheinen konnte. Das wolkenlose Blau, das ihr durch das Fenster entgegenlachte, verhieß einen warmen, hellen Sommertag. Ihr nächster Gedanke galt ihren Mordfällen, die immer noch ungelöst waren. Sie zog die Bettdecke hoch, drehte sich auf die andere Seite und versuchte, wieder einzuschlafen. Noch eine Stunde, dachte sie, nur noch eine Stunde lang nicht daran denken müssen.

Zehn Minuten später schwang sie die Beine aus dem Bett, ging ins Bad und duschte ausgiebig. Danach setzte sie die Kaffeemaschine in Gang, warf ein paar Brötchen zum Aufbacken in den Ofen und ging hinunter zum Briefkasten, um die Hannoversche Allgemeine zu holen. Vielleicht wussten die bei der Zeitung ja mehr als sie, dachte sie und war sich im selben Moment darüber klar, dass es ihr immer schwerer fiel abzuschalten. Dabei war das so wichtig. Irgendwann war man bei einem Fall so weit, dass man vor lauter Bäumen den Wald nicht mehr sah. Und genau da war sie angekommen. Sie musste einfach mal an was anderes denken. Sie könnte zum Beispiel endlich wie versprochen ihre Eltern anrufen. Nein, lieber nicht. Oder vielleicht ihre Schwester. Sie hatte seit Wochen nicht mit ihr gesprochen. Andererseits – ihre Schwester rief auch nie an, aber die hatte im Moment Schwierigkeiten mit ihrem Sohn, der ungefähr in Jans Alter war. Charlotte seufzte. Irgendwie tat Andrea ihr leid. Wie schaffte sie das bloß allein mit diesem Jungen? Andererseits hatte sie den Bengel auch dermaßen verwöhnt, dass er davon ausging, die Sonne zu sein, um die die Erde kreiste. Sie goss sich Kaffee ein und nahm die Brötchen aus dem Ofen. Aber sie hatte keinen Hunger. Stattdessen nahm sie die HAZ und ihren Becher und ging auf den Balkon. Rüdiger schlief immer noch tief und fest.

Sie blätterte durch die Zeitung, schüttelte wie immer den Kopf über das politische Geplänkel der Parteien. Dabei sagte doch jeder nur das, wovon er glaubte, dass die Mehrheit der Wähler es hören wollte.

Sie hatte den Lokalteil bereits zur Seite gelegt, als ihr bei den Familienanzeigen ein Name auffiel. Sie griff erneut danach, las und brauchte zwei Sekunden, um zu verstehen. Dann sprang sie so heftig auf, dass sie beinahe den Bistrotisch umgeworfen hätte.

»Rüdiger!«, rief sie durch die Wohnung, lief gleichzeitig ins Schlafzimmer und rüttelte ihren Freund wach. »Komm schon, wach auf, wir haben nicht viel Zeit!«

Bergheim hob langsam den Kopf und blinzelte. »Wofür haben wir nicht viel Zeit?«, fragte er heiser. Aber Charlotte hatte bereits ihr Handy am Ohr.

»Mein Gott, Thorsten, wo bleibst du denn?«, murmelte sie vor sich hin, während sie nach ihren Schuhen suchte.

Thorsten Bremer meldete sich verschlafen und ungehalten und wurde sofort von Charlotte unterbrochen. »Keine Zeit zum Meckern. Du machst jetzt Folgendes. Du gehst zu der Wohnung von Lisa Grosser, Adresse musst du dir aus dem Computer holen, dann legst du dich auf die Lauer. Sie wird irgendwann vor zwölf das Haus verlassen. Du heftest dich an ihre Fersen und meldest dich, sobald du ungefähr sagen kannst, wo sie hinwill. Verstanden?«

»Bin ja nicht blöd, aber wieso ...«

Charlotte ließ ihn nicht ausreden. »Und sei vorsichtig. Sie darf auf keinen Fall misstrauisch werden. Ach ja, und ruf Maren an, sie soll dich begleiten. Ein hübsches junges Pärchen ist unauffälliger.«

»Scheißjob«, hörte sie Thorsten sagen, bevor er auflegte.

Bergheim war inzwischen aufgestanden. Er stand in der Wohnzimmertür und kratzte sich am Kopf. »Kannst du mir freundlicherweise sagen, was los ist?«, murrte er.

Charlotte knallte ihm die Zeitung vor den Bauch. »Lies das, ich hab's eingekreist – und dann beeil dich!«

Bergheim blickte suchend über die Familienanzeigen. Dann sah er es. Fett gedruckt.

An Walter Herrmann. Vater, ich weiß jetzt, dass du unschuldig bist, und warte am Samstag und Sonntag um zwölf Uhr an Mutters Lieblingsplatz auf dich. Dann bringen wir alles in Ordnung. Deine Tochter Lisa.

Charlotte und Bergheim hatten sich Lisa Grossers Adresse aus der Akte gesucht und sich gleich auf den Weg in die Haltenhoffstraße gemacht, wo sie etwa fünfzig Meter von der Wohnung entfernt am Straßenrand parkten und warteten. Thorsten und Maren waren auf der Straße in einen Stadtplan vertieft. Gegen elf tat sich endlich was.

»Sie ist unterwegs, geht in östlicher Richtung die Haltenhoffstraße entlang.«

»Bleibt dran, wir warten hier.«

»Jetzt ist sie in die Schaumburger abgebogen.« Bremer schnappte nach Luft. »Mein Gott, die hat es aber eilig.« Zwei Minuten hörten sie gar nichts, außer Bremers Schnaufen.

»Ich glaube, sie will zu den Gärten«, sagte Bremer dann. »Ist von der Schaumburger links abgebogen und geht jetzt in östlicher Richtung die Herrenhäuser Straße entlang.«

»Okay, wir fahren jetzt dahin. Verliert sie bloß nicht!«

Wenige Minuten später löste Lisa Grosser eine Karte für den Barockgarten. Bremer – getarnt mit einem Sonnenhut – und Maren, den Stadtplan in der Hand, taten es ihr gleich.

Bergheim hupte einen Kleinbus zur Seite und klaute einem Linksabbieger den Parkplatz. Er und Charlotte stiegen aus, ignorierten den wütenden Protest des Linksabbiegers und eilten zum Eingang, wo Charlotte sich brav in die Schlange vor der Kasse einreihte. Bloß kein Aufsehen. Es war halb zwölf.

Lisa Grosser schlenderte durch die Anlagen, als hätte sie keine Termine. Sie ging in die Grotte, nur Maren folgte ihr. Thorsten blieb am Eingang stehen und studierte die Broschüre. Charlotte hatte für solche Fälle eine Blondhaarperücke, die ihren Typ so veränderte, dass selbst ein wütender Ostermann sie nicht erkannt hätte. Bergheim hatte sich seine Baseballmütze tief ins Gesicht gezogen, stand aber trotzdem nur mit dem Rücken zur Zielperson.

Charlotte wurde unruhig. »Wie lange will sie denn noch da drinbleiben?«

Sie schaute auf die Uhr. Zwanzig vor zwölf. Dann kam Lisa heraus und spazierte langsam den Hauptweg im Großen Parterre zwischen den kunstvoll angelegten, großflächigen Beeten mit symmetrischen Mustern aus einer Vielzahl leuchtend bunter Blüten entlang.

Thorsten und Maren folgten ihr und stritten sich über eine bestimmte Blütenfarbe. Charlotte lächelte. Maren war wirklich ein Naturtalent.

Zehn vor zwölf. Lisa Grosser beschleunigte ihren Schritt und ging jetzt zielstrebig den Hauptweg weiter entlang.

Charlotte und Bergheim setzten sich langsam in Bewegung und folgten dem Trio unauffällig. »Ich glaube, sie will zur großen Fontäne«, sagte Charlotte.

Die große Fontäne befand sich in einem Rondell, das von Hainbuchenhecken begrenzt wurde, inmitten eines runden Wasserbeckens. Sie war der Mittelpunkt und die Hauptattraktion des Barockgartens. Hier konnte man auf Parkbänken oder auf kleineren Rasenflächen pausieren und die Fontäne betrachten, deren Wasser fast achtzig Meter hoch in die Luft schoss.

Bremer drehte sich um und kratzte sich an der linken Wange. Lisa Grosser war also nach links abgebogen. Bremer und Maren gingen nach rechts. Im Moment war niemand mehr zu sehen. Charlotte und Bergheim betraten jetzt vorsichtig das Rondell. Charlotte sah sich um, während Bergheim an seinem Wagenschlüssel herumfummelte. Lisa Grosser spazierte langsam und suchend um die Fontäne herum. Drei Minuten vor zwölf.

Plötzlich sah Charlotte ihn. Nicht dass er dem Bild, das sie von ihm hatte, auch nur irgendwie ähnelte. Nein, es war mehr Gefühl als Wissen. Er trug eine Sonnenbrille und ebenso wie Bergheim eine Baseballkappe und saß allein und aufrecht auf einer der Parkbänke, bereit, sofort die Flucht zu ergreifen, falls das nötig sein würde. Er musste es sein. Lisa Grosser schien das Gleiche zu denken. Sie ging langsam auf ihn zu. Charlotte gab Bergheim ein Zeichen und drehte sich nach Bremer und Maren um. Die beiden hatten den Mann ebenfalls gesehen und gingen langsam von der anderen Seite auf die beiden zu.

Charlotte wusste später nicht mehr zu sagen, warum sie sich noch mal umdrehte. Auf jeden Fall blieb sie verblüfft stehen, als sie den Mann sah, der nicht weit hinter ihnen schlenderte.

Schnell blickte sie wieder nach vorn.

»Dreh dich mal um«, sagte sie halblaut, »was will der hier?«

»Wer?«, fragte Bergheim und wandte den Kopf.

»Keine zehn Meter hinter mir, der in der hellen Hose und dem Seidenschal.«

»Seidenschal«, würgte Bergheim. »Ich sehe ihn, was ist mit ihm?«

»Das ist die Bügelfalte.«
»Wie bitte?«
»Mein Gott, Frank Hölscher«, zischte Charlotte.
»Oh«, sagte Bergheim und konzentrierte sich wieder auf seine Zielperson.
»Ob das ein Zufall ist?«, fragte sie sich.
Lisa Grosser blieb vor der Bank stehen, und der Mann stand auf. Die beiden sahen sich einen Moment schweigend an, dann setzten sie sich hin.

Die vier Polizisten näherten sich von beiden Seiten und waren kaum noch zehn Meter von der Bank entfernt, als alles plötzlich sehr schnell ging.

Lisa Grosser blickte in Charlottes Richtung, stutzte einen Augenblick, kniff die Augen zusammen und zeigte dann mit dem Finger in Charlottes Richtung. Die hatte gerade noch Zeit genug, »Zugriff!« zu rufen, als Herrmann bereits aufsprang und flüchtete. Die vier Beamten hinterher. Lisa Grosser schrie irgendwas.

Was nun folgte, machte die erholungssuchenden Besucher des sonst friedlichen Barockgartens unversehens zu Augenzeugen einer Hatz, die jeder Tatort-Folge würdig gewesen wäre. Herrmann war schnell und wendig. Bergheim schnaufte und verfluchte seine Bequemlichkeit, die ihn regelmäßig in den Sommermonaten überfiel. Herrmann rannte die Wege entlang, wich den Spaziergängern geschickt aus und nahm dann die Abkürzung quer über die Blumenbeete Richtung Ausgang. Bergheim bekam Seitenstechen. Verdammt. Wenn der so weiterlief, würde er entwischen.

Thorsten und Maren waren mittlerweile weit abgeschlagen. Aber Bergheim hatte Glück, denn der Mann machte den Fehler, sich umzusehen, prallte daraufhin mit einer jungen Frau zusammen, die noch versucht hatte, sich mit ihrem Kinderwagen aus der Schusslinie zu bringen. Mann und Frau purzelten übereinander. Der Kinderwagen kippte um, und ein schreiendes Kind kullerte auf den Boden. Der Mann blieb für zwei Sekunden benommen liegen. Zwei Sekunden, die Bergheim reichten, sich auf ihn zu stürzen.

»Sie sind vorläufig festgenommen!«, brüllte er und drückte dem Mann, der reglos auf dem Bauch liegen blieb, sein Knie ins Kreuz. In der Ferne waren bereits Polizeisirenen zu hören.

Charlotte hatte die Jagd abgebrochen und Verstärkung angefordert und dann beschlossen, sich lieber um Lisa Grosser zu kümmern. Rüdiger würde Herrmann schon erwischen. Sie ging zurück zum Rondell und sah sich um. Lisa Grosser war nirgends zu sehen. Aus irgendeinem Grund machte Charlotte sich Sorgen. Sie begann zu laufen, schaute in jeden Weg, der vom Rondell abging, konnte die junge Frau aber nirgends entdecken. Allerdings gab es hier tausend Wege und kleine von Hecken gesäumte sogenannte Boskett-Gärtchen. Wer sich hier verstecken wollte, hatte genügend Möglichkeiten.

»Thorsten«, sagte sie in das Mikro, das an ihrem Kragen steckte. »Lass den Garten sperren. Keiner darf raus oder rein!«

»Klar.« Thorsten war völlig außer Atem. »Aber Rüdiger hat ihn. Die Kollegen sind auch schon da. Alles paletti.«

»Nein«, sagte Charlotte. »Nichts ist paletti. Lisa Grosser ist weg.«

»Ja, und?«, sagte Thorsten verständnislos. »Die suchen wir doch nicht.«

»Doch«, sagte Charlotte, »jetzt suchen wir sie. Sag den Beamten Bescheid.«

»Okay«, sagte Thorsten resigniert.

Charlotte sah sich um. Dutzende von Schaulustigen standen herum. Kameras klickten. Von Lisa Grosser keine Spur. Charlotte lief zurück zur Fontäne, die immer noch unermüdlich ihre Wassermassen in die Luft schoss.

Vom Rondell gingen mehrere kleine, durch Hecken abgetrennte Nischengärten ab, lauschige, teilweise verwilderte Plätze. Charlotte ging von einem zum anderen. Irgendwo musste sie doch sein! Charlotte hatte das Rondell nur wenige Sekunden verlassen, sie konnte nicht weit sein. Sie stand unter Schock, womöglich versteckte sie sich.

»Frau Grosser!«, rief Charlotte. »Es ist alles in Ordnung. Wo sind Sie?« Keine Antwort.

Charlotte steuerte das nächste Gärtchen an. Sie trat durch die Heckenöffnung und blieb abrupt stehen. Keine zehn Meter entfernt saß Lisa Grosser auf einer Bank. Neben ihr Frank Hölscher. Er hatte den einen Arm um ihren Nacken geschlungen und hielt ihr mit der anderen ein Messer an die Kehle.

Zunächst sagte keiner etwas. Dann redete Hölscher. »Ich gehe nicht ins Gefängnis.«

Was sollte Charlotte darauf antworten? Dann wieder: »Ich gehe nicht ins Gefängnis. Auf keinen Fall!«

Charlotte stellte sich dumm. »Warum sollten Sie auch?«

Hölscher lachte irre. »Sie schicken jetzt sofort Ihre Herde da draußen nach Hause, oder ich töte erst sie und dann mich.«

Charlotte zögerte. Hölscher drückte das Messer fester an die Kehle seiner Geisel. Lisa Grosser wimmerte.

»Ich hab nichts zu verlieren«, sagte Hölscher. »Ich gehe nicht ins Gefängnis.« Das hatte Charlotte mittlerweile verstanden.

»Okay«, sagte sie ruhig, »alles klar. Ich muss Anweisung geben.« Dann sprach sie ins Mikro. »Geiselnahme, eine Person. Den Garten räumen.«

Mehr war nicht nötig. Den Rest würden die Kollegen erledigen. Sie wich langsam ein paar Schritte zurück. Draußen war nur das Brausen der Fontäne zu hören.

»Warum haben Sie Cornelia Herrmann getötet?«, fragte Charlotte, um ihn am Reden zu halten.

»Weil sie nicht begreifen wollte, dass ich sie nicht heiraten konnte. Sie hatte nichts. Monika Krugwald hatte mehr zu bieten. Aber sie wollte ja nicht hören! Wollte Monika alles sagen. Das konnte ich doch nicht zulassen!«

»Und was hatte Jutta Frieder Ihnen getan?«

»Na, was! Sie hat zu viel Staub aufgewirbelt. Hat meinen Schwager erpresst, diese dämliche Kuh. Hat gedacht, er wäre Monikas Mann, weil sie auf der Hochzeit in aller Öffentlichkeit rumgeknutscht haben, die beiden! Konnte ja nicht wissen, dass die beiden ein Verhältnis haben. Und Sokolow hat sie in dem Glauben gelassen, weil er gedacht hat, er könnte die Goldmine selbst ausheben. Aber da hat er sich geirrt!« Hölscher grinste teuflisch und zerrte an Lisa Grossers Haaren, die versuchte, sich seinem Griff zu entziehen. Lisa schrie auf.

»Und Sie haben sich im Georgengarten mit Jutta Frieder verabredet.«

»Natürlich, musste sie ja irgendwie loswerden.«

»Und Ihre Schwägerin?«, fragte Charlotte, die dem Fußgetrappel außerhalb der Laube lauschte. Der Garten wurde evakuiert. Ein Kleinkind weinte.

»Die hat gedacht, ihr Mann ist ein Mörder. Hat von einem Erpresserbrief erzählt und dass Alfons mit der Frau aneinandergeraten war. Sie wollte zur Polizei gehen. Das konnte ich doch nicht zulassen!«, schrie Hölscher. »Sie hätten doch rausgefunden, dass da was nicht stimmt, und wären über kurz oder lang bei mir gelandet.«

Hölscher erhob sich mitsamt seiner Geisel. »Und Sie halten jetzt die Klappe. Ich kenne Ihre Tricks! Wir gehen jetzt gemeinsam hier raus, und wenn ich draußen irgendwas Verdächtiges sehe ...«

Charlotte setzte sich langsam in Bewegung und verließ das Gartenabteil. Im Rondell war kein Mensch mehr zu sehen. Die Kollegen hatten ganze Arbeit geleistet.

Hölscher folgte ihr und hielt seine Geisel fest umklammert. Charlotte befürchtete fast, er würde sie erwürgen, bevor er ihr die Kehle durchschneiden konnte. Lisa Grosser konnte sich kaum noch auf den Beinen halten und stolperte mehr, als dass sie ging. Charlotte musste weitermachen, und Hölscher schien begierig, sich jemandem mitzuteilen. Ob er vorhatte, sie auch zu töten? Er konnte nicht ganz richtig im Kopf sein.

Charlotte hoffte, dass Bremer alles mitschnitt.

»Woher wussten Sie denn, dass Gesine auf dem Friedhof war?«

»Mein Gott, ich hab sie belauscht, als sie bei Monika war. Natürlich war ich da.«

Er grinste wieder, hielt sich für sehr schlau.

»Und dann haben Sie ihr auf dem Friedhof aufgelauert und ... womit haben Sie sie erschlagen, mit einem Stein?«

»Ja, war ganz einfach. Und dann war sie noch so freundlich, in ein offenes Grab zu fallen.«

»Und Sokolow hat Sie durchschaut?«

»Nichts hat der!«, schrie Hölscher. »Er war der Einzige, der die Alte richtig verstanden hat, und er wusste natürlich auch, dass ich Monikas Mann bin und nicht Alfons. Hat sich gedacht, er könnte mich erpressen! Aber da hatte er sich geschnitten! Keiner erpresst Frank Hölscher!«

Charlotte nickte und blickte sich um.

»Was haben Sie eigentlich vor?«, fragte sie, während sie sich rückwärts dem Hauptgang näherte und die beiden nicht aus den Augen ließ.

»Halten Sie endlich die Klappe!«, rief Hölscher. »Sie bleiben jetzt hier, und wir zwei gehen zum Ausgang.«

Das war schlecht. Charlotte vermutete, dass zumindest einige Beamte sich hinter den Hecken verbargen, und hoffte, dass auch Scharfschützen in Stellung gegangen waren. Wenn er in den offenen Teil des Gartens, das Große Parterre, gelangte, gab es keine Möglichkeiten mehr, sich zu verstecken und ihn eventuell zu überwältigen. Und wenn er den Garten erst verlassen hatte, brauchte er nur noch ein Auto und einen Chauffeur. Und er würde beides bekommen, vorausgesetzt, die Geisel hielt überhaupt so lange durch.

Im Moment machte Lisa Grosser den Eindruck, als würde sie jeden Moment zusammenbrechen. Natürlich hatte er keine Chance, aber Lisa Grosser hatte zurzeit auch keine. Dann bemerkte sie Bergheim. Er stand am Ende des Weges hinter der Hecke, noch etwa zwanzig Meter von Hölscher entfernt. Der drehte sich und Lisa Grosser immer wieder um die eigene Achse.

Charlotte musste ihn irgendwie ablenken und Bergheim damit Gelegenheit geben zuzuschlagen. Sie blieb zurück und wartete, bis Hölscher sich dem Ende der Hecke bis auf wenige Schritte genähert hatte.

Dann rief sie: »Wenn Sie so weitermachen, stirbt Ihre Geisel, bevor Sie das erledigen können!«

Hölscher blickte eine Sekunde länger in Charlottes Richtung. Diese Sekunde nutzte Bergheim, um mit zwei Riesenschritten hinter Hölscher zu springen und das Handgelenk, das das Messer hielt, zu umklammern und gleichzeitig seine Haare – glücklicherweise hatte Hölscher eine Menge davon – zu fassen. Das Schlimmste war geschafft. Die Geisel lebte noch, und Bergheim hielt Hölschers Unterarm eisern umklammert.

Im Nu war Charlotte zur Stelle, ergriff das Handgelenk und biss kräftig hinein. Hölscher schrie auf. Das alles dauerte weniger als drei Sekunden. Aber noch bevor Hölscher überwältigt werden konnte, versetzte er Bergheim mit der freien Hand einen Faustschlag ins Gesicht. Der war einen Moment benommen, aber mittlerweile waren die Beamten vom SEK zur Stelle, und Hölscher hatte keine

Chance. Lisa Grosser war ohnmächtig zu Boden gesunken, Charlotte kümmerte sich um sie.

Hölscher quengelte wie ein Kleinkind. »Ich will nicht ins Gefängnis.«

Als sie die Direktion betraten, kam Ostermann ihnen entgegen.

»Na also, Herrschaften. Es geht doch!« Dann blickte er auf Bergheim und rümpfte die Nase. »Mein Gott, Bergheim, mussten Sie sich schon wieder prügeln? Das macht keinen guten Eindruck.«

Bergheim, der ein Taschentuch gegen seinen lädierten Nasenflügel drückte, stieß ein gepresstes »Tut mir schrecklich leid« hervor. Charlotte verkniff sich ein Grinsen. Ausnahmsweise war sie mal nicht der Fußabtreter.

»Frau Wiegand, Sie werden das hier zu Ende bringen«, fuhr Ostermann fort. »Ihr Kollege sollte sich ausruhen. Und ich bin ab jetzt im Urlaub.«

Damit ließ er sie stehen.

Charlotte frohlockte innerlich. Das hieß ja dann wohl, dass sie mit dem Abschlussbericht noch ein bisschen Zeit hatten.

Sie gingen in den Vernehmungsraum, wo Herrmann auf sie wartete.

»Wie geht es meiner Tochter?«, fragte er.

»Es geht ihr gut. Sie ist in der MHH und wird versorgt.«

Herrmann nickte und sah dann zu Boden. Bergheim nahm ihm die Handschellen ab. Dann setzte er sich neben Charlotte.

Die musterte ihr Gegenüber zunächst schweigend. Seine Augen waren wirklich auffallend schräg und lagen in tiefen Höhlen, das Gesicht war eingefallen, die Haut blass. Die vollen Haare waren grau gefärbt. Er war sehr schlank, wirkte aber nicht gebrechlich. Charlotte musste sich eingestehen, dass das Gesicht des Mannes, der da vor ihnen saß, nicht viel Ähnlichkeit hatte mit dem auf dem Fahndungsbild.

»Herr Herrmann«, begann Charlotte, »nun erzählen Sie mal.«

Herrmann blickte sie misstrauisch an. »Ich hab genug geredet, mir hat nie einer geglaubt.«

»Es gibt keinen Grund mehr, Ihnen nicht zu glauben. Sie sind rehabilitiert. Hölscher hat den Mord gestanden, für den Sie gesessen haben.«

Herrmann starrte sie an. Er schluckte und sah zu Boden. Dann verbarg er das Gesicht in den Händen und weinte.

Charlotte und Bergheim ließen ihn. Es dauerte fast zehn Minuten, bis Herrmann sich wieder beruhigte. Dann wischte er sich mit dem Arm übers Gesicht und sah Charlotte an.

»Kann ich gehen?«

Sie nickte. »Sie sind frei.«

Herrmann stand auf.

Charlotte erhob sich ebenfalls. »Wir wären Ihnen dankbar, wenn Sie uns ein paar Fragen beantworten könnten.«

Herrmann schüttelte den Kopf. »Ich beantworte keine Fragen mehr.« Er ging zur Tür.

»Es wäre gut, wenn in unserem Bericht keine offenen Fragen blieben. Nicht nur für uns, auch für Ihre Tochter.«

Herrmann blieb stehen. Nach einer Weile drehte er sich um.

»Können wir woandershin gehen?«, fragte er.

»Wohin Sie wollen«, sagte Charlotte.

Eine knappe Stunde später saßen sie in der Altstadt vor dem Broyhan Haus neben der Marktkirche, wo Herrmann sich ein großes Bier und ein Schnitzel mit Bratkartoffeln bestellte.

Charlotte und Bergheim begnügten sich mit Apfelschorle.

Als die Kellnerin die Getränke gebracht hatte, nahm Herrmann sein Glas und trank es in einem Zug bis zur Hälfte aus. Dann sah er sich um.

»Wissen Sie eigentlich, was das heißt? Frei zu sein? Zu gehen, wohin man will, zu essen und zu trinken, wann und was man will? Nein zu sagen, wenn einem danach ist?«

Charlotte und Bergheim schwiegen. Natürlich wussten sie das, wenn auch nicht so wie Herrmann, der viele Jahre darauf hatte verzichten müssen.

»Ich habe meine Frau geliebt, wissen Sie. Aber ich war nicht immer gut zu ihr. Das habe ich eingesehen, und das ist auch der einzige Grund, warum ich die Haft ertragen habe. Ich habe sie geschlagen. Deswegen hat sie mich betrogen, und deswegen ist sie gestorben.«

Vor der Marktkirche versammelte sich eine Gruppe von jungen Leuten in schwarzer Kleidung. Offensichtlich ein Chor.

Charlotte und Bergheim warteten geduldig, überließen es Herrmann, wie er seine Geschichte erzählen wollte.

»Am Anfang hab ich gedacht, wenn ich rauskomme ... Ich hab sogar dran gedacht abzuhauen, aber dann ist mir klar geworden, dass das meine Strafe war. Die Strafe dafür, dass ich es war, der Conny ihrem Mörder in die Arme getrieben hat. Aber ... das hatte ich mir geschworen, ich würde ihn finden und zur Strecke bringen. Und das ist mir ja nun auch gelungen.« Er hob sein Glas und trank den Rest aus. »Kann ich noch eins haben?«

Bergheim bestellte noch einen Halben. Herrmann grinste. »Nett von Ihnen.«

»Geht auf Staatskosten«, sagte Bergheim. Herrmann blickte versonnen in sein leeres Glas und nickte.

»Wo haben Sie sich eigentlich die ganze Zeit versteckt?«, fragte Charlotte.

Ein breites Lächeln zog sich über die schmalen Lippen. »Bei einem alten Kumpel aus dem Knast. Der ist schon länger draußen. Und er hat dichtgehalten. Als Jutta dann ermordet wurde, war natürlich sonnenklar, dass ich wieder den Sündenbock abgeben würde. Da wollte ich's lieber nicht drauf ankommen lassen und bin abgehauen.«

Herrmann spielte gedankenverloren mit seinem Bierdeckel. »Warum hat der Kerl sie umgebracht?«, fragte er plötzlich.

»Es ging ums Geld. Ihre Frau hatte gedroht, seiner Frau von dem Verhältnis zu erzählen, wenn er sich nicht scheiden lässt«, sagte Charlotte.

Herrmann lächelte. »Ja, so war sie, die Conny, hübsch und immer mit dem Kopf durch die Wand.«

Die Kellnerin brachte das zweite Bier, aber Herrmann schien es nicht zu bemerken.

»Wie haben Sie Jutta Frieder überhaupt gefunden?«, fragte Bergheim.

Herrmann lächelte. »Wissen Sie, wir waren früher mal 'ne ganz nette Clique. Ich hab einfach einen alten Kumpel von damals angerufen und ihm die Sache erklärt. Er hat mir geglaubt – und wollte sehen, was sich machen lässt. Seine Tochter und Juttas Tochter waren damals schon befreundet und sind es wohl immer noch. Er hat mir dann gesagt, dass sie in Bielefeld lebt – steht ziemlich unterm Pantoffel, der arme Kerl. Menschenskind, der hätte im Knast echt nichts zu lachen gehabt.«

Dann kam das Essen, und Herrmann ließ es sich schmecken. Bergheim und Charlotte wurden langsam ungeduldig. Aber Herrmann brauchte nicht lange. Er schaufelte das Essen, das köstlich duftete, in einem Mordstempo in sich hinein.

Die beiden Polizisten sahen staunend zu. Der Chor intonierte »Sah ein Knab ein Röslein steh'n«.

Als Herrmann aufgegessen hatte, war er in Redelaune.

»Also, ich habe Jutta in Bielefeld besucht, und wir haben geredet. Ich wollte eigentlich nur von ihr wissen, ob sie etwas über Cornelia wusste, das ich nicht wusste. Ob sie mal 'nen anderen Freund gehabt hatte. Und dann haben wir nachgedacht. Jutta war ...« Er zögerte »... sie war ein bisschen schwerfällig. Irgendwie hat sie mir sogar leidgetan. Glücklich war die nicht. Und dann hat sie gesagt, wie sehr sie mich gehasst hätte damals, weil ich ihre beste Freundin umgebracht hatte. Wo wir uns doch wieder versöhnt hätten in Paris, das hätte sie nie verstanden. Und ich hab ihr gesagt, dass ich noch nie in Paris gewesen bin. Sie wollte mir zuerst gar nicht glauben. Stimmt aber. Bin da noch nie gewesen. Jutta wusste aber, dass Cornelia damals mit jemandem dahin gefahren war, und wenn ich nicht derjenige gewesen war, na, wer war's dann? Schließlich hatte auf der Postkarte ja was von ›alte Liebe rostet nicht‹ gestanden und dass alles gut wird oder so. Und dann hat Jutta sich erinnert, dass Cornelia vor unserer Heirat heimlich mit dem Mann ihrer Chefin zusammen gewesen war. Conny war Kosmetikerin, wissen Sie, und hat, bevor wir uns kennenlernten, in einem Kosmetiksalon gearbeitet. Den Mann hatte Jutta aber nie gesehen. Jedenfalls gibt's den Kosmetiksalon immer noch, und der gehört immer noch Monika Krugwald. Wir haben dann überlegt, dass sie wieder was mit dem Mann von dieser Krugwald angefangen haben musste.«

Herrmann beobachtete einen Moment das applaudierende Publikum vor der Marktkirche. »Ich hab's immer gespürt, wissen Sie, dass da jemand anders in ihrem Kopf rumspukte. So was spürt man doch, wenn man einen Menschen liebt. Aber keiner hat mir geglaubt. Haben alle gedacht, ich wär krankhaft eifersüchtig.«

Meine Güte, dachte Charlotte, was musste dieser Mann durchgemacht haben. Nicht nur, dass er fast siebzehn Jahre für einen anderen im Gefängnis gesessen hatte, er hatte obendrein seine Familie verloren. Aber da bestand ja noch Hoffnung.

»Was war das für eine Postkarte?«, fragte Charlotte.

»Die hatte Conny Jutta aus Paris geschickt. War wohl das letzte Mal, dass Jutta was von ihr gehört hatte, deswegen hatte sie sie aufgehoben.«

»Wieso sind diese Dinge damals im Prozess nicht zur Sprache gekommen?«, fragte Bergheim.

Jetzt wurde Herrmann wütend. »Ach, hören Sie doch auf! Als ob damals einer danach gefragt hätte! Die hatten ihren Sündenbock, und das war ich!«, rief er so laut, dass an den Tischen um sie herum plötzlich Stille herrschte und sie angestarrt wurden. Passanten blieben verdutzt stehen und wichen vor Herrmann zurück. Charlotte und Bergheim waren zusammengezuckt.

Die plötzliche Aufmerksamkeit war dem Mann peinlich. Er duckte sich unmerklich und senkte den Blick. »'tschuldigung«, knurrte er, »aber da darf man ja wohl mal wütend werden.«

Charlotte fand, der Mann hatte alles Recht dieser Welt, wütend zu sein. Aber nach wenigen Augenblicken hatte Herrmann sich wieder beruhigt und fuhr fort.

»Jedenfalls haben wir gedacht, der Kerl soll dafür bezahlen. Und mit dem Geld hätten wir dann neu anfangen können. Jutta hatte ja auch nichts.«

Nein, dachte Charlotte, Jutta hatte auch nichts.

»Leider haben wir den Falschen erpresst. Kein Wunder, dass der nicht gezahlt hat. Aber egal, irgendwer musste es ja sein, und wenn wir den Richtigen erwischt hätten, hätte der auch gezahlt. Ist doch klar.«

Charlotte konnte es nicht fassen. Da hatten diese beiden Menschen auf einen vagen Verdacht hin in ein Wespennest gestochen und schlafende Hunde geweckt. Ein Leichtsinn, der zwei Menschen das Leben gekostet hatte.

»Wie sind Sie denn überhaupt auf die Hochzeit gekommen?«, fragte sie dann.

»Zeitung. Ich hab in der Zeitung gelesen, dass der Krugwald-Enkel heiratet, und hab gedacht, dass wir uns da mal einladen könnten. Jutta ist dann hergekommen.«

»Und dann haben Sie Monika Krugwald mit Alfons Hofholt zusammen gesehen und eins und eins zusammengezählt.«

»Genau«, sagte Herrmann, »nur dass Jutta zu viel getrunken und zu viel geredet hat und dieser Sokolow uns dann auch noch erzählt hat, Hofholt wär der, den wir suchen, weil er selber in das Geschäft einsteigen wollte. Aber das ist ihm ja dann wohl nicht so gut bekommen, was?«

Bergheim und Charlotte schüttelten den Kopf. Was für eine unglaubliche Geschichte. Und es war alles schiefgegangen.

»Wir haben dem Hofholt dann einen Brief geschrieben, dass er ein Mörder ist und wir zur Polizei gehen, wenn er nicht zahlt. Hat ihn aber nicht beeindruckt. Jetzt wissen wir ja auch, warum. Jedenfalls, als Jutta ein paar Tage darauf ermordet wurde, hatte ich mir zuerst gedacht, dass wir richtiggelegen haben müssen. Hinterher hab ich dann in der Zeitung gelesen, dass Hofholt der Mann von Monika Krugwalds Schwester ist. Aber da war natürlich alles zu spät.«

»Ja, hatten Sie denn irgendeinen Beweis?«, fragte Charlotte ungläubig.

Herrmann fuhr sich durch die Haare. Von der Marktkirche schallte gedämpft »Am Brunnen vor dem Tore« herüber.

»Nein, hatten wir nicht. Aber so falsch haben wir ja trotzdem nicht gelegen.«

Das stimmte. So falsch hatten sie nicht gelegen, dachte Charlotte, als sie später mit Bergheim auf dem Heimweg war. Aber knapp vorbei war eben auch daneben.

SECHZEHN

Der Samstag war in einem donnernden Unwetter untergegangen. Rauschender Platzregen, ebenso kurz wie heftig, hatte die Luft über Hannover gereinigt und eine dampfende Natur zurückgelassen. Über den Baumwipfeln der Eilenriede schwebte frühmorgendlicher Dunst. Bäume und Sträucher in den Parks und Gärten der Stadt hatten sich wie Schwämme mit der ersehnten Feuchtigkeit vollgesogen.

Frank Hölscher hatte am Abend in einer weinerlichen Orgie die drei Morde und auch die Auseinandersetzung mit Sokolow gestanden. Sein Anwalt hatte sich bereits mit einem Psychologen in Verbindung gesetzt. Anscheinend war die Klapsmühle für Hölscher nicht ganz so abschreckend wie der Knast.

Am späten Abend hatte sie noch der Anruf des Kriminaldauerdienstes erreicht. Wolfgang Masterson war in die Psychiatrie eingeliefert worden. Er hatte versucht, sich vom obersten Deck des Parkhauses am Bahnhof zu stürzen. Eine junge Frau war auf ihn aufmerksam geworden und hatte die Feuerwehr angerufen. Am Ende hatte Masterson dann der Mut verlassen, und er hatte sich weinend in die Obhut eines Psychologen begeben. Dabei hatte er sich kategorisch geweigert, mit seiner Frau zu sprechen.

Später stellte sich dann heraus, dass er der Mann auf dem Foto in Hofholts Wohnung gewesen war. Er hatte seinem Schwager die Wohnungsschlüssel abgepresst, weil er von dessen Verhältnis mit seiner Schwägerin Monika Krugwald wusste. Das war der Streit gewesen, von dem Annegret Masterson berichtet hatte. Sokolow und Ziemer hatten ihm dann das Mädchen »geliefert« und ihn anschließend mit dem Foto erpresst.

Masterson war es auch, der aussagte, dass Marlene Krieger sich ihr Geld mit Prostitution verdiente und mit Sokolow gemeinsame Sache machte. Er vermittelte ihr gut betuchte Kunden, dafür lieferte sie ihm das eine oder andere Erpressungsopfer.

Es war bereits halb elf am Morgen, und Bergheim und Charlotte lagen immer noch im Bett.

»Weißt du was?«, sagte Charlotte und schlug die Bettdecke weg. »Wir werden jetzt frühstücken und dann in den Georgengarten gehen.«

»Warum denn das, um Himmels willen?«, näselte Bergheim und befingerte vorsichtig seine geschwollene Nase. »Von den Gärten hab ich erst mal die Nase voll.«

»Genau deswegen«, sagte Charlotte, »ich will sie in Zukunft nicht immer mit dieser Geschichte verbinden müssen. Also komm, steh auf.«

Sie kochte Kaffee und deckte den Tisch auf dem Balkon. Es war kühler geworden, aber der Himmel war blau und wolkenlos. Charlotte setzte sich mit einem Kaffee an den Tisch.

»Am Sonntag in die Gärten«, brummte Bergheim, der – in der Hand einen Becher Kaffee – hinter sie getreten war. »Da kriegst du bei dem Wetter doch kein Bein an die Erde.« Er setzte sich zu ihr. Sie frühstückten ausgiebig, und dann machten sie sich auf den Weg.

Bergheim kurvte über den Parkplatz vor den Herrenhäuser Gärten und fluchte. »Ich hab's ja gesagt. Eine Schnapsidee, hierherzukommen, wenn alle Welt durch die Gärten flaniert.«

»Da«, sagte Charlotte, »da fährt einer raus. Nun mach doch schon, sonst ist der Platz weg.«

»Soll ich vielleicht die Frau mit dem Kinderwagen über den Haufen fahren?«, brummte Bergheim genervt. »Wir hätten in den Deister fahren sollen. Da ist es leerer.«

Der Deister, ein Höhenzug etwa dreißig Kilometer südwestlich von Hannover, war ein beliebtes Ausflugs- und Wandergebiet der Hannoveraner.

»Ein andermal«, sagte Charlotte, als Bergheim einparkte. Sie öffnete die Tür einen Spalt und quetschte sich aus dem Wagen. Dann schlenderten sie Richtung Georgengarten.

Viele Menschen in heller Sommerbekleidung spazierten über die Wege, am Teich entlang. Junge Familien mit Kleinkindern, die sich übermütig zu nah an das von üppig verschleierten Trauerweiden gesäumte Ufer des Teichs wagten, und besorgte Mütter, die ihre Lieblinge nicht aus den Augen ließen. Charlotte hatte immer gefunden, dass Väter viel unkomplizierter mit Kindern umgingen als Mütter, was die Mütter allerdings regelmäßig auf die Palme brachte.

Söhne und Töchter begleiteten die Eltern auf ihrem Sonntagsspaziergang. Arme wurden gereicht und Rollstühle geschoben. Junge Leute machten ein Picknick oder warfen sich auf den großzügigen, noch feuchten Rasenflächen Frisbeescheiben zu, denen übermütige Hunde bellend hinterherjagten. Hier und da zog der Duft von glühender Holzkohle durch den Park.

Unversehens hatte sie ihr Weg zum Leibniztempel geführt, der unschuldig auf seinem Hügel thronte. Nichts zeugte mehr von der grauenvollen Tat, die sich hier vor etwas mehr als zwei Wochen abgespielt hatte. Die Trauerweide, unter der die Tote gesessen hatte, stand friedlich und unbeeindruckt an ihrem Platz. Viele Neugierige tummelten sich um den Tempel und zückten ihre Kameras.

Charlotte wandte sich ab. »Ekelhaft, dieser Voyeurismus«, sagte sie und hakte sich bei Bergheim ein. Der nickte nur.

Sie schlugen einen Bogen um den Tempel und wanderten nach Süden, Richtung Wilhelm-Busch-Museum.

Sie setzten sich auf eine der Parkbänke und schielten in die Sonne.

»Glaubst du, dass Lisa und Herrmann noch eine Chance haben?«, fragte Charlotte.

»Warum nicht?«, sagte Bergheim und nach einer Weile: »Es ist doch komisch, was so eine dämliche Postkarte alles bewirken kann.«

»Ja.« Charlotte nickte. »Und wir haben nicht geschaltet.«

»Also, das wäre auch ein bisschen viel verlangt. So was klappt nur bei Agatha Christie.«

»Wenn Frieder und Herrmann dieses Gespräch siebzehn Jahre eher geführt hätten ...« Charlotte seufzte. »Jedenfalls weiß Lisa Grosser jetzt, dass ihr Vater kein Mörder ist.«

»Ja, und Monika Krugwald weiß jetzt, wer ihr Mann wirklich ist.«

»Na ja, sie ist ja auch kein Unschuldslamm, wenn sie ein Verhältnis mit dem Mann ihrer Schwester anfängt. Genauso wenig wie dieser Schnösel Hofholt. Kauft vom Geld seiner Frau eine Wohnung für sich und seine Geliebte. Was für eine Familie!«

»Allerdings. Er kann von Glück sagen, dass seine Frau tot ist.«

»Ja, sie kann ihn nicht mehr verklagen, er kassiert ihre Lebensversicherung und ist obendrein frei für seine Geliebte. Und das ohne kostspielige Scheidung.«

»Ja, manchen gibt's der Herr im Schlaf«, murmelte Bergheim.
Sie schwiegen für eine Minute.
»Jetzt guck dir das an«, sagte Charlotte.
»Was denn?«, fragte Bergheim und blickte suchend umher.
»Na, da drüben, die zwei kennen wir doch.«
Dann sah Bergheim die beiden auch. Walter Herrmann und seine Tochter gingen langsam Richtung Leibniztempel.
»Meine Güte, sie müssen sich viel zu erzählen haben«, sagte Charlotte leise.

Bergheim nickte.

»Weißt du was?«, sagte Charlotte. »Ich würde mir wünschen, dass dieser Sokolow nie wieder aufwacht.«

»Ich mir auch«, sagte Bergheim.

Dank

Ein herzliches Dankeschön sage ich allen, die auf die eine oder andere Weise ihren Beitrag zum Buch geleistet haben: meiner Lektorin Dr. Marion Heister, dem engagierten Team vom Emons Verlag, den vielen Menschen, die mich durch Worte und Taten inspirierten, und Conny und Heiko Rasch für ihre hilfreichen Gedankenspiele.

Marion Griffiths-Karger
TOD AM MASCHTEICH
Broschur, 224 Seiten
ISBN 978-3-89705-711-1

»Marion Griffiths-Karger sind lebendige, kontrastreiche Milieustudien gelungen. Die Handlung ist nüchtern und präzise formuliert, die Dialoge sind lebensnah.«
Hannoversche Allgemeine

»›Tod am Maschteich‹ erfüllt sämtliche Kriterien eines guten Hannoverkrimis. Neben falschen Fährten, einer Handvoll obskurer Verdächtiger und den obligatorischen Leichen fehlt es zuletzt auch nicht an einem gewissen Heimatgefühl.«
Stadtkind Hannovermagazin

www.emons-verlag.de

Marion Griffiths-Karger
DAS GRAB IN DER EILENRIEDE
Broschur, 256 Seiten
ISBN 978-3-89705-797-5

»*Spannender Krimi um einen packenden Fall, mit sehr menschlichen Ermittlern und mit ein bisschen Lokalkolorit.*«
ekz

www.emons-verlag.de

Lesen Sie weiter:

Marion Griffiths-Karger
Das Grab In Der Eilenriede

Leseprobe

Wenn er sich noch zwei Minuten geduldete, würde er Zeuge, wie das Opfer endlich seinen letzten Atemzug tat. Der Killer spielte mit ihm, versetzte ihm noch einen Hieb und holte dann zum finalen Schlag aus …

»Kaspar! Wie oft muss ich dich denn noch darum bitten, die Leiter wegzustellen?«

Vorbei! Der Kater floh mit einem gewaltigen Satz unter den wuchernden Jasmin, und die Maus nutzte die Gunst der Stunde, rappelte sich mühsam auf und verschwand im Erdreich unter dem Lattenzaun.

Kaspar Hollinger klappte murrend sein Buch zu.

»Ich muss jetzt los!«, rief Ursula, seine Frau, ihm von der Küche aus zu. »Du kannst die Leiter natürlich auch gleich ans Balkongitter stellen, das macht's einfacher für die Diebe.«

Hollinger, Polizeioberkommissar im Kleefelder Revier, erhob sich ächzend, um die Aluminiumleiter zu holen. Er hatte die letzten Kirschen gepflückt an diesem sonnigen Samstag im August, der endlich die lang ersehnte Wärme gebracht hatte. Die Sonne warf großzügig ihre letzten warmen Strahlen in seinen geliebten Garten, und er überlegte, ob er seinen Nachbarn Hubert Frings zum Grillen überreden könnte. Hubert war seit drei Jahren geschieden. Seine Frau hatte ihn verlassen, weil sie »keine Lust hatte, bei diesen Spießern« – wie sie die Nachbarn nannte – »zu versauern«. Seitdem war Hubert alleinstehend und schien an diesem Zustand auch nichts ändern zu wollen. Hollinger hörte, wie die Haustür zuschlug, und lächelte. Er hatte den Abend für sich allein. Ursula war Krankenschwester im Vinzenzkrankenhaus und hatte Nachtdienst. Er lehnte sich über den Gartenzaun und spähte auf das kleinere Nachbargrundstück. Die Terrassentür stand offen.

»Hubert!«, rief Hollinger. »Ich hab noch Weizenbier im Keller!« Er wartete. Nach einer halben Minute erschien Hubert Frings in der Tür, mit kurzer Hose und ebenso kurzem weißem T-Shirt, das großzügig den Blick auf einen behaarten Nabel freigab. Er stemmte die Fäuste in die Hüften.

»Bei dir oder bei mir?«

»Komm rüber«, sagte Hollinger nach einem Blick auf den Grill seines Nachbarn. Wie viele Kolonien welcher Bakterien dort siedeln mochten, wollte er gar nicht wissen.

»Ich bring den Grappa mit.«

»Ja, und mach schon mal Feuer. Holzkohle und Spiritus stehen neben dem Grill. Ich hol die Würstchen aus der Truhe.«

Eine halbe Stunde später zog der würzige Duft von Grillwürstchen über die nachbarlichen Grundstücke.

Die Sommerferien waren gerade zu Ende gegangen, und in den umliegenden Gärten war es – trotz des regen Verkehrs auf der Kirchröder Straße – ungewöhnlich still. Die Kinder der Nachbarschaft, die sonst die nachmittägliche Stille unterbrachen, hatten sich wohl vor den Fernseher verkrümelt.

Hubert stand am Grill, in der einen Hand die Würstchenzange, in der anderen ein Glas Weizenbier. Hollinger hatte es sich wieder in seinem Lehnstuhl bequem gemacht. Er blinzelte zufrieden in die Sonne und leckte sich den Bierschaum von den Lippen. Es war einer dieser vielversprechenden Sommerabende, die er mehr liebte als einen Urlaub auf Ibiza. Zum Glück hatte er keine Ahnung, dass diese Idylle nur von kurzer Dauer sein sollte.

»Hast du keinen Ketchup?«, wollte Frings wissen. »Ketchup und Currypulver. Dann haste zur Wurst gleich 'n bisschen Gemüsiges.«

Hollinger blinzelte verwirrt in die untergehende Sonne.

»Seit wann isst du denn Gemüse? Willste abnehmen?«

Frings klopfte sich liebevoll auf den Bauch und nahm einen Schluck Bier.

»Das nich gerade, aber ...« Frings kam nicht mehr dazu, seine plötzliche Vorliebe für »Gemüsiges« zu erklären, denn irgendjemand bummerte kräftig gegen die Hollinger'sche Haustür, und noch bevor Kaspar sich aus dem Sessel gestemmt hatte, rief eine ungehaltene Frauenstimme: »Was zum Kuckuck fällt Ihnen ein!«

»Scheiße«, entfuhr es Hollinger auf dem Weg zur Tür. Mittlerweile drückte jemand energisch auf die Klingel.

Draußen stand eine gepflegte ältere, leicht schwankende Dame in Begleitung eines nervösen Streifenbeamten.

»Tut mir leid, Herr Hollinger, aber ...«

»Schon gut«, sagte Hollinger und winkte ab.

»Was denkst du dir bloß immer, Berna«, seufzte er dann und zog seine Mutter unsanft in den Flur.

»Langsam, Junge, pass doch auf!«, schimpfte Bernadette Hollinger und suchte Halt am Garderobenständer.

»Wieder beim Bowlen?«, fragte Hollinger mit einem Blick auf den Streifenbeamten.

»Nee, auf dem Jubiläumsfest«, antwortete der und hatte Mühe, sich ein Grinsen zu verkneifen. Er tippte kurz an seine Mütze und ging zurück zu seinem Kollegen, der im Streifenwagen wartete.

Ach ja, das Jubiläumsfest vom Kleefelder Sportverein hatte er ganz vergessen. Wahrscheinlich war der größte Teil der Anwohner dort versammelt. Seine Mutter jedenfalls hatte es nicht vergessen und sich dort mit ihren Freundinnen aus dem Stephansstift zu einer kleinen Weinprobe getroffen – wie sie es nannte.

»Du machst jetzt erst mal ein Nickerchen«, sagte Kaspar und schob seine Mutter vorsichtig Richtung Gästezimmer. »Wenigstens ist Ursula nicht da«, murmelte er.

»Was hast du gesagt?«, rief Bernadette Hollinger, als sie mit unsicheren Schritten das Gästezimmer betrat.

Hollinger hatte Mühe, seine Mutter davon zu überzeugen, dass draußen keine Grillparty stattfand und es auch nichts zu trinken gab. Er bot ihr aber ein Käsebrot an, was sie verächtlich ablehnte, bevor sie sich endlich aufs Bett legte. Zehn Minuten später kehrte Hollinger zu seinem Bier und in seinen Sessel zurück.

»Wird wieder 'ne unruhige Nacht«, sagte er und leerte sein Glas.

Frings, der sich mittlerweile drei der fünf Würstchen einverleibt hatte – ohne Ketchup –, nickte nur.

Hollinger sollte recht behalten, denn zehn Minuten später klingelte es erneut an der Haustür.

Vor der Tür stand Sabine Krämer, Ursulas Freundin. Sie machte einen nervösen Eindruck.

»Ursula ist nicht da. Sie hat Nachtdienst«, sagte Hollinger und fürchtete, die Besucherin würde in Tränen ausbrechen.

»Ach Gott«, sagte Sabine, »was mach ich denn jetzt?«

Hollinger war sich nicht sicher, ob er seine Hilfe anbieten sollte, denn er wusste genau, worum es ging. Frau Krämers ungleich rote Wangen sprachen Bände.

»Wo ist dein Mann jetzt?«, fragte er.

»Auf dem Jubiläumsfest«, sagte sie, »da war ich bis eben auch, aber …« Sie sprach nicht weiter. Jeder wusste, dass Michael Krämer seine Frau schlug, auch wenn er das nie vor Zeugen tat. Es gab Stimmen, die behaupteten, er würde seine Frau ohrfeigen, weil er das bei seinen Schülern nicht durfte. Wie oft hatte Sabine Krämer sich bei Ursula schon ausgeheult? Und wie oft hatte Ursula ihr gesagt, sie solle den Kerl in die Wüste schicken. Hollinger kannte dieses Phänomen, dass Frauen oft nicht die Kraft aufbrachten, sich von ihren gewalttätigen Ehemännern zu trennen. Es war ihm in seiner Laufbahn als Polizist immer wieder begegnet, verstehen konnte er es nicht. Früher, als Frauen noch finanziell abhängig waren von ihren Männern und so gut wie keine Rechte besaßen, da blieb ihnen vielleicht keine Wahl, aber heute war das doch anders. Und trotzdem ließen sie sich immer wieder einschüchtern.

»Warte, ich hab eine Idee«, sagte er, »wie wär's, wenn du meine Mutter nach Hause bringst? Dann kannst du bei ihr bleiben, wenn du willst.«

Sabine Krämers Gesicht hellte sich auf. »Ja, das würde ich gerne, wenn das geht«, seufzte sie erleichtert.

»Na, dann komm«, sagte Hollinger und ging voran ins Gästezimmer, wo seine Mutter vernehmlich schnarchte.

»Oh«, entfuhr es Sabine, als sie die alte Dame in ihrem eleganten grün karierten Hosenanzug auf dem Bett liegen sah.

»Berna!«, rief Hollinger und patschte seiner Mutter liebevoll auf die Wange. »Komm, du musst aufstehen, Frau Krämer bringt dich nach Hause und bleibt heute Nacht bei dir.«

Bernadette Hollinger blinzelte Sabine aus schweren Lidern an und lächelte dann.

»Das ist gut«, murmelte sie, »es geht doch nichts über das eigene Bett.«

»Wem sagen Sie das«, seufzte Sabine und half Frau Hollinger auf die Beine.

Fünf Minuten später schloss Kaspar aufatmend die Haustür und ging zurück zur Terrasse, wo Hubert Frings mittlerweile im Lehnstuhl eingeschlafen war und die beiden Würstchen nicht mehr als solche zu erkennen waren.

Er lächelte selbstzufrieden. Ausnahmsweise hatte es das Leben mal gut mit ihm gemeint und ihm so eine wertvolle Information zugespielt. Aber wieso das Leben? Er hatte eben ein gutes Gedächtnis. Am Anfang war er nicht sicher gewesen – nach so langer Zeit, aber dann hatte er nachgeforscht und konnte nach und nach das Puzzle zusammensetzen. Gründlichkeit zahlte sich eben aus, und die Fähigkeit zur Deduktion natürlich.

Er wandte lächelnd den Kopf der Frau zu, die neben ihm lag. Es schien ihr gefallen zu haben. Sabine war im Bett einfach eine Niete. Keine Ideen, keine Lust, mal was Neues auszuprobieren. Und seine Geliebte fing ebenfalls an, ihn rumzukommandieren. Wollte, dass er sich scheiden ließ. Liebe Güte, was glaubte sie denn, was eine Scheidung kostete? Und wenn er mal geschieden wäre, würde er bestimmt nicht so blöd sein und gleich wieder heiraten. Nein, da würde er sich doch lieber an seine neue Gespielin halten. Die war so demütig, wie er das liebte, ließ sich alles gefallen, auch das Fesseln war kein Problem. Nur bei der brennenden Zigarette hatte sie verrücktgespielt. Er lachte leise und sah auf die Uhr. Noch nicht mal zehn. Er hatte Lust, was zu trinken. Er würde sie wecken und sie sich noch mal vornehmen. Dann würde er gehen und sich diese Loser beim Jubiläumsfest ansehen. Wenn die wüssten. Er konnte die Bombe platzen lassen, wann immer er wollte. Aber er wollte sich vorher noch ein bisschen amüsieren und austoben. Und wenn er damit fertig war, würde man weitersehen. Auf jeden Fall war sein Beweis bis dahin sicher untergebracht. Es war schon erstaunlich, was so ein kleines Geschenk manchmal für Folgen haben konnte.

Im Zelt war es stickig und viel zu voll. An der Theke standen Trauben von Männern und wetteiferten, wer beim Lüttje-Lagen-Trinken am längsten trocken blieb.

Eine Zweierkapelle machte angemessen Lärm, und Werner Bentheim, der Ortsbürgermeister, lotste eine Polonaise durch die Massen.

Abseits der Tanzfläche stand Michael Krämer mit Rainer Müller-Herbst und Uwe Steinbrecher zusammen an einem Bistrotisch, auf dem mehrere leere Bier- und Schnapsgläser standen. Wenn man von ihren Mienen ausging, schienen die drei sich nicht besonders zu amüsieren.

Rainer Müller-Herbst, Anfang vierzig, Sozialarbeiter bei der JVA in Sehnde, warf seinem Schwager Michael Krämer einen verkniffenen Blick zu. Der schien das nicht zur Kenntnis zu nehmen, wandte sich grinsend ab. Uwe Steinbrecher, ein für seine vierundfünfzig Jahre bemerkenswert gut aussehender Witwer, klopfte Müller-Herbst auf die Schulter und prostete ihm zu.

In diesem Moment zog Werner Bentheim mit der Polonaise am Tisch vorbei, was Steinbrecher und Müller-Herbst als willkommenen Anlass sahen, den Tisch zu verlassen. Krämer blickte ihnen mit seltsam zufriedenem Blick hinterher, trank sein Bier aus und ging.

Es war nicht mal fünf Uhr am Sonntagmorgen, als das Telefon klingelte. Hollinger tastete schlaftrunken auf seinem Nachttisch herum, um dieses schmerzhafte Geräusch abzustellen.

»Hallo«, nuschelte er heiser.

»Hollinger?«, kam es undeutlich vom anderen Ende. »Da liegt einer im Annateich mit'm Kopf im Wasser. Kümmern Se sich mal drum!«

Der Anrufer drückte das Gespräch weg, bevor Hollinger Traum von Wirklichkeit unterscheiden konnte.

»Wie bitte?«, fragte er und richtete sich auf. Er war sich nicht sicher, ob er den Mann am anderen Ende richtig verstanden hatte. Und war das überhaupt ein Mann gewesen? Wahrscheinlich ja, er schien nicht ganz nüchtern gewesen zu sein.

Auf dem Display stand »Unbekannt«, das half ihm also auch nicht weiter. Er legte den Hörer weg und kuschelte sich wieder in die

Kissen. Da wollte sich irgendein Betrunkener auf seine Kosten amüsieren. Sollte gefälligst im Revier anrufen. Er schloss die Augen und versuchte wieder einzuschlafen. Nach einer Weile warf er die Decke weg und schwang die Beine aus dem Bett. Was, wenn das kein Scherz war? Wenn da tatsächlich einer im Wasser lag? Vielleicht war er ja betrunken und kam nicht wieder raus? Dieser verflixte Sportverein mit seiner ewigen Feierei verwandelte alle Kerle in Kleinkinder, die sich nicht benehmen konnten! Er griff zum Hörer und rief beim Kleefelder Revier an.

Polizeikommissar Wenck meldete sich.

»Hallo, hier Hollinger, ich hatte eben einen merkwürdigen Anruf. Scheint jemand im Annateich ein nächtliches Schwimmen zu veranstalten. Könntet ihr mal nachsehen?«

»Wer hat angerufen?«

»Leider keine Ahnung. War wohl ein Mann und nicht ganz nüchtern.«

»Alles klar, ist seit gestern nicht der Erste, den wir aus dem Zelt geschleift haben.«

Hollinger legte auf und schlief wieder ein. Bis das Telefon zum zweiten Mal an diesem Morgen klingelte.